四国へんろの歴史

四国辺路から四国遍路へ

武田　和昭（著）

四国へんろの歴史　四国辺路から四国遍路へ

目　次

第四篇　明治時代から大正時代

第一篇　平安時代から室町時代中期

第一章　弘法大師空海の修行地

奈良時代後期の日本の仏教は法相宗や華厳宗など、いわゆる南都六宗が盛んで、官寺僧の仕事は仏教教学の研究や鎮護国家を祈ることを主としていた。一方で民間の修行僧（私度僧）も各地に数多くいたこともよく知られている。やがて八世紀後半になると渡来僧などにより、密教経典がわが国にもたらされ、それに基づき千手観音や虚空蔵菩薩などの密教仏も盛んに造像されるようになる。その頃、讃岐に空海が出て、いわゆる古密教（雑密）の修法などが実践された。その修行の場が現在の八十八ケ所霊場の淵源となったのである。

一　『三教指帰』にみる空海の修行地

空海が二十四歳の時（延暦十六年―七九七）に著した『三教指帰』に「阿国大滝嶽に躋り攀じ、土州室戸崎に勤念す。谷響きを惜しまず、明星来影す・・」とある。また「或るときは金巌に登って坎壈たり、或るときは石峯に跨がって粮を絶って轗軻たり」とあって、修行の厳しさや困難さを記している[1]。興味深いことに大滝嶽には現在の二一番札所の太龍寺があり、室戸崎には二四番最御崎寺が存在している。また石峯とは石鎚山のことで、かつての四国辺路の札納所であったらしいことは、澄禅の『四国辺路日記』（承応二年―一六五三）から判明する。その後、江戸時代初期には横峰寺が石鎚山の遥拝所とされ、やがて六〇番札所となった。この三ケ所については資料的にみて、間違いなく空海の修行地とみられることから四国辺路の淵源を弘法大師空海に求めることに異論[2]

はないであろう。

なお「金巌」については吉野の金峯山あるいは伊予の金山出石寺のいずれかに比定されるが明確ではなく、近時では金峯山説が提示されている。これに対して『三教指帰』の関係書を詳しく検討した大本敬久氏(3)は、中世以前には具体的な場所については確認できないとし、江戸時代初期には金山出石寺が「金巌」に比定されていたことを明確にした。そして、それが江戸時代を通し、昭和四十年頃まで、この金山出石寺説が有力であったという。ところが、その後、弘法大師に関わる出版書籍の中に金峯山説が登場したことから、最近では金峯山に比定されるようになった経緯を示された。但し、その説も資料の解釈の仕方によるもので、決定的ではないとされ、『三教指帰』には「石峯」と「金巌」とを対比して記されることなどから、「金巌」とは伊予の金山出石寺であると結論づけている。筆者も現在、残されている平安時代に遡る仏像や標高八〇〇メートル余の山上に所在する金山出石寺を「金巌」と考えたい。ただ弘法大師の修行地、そして熊野神社の存在など八十八ケ所の要件は整っているものの、真念『四国辺路道指南』の八十八ケ所札所には含まれないことは、やや意外なことである。なお江戸時代前期の宝永～正徳（一七一〇～一四）頃に四国を巡った六十六部の空性法師は、この金山出石寺に参詣しており、かつては札所であったことを窺わせる資料として提示しておきたい。

さて平安時代初期の仏教説話集の『日本霊異記』にみられるように、奈良時代後期には民間の山林修行僧が各地に数多く存在した。その頃に中国唐から体系化されない断片的な密教、いわゆる古密教（雑密）が伝えられ、山岳宗教とも結び付き、各地の霊山や霊地で優婆塞や禅師といわれる宗教者が修行に励んでいた。入唐前の空海も、まさに山林修行者の一人であったと見られている。これらの修行者は現世利益の霊力を獲得するため様々の修行がおこなわれていた。若き日の空海も先記したように阿波・大滝嶽や室戸崎で虚空蔵求聞持法を修していたのである。求聞持法とは虚空蔵菩薩の真言（ノウボウアキャシャキャラバヤオンアリキャマリボリソワカ）を一日に一万遍唱える修行で、それを百日間、つまり百万遍を誦す難行である。これにより、あらゆる経典を記憶できるという密教の重要な修行法のひとつである。

この他にも十一面観音法や千手観音法などがあり、その本尊として千手観音や十一面観音が造像されたのである。つまり奈良時代末期から平安時代初期には、密教仏の図像や経典などが入唐僧などにより、断片的なかたちで密教（古密教）が、わが国に請来され、日本の各地で様々の形で密教が実践されていたと見られている[4]。後述するが、四国にも奈良時代の終わり頃には、すでに古密教が伝来していたことは間違いない。

冒頭にみた大滝嶽、室戸崎、石鎚山などは空海の修行地として史実に基づくものだが、この他にも空海に関わる修行地や霊験を示したという地は、全国各地に数知れず伝えられている。ただ、その多くは伝説的なもので、史実とは認めがたいものが殆どである。ここでは先記の四ケ所以外に、実際に空海が修行したと思われる霊場について讃岐を中心に「山林寺院」、「山林修行」というキーワードを元に検討したい。

二　讃岐の空海修行地

まんのう町・中寺廃寺跡

まず仲多度郡まんのう町の中寺廃寺跡からみてみよう。中寺廃寺跡は空海の誕生地・善通寺から南東に約一五キロメートルの讃岐山脈の大川山（標高約一〇〇〇メートル）中腹に所在する。中寺廃寺跡の存在は地元では古くから伝承としてあったが、その正確な位置が不明で、まさに幻の寺院であった。この寺院の存在を明らかにするため、平成十五年から、まんのう町教育委員会により本格的な調査が行われた[5]。その結果、位置が特定され、そこから数々の遺品や遺構が見つかり、奈良時代末期から平安時代初期の山岳寺院跡と確認された。出土した遺品には西播磨産の須恵器多口瓶や越州窯系青磁碗、さらに銅製の三鈷杵や錫杖頭などがあるが、その内の三鈷杵の形状は古密教系に属し、寺院の建立年代を考察する上で貴重なものと認識されたのである。

中寺廃寺跡が八世紀末期から九世紀初頭に存在していたとすれば、それはまさに空海が山林修行に励んでいた時期と重なることは極めて興味深いことといえよう。つまり中寺廃寺跡と善通寺との距離から考慮して、若き日の空海と何らかの関係を想定することが可能となったのである。この時期の山林修行の具体的なことは分からないが、出土の法具からみて、ある種の密教的な修法が行われていたことは間違いない。例えば空海が室戸崎などで行った求聞持法なども想定され、また各地で散見される奈良時代末期の十一面観音や千手観音の存在から、これらの尊格に対する修法がなされていたであろう。

さて一方、讃岐と瀬戸内海をはさんだ備前地方には平安時代初期の千手観音像や聖観音立像などが数体残されており、密教伝播の上から興味深い。例えば大賀島寺（天台宗）の千手観音立像（像高一二六・三センチメートル）は密教仏特有の森厳な面相を示した九世紀初頭の像である[6]。この頃、すでに規模の大きな密教寺院が瀬戸内沿岸に建立されていたのである。中寺廃寺跡は、これに先立ち古密教寺院として山林修行の修行地として存在していたとみてよかろう。以上のことから、中寺廃寺跡が空海修行地のひとつであった可能性は大きいといえよう。

さぬき市・大窪寺

大窪寺は四国八十八ケ所霊場の結願の札所として知られ、その寺歴はまことに古い。本尊薬師如来坐像は像高八九・三センチメートルの、ほぼ等身像で胴体部と膝前を共木とする一木造りで、古様な様式を示している。

堂々とした姿態や森厳な面相表現から奈良時代末期から平安時代初期の制作と考えられている。[7]また弘法大師所持と伝えられる鉄錫杖は全長一五四・〇センチメートルで、奈良時代制作の法隆寺や正倉院所蔵の錫杖に近く、さらに栃木・男体山出土の平安時代前期の錫杖とも酷似している。これらのことから大窪寺の鉄錫杖も平安時代前期に遡ると考えられている。[8]以上のことから大窪寺が奈良時代末期から平安時代初期、つまり空海在世時代には、すでに建立されていた可能性があり、それはまさに密教的な山岳寺院としての存在であったとみられよう。

大窪寺には「医王山之図」という寺の景観図が残されている。[9]この図には薬師如来を安置する薬師堂を中心にして、図下部には大門、中門、三重塔などが描かれ、そして薬師堂の右側には建物がところ狭しとみられるが、これらはいわゆる子院、塔頭であろう。また図の上部には大きな山々が七峰に描かれ、そこには奥院、独鈷水、青龍権現などの名称が確認される。この図は江戸時代に描かれたものであるが、おそらく戦国時代の戦火に会う以前の中世の景観を描いたものと推察され、大窪寺が山岳信仰の寺院であることを示している。また興味深いのは女体山という山が寺の近くにあるが、これは日光の男体山と対比され、また奥院には「逼割禅定」という行場や洞窟がある。つまり背後の山岳地は山林修行者の修行地であったことは間違いない。そして平安時代初期の鉄錫杖の存在を考慮すれば、おそらくそれは空海の時代にまで遡るであろう。

讃岐・善通寺から修行のため、阿波・大滝嶽や土佐・室戸崎に向かった空海が、その途中の大窪寺で修行を重ねたと推測することも許されるであろう。その頃の大窪寺は、本尊を薬師如来とする相当規模の山岳寺院であったと考えられる。

高松市・屋島寺

山岳修行という観点から、高松市の屋島寺も興味深い。創建時には北嶺にあったと伝えられ、そこには千間堂の地名が残る。鑑真和上が来朝時に一宇を建立し、弘仁元年（八一〇）に弘法大師が自作の千手観音を本尊として、現在地に千手院を建立したと伝える古寺である。この伝に該当するのが現存する木造千手観音坐像（像高九六・一センチメートル）で、一木造りの堂々とした像容と森厳な面相から平安時代前期（九世紀末期〜一〇世紀初期）の作とされている。空海入定後、数十年後の造像であるが、山上に位置し、西には大きく広がる瀬戸内海があり、東は遠くに讃岐山脈を望み、多くの岩場なども存在し、山岳修行の場としての要素を備えており、前身寺院とも考慮すれば、ここで空海が修行していたことも大いに想像されるであろう。

以上の他にも、三豊市・弥谷寺も大きな洞窟の存在や善通寺に近いこともあり、若き日の空海が修行していたことも考慮されるが、何分にも明確な歴史的、直接的な資料がいずれかの時代に失われ、現在は確認されない。また高松市・八栗寺も弥谷寺同様に背後に急峻な山々が続き、五剣山と称され山岳修行の場として重要な場所であることは間違いないが、ここにも空海在世時代の確定的な資料が見つからず今後に期したい。

注

（1）宮崎忍勝『遍路・その心と歴史』（小学館、昭和四九年六月）一二〜一三頁。
（2）同前。
（3）大本敬久「『三教指帰』と空海の修行地に関する基礎的考察―「金巌」伊予国説を中心に―」（『研究紀要』第二〇号、愛媛県歴史文化博物館、平成二七年三月）。
（4）奈良国立博物館『古密教』展図録（奈良国立博物館、平成一七年七月）。
（5）加納裕之「山林寺院中寺廃寺跡と弘法大師空海の時代」（『平成二十四年度四国遍路と世界の巡礼公開講演会・研究集会第五回

四国地域史研究大会プロシーディングス』（平成二五年三月）。加納裕之「山林寺院中寺廃寺跡と弘法大師の時代」（『四国遍路と山岳信仰』、岩田書院、平成二六年一月）九〜二四頁。

（6）浅井和春「岡山・大賀島寺の千手観音立像について」（『仏教芸術』二六七号、毎日新聞社、平成一五年三月）。

（7）松田誠一郎「大窪寺本尊の薬師如来坐像について」（香川県歴史博物館『調査研究報告』三、平成一九年三月）。

（8）関根俊一「大窪寺の鉄錫杖について、附旧極楽寺跡出土鉄錫杖」（香川県歴史博物館『調査研究報告』三、平成一九年三月）。

（9）松岡明子「大窪寺の書画」）（香川県歴史博物館『調査研究報告』三、香川県立歴史博物館、平成一九年三月）。武田和昭『四国辺路の形成過程』（岩田書院、平成二四年一月）一七〜一八頁。

第二章　四国の辺地修行

奈良時代の末期から平安時代前期頃の古密教（雑密）に基づく山林修行に続いて平安時代後期になると『今昔物語集』や『梁塵秘抄』に記されるように、各地の修行に適した場（行場）で様々の修行が行われた。修行地の条件として大海原が見渡せる地、山深く滝や洞窟が存在することなどであった[1]が、四国の各地にはそれに見合う場所が数多くある。その中のいくつかが後に四国八十八ケ所の霊場へと展開していくが、その修行地から次の修行地へのルートが四国辺路のコースと重なりあうのである。ここでは先学の論考を元に記す[2]ことにしたい。

一　『今昔物語集』、『梁塵秘抄』の辺地修行

平安時代後期、十二世紀前半頃に作られた『今昔物語集[3]』は仏教説話や世俗的な説話で構成されており、その数は千四百話にのぼる膨大なものである。内容的には『過去現在因果経』、『日本霊異記』、『地蔵菩薩霊験記』などを元にしたものであるが、そうした中にあって平安時代後期頃の四国での修行の実情を記すものがあり興味深い。まず『今昔物語集』三十一の十四、「通四国辺地僧行不知所被打」に

今昔、仏の道ヲ行ケル僧、三人伴ナヒテ、四国ノ辺地ト云ハ、伊豫讃岐阿波土佐ノ海辺ノ廻也、其ノ僧共ヲ廻ケル

つまり四国の辺地（へんち・へち）というのは、四国の海辺の道を廻るものと考えられている。次に指摘され

るのが後白河法皇撰『梁塵秘抄』巻二の三百一[4]で、その中に

われらが修行せしやうは、忍辱袈裟をば肩に掛け、又笈を負ひ、衣はいつとなくしほたれて、四国の辺地を

ぞ、常に踏む

とあるように、笈を背負った修行者の衣が潮水に濡れ、垂れるほどの海辺の道を巡り、次の修行地をめざしていたのである。確かに現在の二三番薬王寺から室戸崎への道中、さらに室戸から西に向かう海辺の道は古くは海水に浸りながらの苦難の修行旅であったろう。

同じく『梁塵秘抄』巻二の二九八には

聖の住所はどこどこぞ

大峯　葛城　石の槌

箕面よ　勝尾よ　播磨の書写の山

南は熊野の那智　新宮

とあって、畿内の著名な修行地とともに石鎚山があげられている。また同抄巻二の三一〇には

四方の霊験所は

伊豆の走湯　信濃の戸隠　駿河の富士の山　伯耆の大山　丹後の成相とか

土佐の室戸　讃岐の志度の道場とこそ聞け

ここでは、土佐の室戸と讃岐の志度寺がみられる。土佐の室戸とは、おそらく最御崎寺や金剛頂寺をさすものと思われ、四国の霊験所として広く知られていたのである。そこには多くの修行者の存在が想起されるが、やがてこれらの寺院は四国八十八ケ所の霊場となっていく。

二　札所寺院の補陀落信仰

現在の四国八十八ケ所の札所には、観音菩薩に関わる補陀落信仰が大きく関与したとみられる寺院がいくつかあるのは興味深い[5]。例えば二四番最御崎寺、三八番金剛福寺、そして補陀落山の山号を持つ八六番志度寺などである。補陀落信仰そのものは、四国辺路の成立過程において、それほど大きな影響を与えたとは思われないが、修行地・霊験地のひとつという観点から考察したい。

補陀落信仰とは『華厳経』などに説かれる観音信仰のひとつで、善財童子が補陀落山で観音菩薩に出会ったとされ、観音信仰の広まりとともに、中国や朝鮮半島でも信仰が高まった。補陀落山という観音浄土は古くから南インドに、その地が比定されたことは玄奘の『西域記』にもみられるが、やがて現在の中国浙江省舟山群島の島が普（補）陀落に考えられ、大いに信仰を得た。日本でも古くから、その信仰の存在が確認されるが、顕著になるのは平安時代末期から鎌倉時代頃である。後白河法皇撰『梁塵秘抄』巻第二の三十七に「観音大悲は船筏、補陀落海にぞうかべたる、善根求める人し有らば、乗せて渡さむ極楽へ」とあり、観音菩薩の信仰を基にして、補陀落世界、つまり観音浄土へ渡ることが希求されたのである。わが国の補陀落信仰の中で、まず注目されるのが熊野三山のひとつ那智山[6]である。平安時代後期になると阿弥陀の極楽浄土や弥勒の都率浄土などへの往生信仰が盛んになる。それにつれて観音浄土への信仰も高まりをみせ、那智山が「補陀落山の東の門」の入口と考えられるようになった。そのため、多くの行者が熊野那智浦から補陀落渡海を実践したのである。次に四国の補陀落信仰をみてみたい。

室戸崎

二四番札所の最御崎寺[7]が所在する室戸崎に御厨洞といわれる、大きな洞窟がある。ここは空海が修行した地として伝えられ、夙に有名である。『梁塵秘抄』巻二の三四八には「…御厨の最御崎、金剛浄土の連余波」とあり、平安時代後期には、霊場として知られていた。そして『南路志』には「補陀落山に通じて、常に彼の山に渡ることを得ん、窟内にまた本尊あり、西域光明国如意輪瑪瑙聖像なり」とあり、まさに補陀落山への入口と考えられていたのである。ここに安置される石造如意輪観音は平安時代後期の稀に見る優美な像で、異国の聖地を想起させるには、まことにふさわしい像である。この如意輪観音像は澄禅『四国辺路日記』にも御厨洞に安置されていたことを記しており、いつの頃からか補陀落信仰に関わるものと考えられていた。そして、古くから空海修行地として伝えられており、この御厨洞で様々の修行者が修行を実践していたことは間違いなく、四国内でも重要な行場となっていた。

金剛福寺

土佐の南端、足摺岬に所在する三八番金剛福寺[8]も補陀落信仰が盛んであったことは嵯峨天皇の勅額として伝わる「補陀落東門」から明確に知り得る。

具体的な話として『土佐国蹉跎山縁起』（享禄五年―一五三二）という金剛福寺の縁起が興味深い。それによれば平安時代中期の長保年間（九九九〜一〇〇四）頃に賀東上人が補陀落渡海のために難行、苦行の末に徳を積んで、その時をまっていたが、弟子の日円坊が奇瑞によって、先に渡海してしまった。上人は五体投地し涙を流したということが記されている。平安時代、補陀落渡海の為の修行とはいえ、この足摺岬が辺地修行の場であることを明示しているのである。さて鎌倉時代の『とわずがたり』の乾元元年（一三〇二）[9]にかの岬には堂一つあり。本尊は観音におはします。隔てもなく坊主もなし、ただ修行者、行かきかかる人のみ集まりて、上もなく下もなし。

とあって、観音菩薩の安置される本堂があるばかりで、あとは修行する者のみであると記していることから、この頃の足摺岬（金剛福寺）の実態がよく分かる。その後、南北朝時代の暦応五年（一三四二）に現本尊が造立されるが、この本尊は熊野の補陀落山寺と同じ三面千手観音であることから、熊野信仰が明確に影響したものと考えられる。この足摺岬には補陀落渡海を目指す行者が集まる修行の地であったといえよう。

志度寺

八六番札所の志度寺[10]は山号が「補陀落山」と称していることから、補陀落信仰に関わる寺院とみられるが、現在では具体的にはそれを見いだすことは容易ではない。ただ伝来する『志度道場縁起文』七巻の内の『御衣木縁起』の冒頭部分は奈良・長谷寺の縁起とほぼ同じで興味深い。要約すると、近江の国にあった霊木が琵琶湖から淀川を下り、瀬戸内を流れ、志度浦に漂着し、推古天皇三十三年の時に、凡薗子尼法名智法が草庵に引き入れ安置した。その後、二十四～五歳の仏師が現れ、一日の内に十一面観音像を彫りあげた。その時、虚空から「補陀落観音やましますす」という大きな声が二度すると、その仏師は忽然と消えたという。そしてこの仏像を補陀落観音として本尊とし、一間四面の精舎を建立したのが志度寺の始まりであるとする。そして仏師は土師黒王丸といい、閻魔王の化身であり、薗子尼は文殊菩薩の化身であったと結んでいる。これにより、志度寺本尊の十一面観音が補陀落信仰と深く結びつくことが分かるが、残念ながらこの志度浦から補陀落渡海を行った記録はみられない。

讃岐の七観音

澄禅『四国辺路日記』の八七番長尾寺の項に次のように記されている。

本堂南向、本尊正観音也、寺ハ観音寺ト云。当国ニ七観音トテ諸人崇敬ス。国分寺、白峯寺、屋島寺、八栗寺、根香寺、志度寺、当寺ヲ加エテ七ケ所ナリ。

とあり、讃岐の七観音として多くの人々の信仰を得ていたことが分かる。各寺院の本尊をみてみよう。

国分寺―丈六（像高約五メートル）の聖観音立像で香川県随一の大きさを誇り、平安時代後期の作とされる。

白峯寺―『白峯寺縁起』[11]（応永十三年―一四〇六）に「かの蹄跡千手観音の像躰也。そののち海浜に趣き祈念し給ふ處、虚空に音ありて、補陀落山より流来れりと示、大師と明神とあひともに山中に引入、十躰の本尊造立し給、四十九院を草創し給、其内に千手像四躰まします。一尊をは根香寺に安置し、一尊をは吉水寺にあむちし、一尊をは白牛寺あむちし、一尊をは当寺に安置す。今も千手院とて、霊験無双の道場、利生広大の聖容にてましますなり。」とあり、補陀落信仰を明確に示している。現存する千手観音立像は（像高一一〇センチメートル）南北朝時代頃の造立かと思われるが、旧像は平安時代に遡るとみて間違いない。

屋島寺―先記のとおり本尊千手観音坐像（像高九六センチメートル）は平安時代前期、九世紀末期から一〇世紀初期の作で、四国屈指の密教像である。

八栗寺―江戸時代前期の『御領分中宮由来同寺々由来』に「弘法大師、自作千手観音霊像のため本尊・・」とあるように古くは千手観音が本尊であったが、『四国遍礼名所図会』（寛政十二年―一八〇〇）では聖観音となっている。現存の聖観音立像は後補がみられるものの平安時代後期に遡る古像である。

根香寺―本尊の千手観音立像（像高一六四センチメートル）は一木造りで、重厚で森厳な面相表現や翻波式の衣文などから平安時代前期（一〇世紀前半）の県下屈指の古像である。

志度寺―本尊は十一面観音立像（像高一四六センチメートル）で、頭上面や天衣、垂髪、持物の数珠、蓮肉まで含めた一木造りの像である。古様を示しているが、穏やかな面相や彫り口をみると平安時代後期の造像とみられよう。

以上、七体の観音菩薩像を概観したが、白峯寺像を除き全て平安時代に遡る古像である。しかし白峯寺像もかつては古像であったことは『白峯寺縁起』から推察されることから、これらの七観音がすべて平安時代の造立とみなされる。その内、白峯寺、志度寺には中世に遡る補陀落信仰を持つ観音菩薩を本尊としており、これ以外の海辺に沿う諸寺も補陀落信仰の影響を受けていたことも想像されよう。[12] このような観音信仰の道が江戸時代初期に多くの諸人に崇敬されていたのである。つまり、この観音菩薩を結ぶ道が補陀落信仰の修行の地であったとも推察される。換言すれば、それは山伏などが巡る修行の道、辺地修行の道で古代・中世に遡る可能性を秘めており、これら七観音の全ての寺が四国八十八ケ所霊場であることを思えば、四国辺路の成立過程において無視することができないのである。

三　四国を巡る修行者

『今昔物語集』十三の一に次のように記されている。

今ハ昔、仏の道を修行する僧有けり、名をば義睿と云ふ、諸々の山を廻り海を渡て、国々に行き所々の霊験に参て、行ひけりこれは義睿という仏道修行者が山々や海を越えて、各地の霊験所で修行を行っていたことを記したもので、平安時代後期の修行形態をよく表している。つまり修行者は各地の霊場を求め辺地を巡っていたが、それは海辺だけでなく修行に適した場（行場）を求め山々をも尋ねていたのである。そこは寺院であったり、窟や滝などがある行場で、先記した中寺廃寺跡や大窪寺などもそうした修行地の場であつたと考えられよう。ここでは平安時代後期から鎌倉時代頃に四国を巡った修行者[13]をみてみたい。

重源

東大寺再興に尽力した勧進僧として著名な俊乗坊重源（一一二一〜一二〇六）は四国に渡り修行したことが『南無阿弥陀仏作善集』（建仁三年―一二〇三）に「生年十七歳之時、四国ノ辺ヲ修行ス、生年十九ニシテ、初メテ大峯ヲ修行ス・・・」とあることにより分かる。若き頃の重源の詳しい足跡は明らかではないが、十三歳の時に醍醐寺で出家し、十七歳の時に四国に修行に出た。そして十九歳の時に大峯修行も行ったらしい。その後、熊野・御岳・葛城などの山岳修行に関わる地を訪ねているところをみると、この頃の密教僧の修行形態が、おおよそ想像されよう。ただ、この四国における修行地について、弘法大師の聖跡地として認識し、そこでの修行を目的としていたかどうかは分からない。

西行

歌人として名高い西行法師（一一一八〜九〇）も各地を巡っているが、四国にもその足跡を残している。西行が四国に入ったのは平安時代の終わり頃の仁安二年（一一六七）で、善通寺の近辺に庵を造り、空海の旧跡を訪ねている。『山家集』には

又ある本に曼荼羅寺の行道どころへのぼる世の大事にて、手をたてるようなり。又大師の御経書き手うづま

せおはしたる山の嶺なり。ほうの卒塔婆一丈ばかりなる壇つきてたてられたり、それへ日毎にのぼらせおはしまして、行道しおはしましけると申し伝えたり、・・・

とあり、曼荼羅寺の弘法大師の霊跡地である行道所に登り修行することが大事であるという。曼荼羅寺の行道所とは現在の出釈迦寺奥院、出釈迦山禅定のことで、標高四八一・二メートルの五岳山のひとつとして広く知られている。かつてはここが四国辺路の札所であったが、あまりに難所で辺路者の参詣が困難なため、元禄時代より少し以前に現在の出釈迦寺が創建され、そこが札所となったのである。つまり曼荼羅寺に属する弘法大師に由縁の修行の場であった。西行は、そこが弘法大師に関わる遺跡であることを認識して、修行したことは、四国辺路の成立過程に於て重要なことといえよう。

道範

高野山の学僧道範（一一七八～一二五二）は山内の紛争に関わったことから、仁治四年（一二四三）～建長元年（一二四九）まで讃岐に流された。その時の記録『南海流浪記』にも出釈迦山について次のように詳しく記している。

此行道所ハ五岳ノ中岳、我拝師山之西岫也。大師此處観念経行之間、中岳青巌ノ緑松、三尊ノ釈迦如来、雲ニ乗リ来臨影現シタマエリ。大師コレヲ拝シタマウ故ニ、我拝師山ト云也。

出釈迦山は空海が捨身行を行った所として伝えられ、早くから弘法大師由縁の地として知られていた。道範も西行と同様に、この山が弘法大師に関わる遺跡の行道所であると認識している。おそらく弘法大師空海を慕う修行者の修行地として、欠くことのできない場であったに違いない。配流された道範が、ここに登って修行したことは、真言行者として当然のことであったといえよう。弘法大師信仰を基本とする四国辺路の形成過程において極めて重要なことといえよう。

四　中世山伏と四国の辺路修行

次に四国の辺地修行と山伏の関係をみてみたい。まず弘安年間（一二七八～八八）の『醍醐寺文書』が上げられるが、これは「四国辺路」の文言の早いものとして、よく知られている。

一、不住院主坊事者、修験之習、以両山斗藪、瀧山千日、坐巌屈冬籠、四国辺路、三十三所諸国巡礼遂其芸、円遍門弟不可為山臥之由不存知

とあり、修験山伏の修行として、両山（大峯・葛城）の斗擻などとともに四国辺路と西国三十三所、諸国の巡礼が上げられている。新城常三氏[14]は「この場合の四国邊路は、単に四国の場所等を示すこれまでの用法と異なり、四国を邊路するという行動を示すもので、この後の四国邊路と全く同じ用例での初見である。」としている。つまり四国を辺路するという行動を意味しているという見解である。これに対して西耕生氏[15]は四国辺路という場所のことであるという。西氏の説に従えば、修験山伏の修行のひとつに四国辺路（四国のへち、つまり四国辺地）を巡ることがあげられている。

また正応四年（一二九一）の『八菅山碑伝』には

秋峯者松田僧先達、小野余流、両山・四国辺路芉藪、余伽三密行人、金剛仏子阿闍梨長喜八度［　　］唵　正
応四年辛卯九月七日

ここでも両山（大峯・葛城）とともに四国辺路を斗藪することが山伏の修行であったことが分かる。

次に長谷川賢二氏[16]が提示された徳島・勧善寺の『大般若経』第二〇八巻（嘉慶二年―一三八八）の奥書には「三宝院末流、滝山千日、大峯葛木両峯芋藪、観音卅三所、海岸大辺路、所々巡礼（以下略）」とあり、山伏の修行が大峯・葛城・西国三十三所・海岸大辺路とともに各地巡礼であることが分かる。ここには四国辺路の文言がみられないが、海岸大辺路とは四国の辺路であると解されている。これらに関して、興味深いのは高知・金剛福寺（三八番札所）の道興法親王筆と伝えられる不動明王の墨書[17]には

三井高祖智証門人、南滝千日籠、鷲峯斗藪四箇度、観音卅三所巡礼、富士、立山、白山各禅定、東八箇国并出羽奥州修行、四州海岸九州辺路。（中略）旹明応第三暦初陽仲幹候、（以下略）

とあり、南滝の千日籠、観音三十三所の巡礼、東八ケ国・出羽奥州の修行とあることから、ここでは四国海岸や九州を辺路すること、つまり四国を巡る修行の意味であろう。この墨書は明応九年（一五〇〇）のもので、室町時代になれば「辺路」は辺路修行との意味をもつようにもなる。

以上、山伏の修行の中で、四国の辺路（へち・辺地）を巡ることが重要なものであることが判明する。ただし、ここには弘法大師に対する信仰を基盤とするものではないことは、各地の数ある修行場のひとつとして四国辺路が捉えられていることからも明白であろう。つまり後世の四国辺路のルートと重なりあうという意味を持つもので、現在の四国辺路とは直結するものではない。

五　『讃州七宝山縁起』にみる行道所

香川県観音寺市に所在する七宝山観音寺神恵院は四国八十八ケ所霊場第六八・六九番札所である。平安時代中

期（一〇世紀末頃）の仏像が数多く所蔵されることから、その頃以前の創建と考えられ、さらに観音寺に隣接する琴弾八幡宮との間に神仏混淆が顕著で、その点でも興味深い寺院である。ここに観音寺と琴弾八幡宮との由来を記した『讃州七宝山縁起(18)』が所蔵されている。奥書には「徳治二年丙午九月三日云写畢但他筆雇之安置之　蓮祐五十六才」とあり鎌倉時代末期、徳治二年（一三〇七）に書かれたものである。蓮祐については人物像などは不明であるが、その内容は極めて特異なものである。

縁起の内容

まず縁起の内容を要約する。当山は八幡大菩薩が影向し、さらに弘法大師が修行をしたところであるので、八幡大菩薩と弘法大師が同体分身であるという。八幡神と弘法大師との関係は教王護国寺（東寺）に八幡神が勧請され、また京都・神護寺の僧形八幡神像は弘法大師と八幡神がお互いに描いたという「互いの御影」が伝来するように、古くから深い関係がある。つぎに宇佐八幡から当山に伝来する過程が詳しく語られる。ついで弘法大師の唐での出来事や帰朝後、当山に参詣して八幡大菩薩の御託宣によって神宮寺が建立され、観音寺と号したという。ついで当山の伽藍は弘法大師が修行の為に建立されたもので、七つの宝を埋めたので七宝山と号する。修行について当山を初宿として結宿は善通寺我拝師山までの修行地（宿）が記される。そして琴弾八幡宮の垂迹の謂れを日証上人と八幡大菩薩の関係で語られ、最後に当山は金胎不二の観音浄土であるという。

宿（修行場）

興味深いのは修行に関する次の箇所である。

> 或納仏宝此地、号之七宝山、或建寺院於斯砌、模以八葉之峯号寺於観音寺、行峯於三十三、第二宿稲積二天八王子本地千手大師勧請、第三宿経之滝、第四宿興隆寺号中蓮、第五宿岩屋寺、第六宿神宮寺、結宿者善通

寺我拝師山是也。

とある。これは琴弾八幡宮・観音寺を初宿とし、善通寺に向けての修行の道、つまり行道所[19]について記されている。順次みてみたい。

第二宿━稲積は観音寺市高屋地区の北にそびえる稲積山のことで、頂上近くに高屋神社が建立されている。高屋神社は延喜式内社で古くは山上にあったが、慶長年間に中腹に移され、宝永年間に山麓の丘に移転したが、天保年間に再度山上に遷座されたという。ここに記される稲積とは高屋神社のことであろう。山上からは西に瀬戸内海が広く望め、また南は讃岐山脈が遥かにみえ、修行の場として最適といえよう。

なお初宿の琴弾山から稲積までの間に江甫山（つくもやま・九十九山）があるが、『金毘羅参詣名所図会』[20]（弘化四年・一八四七）に

江甫山・椋本村にあり、有明の浜より磯づたいひ、行程僅かにして至る。麓に椋本の漁家多し。行人之窟（中略）行者ここに来て修行する事時々ありといふ。実に世塵をはらひて、ただ波涛の音、松のかぜ千鳥・鴎のこえの他、耳に聴くことのなき幽地なり。行道場（右に同じ。地蔵・不動・役の行者などの石像を置けり）

とある。この記事は江戸時代末期のことで、本縁起と直接比較することには問題もあろうが、行人窟、行道場などの名称にふさわしく、急峻な岩場と西には瀬戸内海が大きく広がり、修行の地として最も適している。おそらく古くからの修行地であった可能性があり、稲積山に向かう途中で修行の場としていたものと推察する。

第三宿━経之滝は三豊市豊中町岡本の不動の滝であろう。ここには落差五〇メートル程の滝があり、そこには不動明王が祀られ、古くからの修行の地であったことは間違いない。

第四宿―興隆寺は三豊市豊中町下高野に存在する興隆寺跡といわれる寺院をさすものであろう。興隆寺跡には現在、鎌倉時代後期から室町時代の五輪塔や宝筐印塔が数多く残されており、香川県指定史跡となっている。ただ寺院が建立されていたという平場はすでに大きな木々に埋もれ、かつての伽藍を想像することは困難であるが、この辺りの平場から鎌倉時代の瓦が出土することや鎌倉時代に刻まれたとみられる磨崖の不動明王から推察して鎌倉時代には密教寺院として繁栄していたことは間違いなかろう。

第五宿―岩屋寺は三豊市高瀬町比地に所在し、本尊は平安時代前期（一〇世紀初頭）に遡るほぼ等身の聖観音菩薩立像である。近くには規模は小さいながら巖屋などもあり、修行地としての要素は備えている。現在は小庵が残されているのみであるが、本尊が造像当初からのものとすればその大きさから考慮して、かなりの規模の寺院であった可能性がある。

第六宿―神宮寺は、唯一その所在地を確認するのが困難な寺院である。『西讃府志』「附録　雑記[21]」には「七宝山、相伝ふ、空海七宝を以テ、琴弾山、稲積山、不動瀧、興隆寺、岩屋寺、船積寺、神正院等ノ七處ニ埋メテ、各石塔一基ヲ立、因テ是ヲ七宝山ト云。」とあって三豊市詫間町生里の神正院が当てられている。神正院は荘内半島の先端付近にあり神宮寺という名称の寺院であったことは間違いなく、さらに古くから七宝山の起源に関わる七つの宝を埋めたという石塔なども伝えられている。ただ、この神宮寺は近くの三崎神社の別当・神宮寺であること、また観音寺から善通寺に向かうルートとは大きく外れており、直ちに本縁起に記す神宮寺とするには、やや躊躇される。神正院以外の神宮寺を探索すると、三豊市仁尾町の円明院（船越八幡宮の別当寺）、同市仁尾町の神宮寺（賀茂神社別当寺・廃寺）・同市詫間町の神宮寺（浪打八幡宮別当寺・廃寺）などがあげられるが、いずれも確定するには資料不足である。

結宿―我拝師山は善通寺の近くにある五岳山のひとつ標高四八一メートルの山を指す。平安時代後期には、曼茶羅寺奥院として弘法大師が修行した所として夙に有名で、先記のように西行や道範もここに登り修行したことが判明している。本縁起では弘法大師が修行の折り、釈迦が現れ拝したので我拝師山と云い、鎮守は八幡大菩薩で、その本地が阿弥陀で釈迦・阿弥陀二尊の地であることから、結宿であるという。これは初宿である観音寺神恵院も釈迦・阿弥陀二尊であることに対応したものとみられる。

なお五来重氏は「我拝師」とは古くは「わかいし」で、その後「わがはいし」に転化したものであるという[22]。「わかいし」は熊野の若一王子のことを意味し、この山が熊野信仰に関わるという興味深い説を提示されている。

以上、琴弾山（琴弾八幡宮・観音寺）から出釈迦山までの修行の道と宿についてみてきたが、小規模ながら鎌倉時代末期の行道（修行の道）の存在が確認されたことは興味深い。では誰が修行したのかが問題となるが、山岳や滝の存在を考慮すれば、当然ながら山伏とされよう。そこには鎌倉時代の弘法大師信仰を基盤とする真言系の山伏の辺地修行と換言できよう。

注

（１）五来重『遊行と巡礼』（角川書店、平成元年一二月）一〇八～一〇九頁。

（２）近藤喜博『四国遍路』（桜楓社、昭和四六年三月）。同『四国遍路研究』（三弥井書店、昭和五七年一〇月）。宮崎忍勝『遍路・その心と歴史』（小学館、昭和四十九年六月）。同『四国遍路・歴史と心』（朱鷺書房、昭和六〇年四月）。頼富本宏・白木利幸『四国遍路の研究』（国際日本文化研究センター、平成一三年三月）。

（３）『今昔物語集』は『日本古典文学大系・二六』（岩波書店、昭和五〇年一〇月）二七二～二七六頁。

（4）『梁塵秘抄』は榎克朗校注『新潮日本古典文学集成、梁塵秘抄』（新潮社、平成三年三月）一二八頁。
（5）前掲注（1）近藤喜博『四国遍路』五五～八二頁。
（6）豊島修『熊野信仰と修験道』（名著出版、平成二年九月）五七頁。
（7）最御崎寺は前掲注（2）宮崎忍勝『遍路・その心と歴史』四一～四八頁。
（8）金剛福寺は前掲注（2）宮崎忍勝『遍路』四一～四三頁。前掲注（2）近藤喜博『四国遍路』六五～七六頁。
（9）前掲注（2）頼富本宏・白木利幸『四国遍路の研究』四三～四六頁。
（10）前掲注（2）宮崎忍勝『遍路・その心と歴史』三三～四一頁。
（11）『白峯寺縁起』（『香川叢書』一、名著出版、昭和四七年六月）。
（12）頼富本宏『四国遍路とはなにか』（角川学芸出版、平成二一年一一月）六一～六三頁。
（13）前掲注（2）頼富本宏・白木利幸『四国遍路の研究』七三～七六頁。
（14）新城常三『新稿社寺参詣の社会経済史的研究』（塙書房、昭和五七年五月）四八四頁。
（15）西耕生「四国遍路」溯源—古語と地名解釈—（『四国遍路と世界の巡礼』法蔵館、平成一九年五月）四二頁。
（16）長谷川賢二『修験道組織の形成と地域社会』（岩田書院、平成二八年三月）二五五～二六五頁。長谷川賢二『中世における熊野信仰と宗派の境界』（『四国中世史研究』第一一号、平成二三年八月）。なお長谷川賢二氏に種々のご教示をいただいた。
（17）金剛福寺の不動明王は道興法親王の自筆とされる。前掲注（2）近藤喜博『四国遍路』（桜楓社、昭和四七年六月）一二九～一三〇頁。
（18）『讃州七宝山縁起』は『香川叢書』一巻（名著出版、昭和四七年六月）五八一～五八五頁。
（19）和田仁『遍路雑俳、一〇—涅槃の道場を歩く—（西讃編）』（私家版、平成二二年三月）五五五～五六頁。武田和昭『四国辺路の形成過程』（岩田書院、平成二四年一月）四七～四九頁。
(20) 松原秀明編『金毘羅参詣名所図会』（角川書店、昭和五六年一二月）七一頁。
(21) 『西讃府志』（藤田書店、昭和四八年一〇月）九四九～九五〇頁。
(22) 五来重『四国遍路の寺（上）』（角川書店、平成八年二月）二〇七頁。

第三章　四国辺路と熊野信仰

四国辺路の成立・展開の中で、熊野信仰が大きく影響したとする説は、四国遍路研究の先覚者である近藤喜博氏や宮崎忍勝師により提示されたが、その後も多くの研究者から支持されている。これは札所寺院の鎮守に熊野神社が多くみられることが、その主たる根拠で、具体的に熊野信仰と四国辺路がどのように関わってきたのかは明確にされていない。つまり熊野信仰と弘法大師信仰との融合がいかにして形成されてきたのかを明らかにしなければならない。

一　札所寺院と熊野神社

四国辺路と熊野信仰との関係を明示したのは宮崎忍勝氏の『遍路―その心と歴史』[1]（昭和四十九年刊）が最初で、熊野信仰がみられる札所として、次の寺院を上げられている[2]。

阿波国―一番霊山寺、五番地蔵寺、六番安楽寺、八番熊谷寺、一二番焼山寺、二〇番鶴林寺。
土佐国―二四番最御崎寺、三八番金剛福寺
伊予国―四二番仏木寺、四三番明石寺、四七番八坂寺、五〇番繁多寺、五一番石手寺
讃岐―六六番雲辺寺、六七番大興寺、七一番弥谷寺、七八番郷照寺、八六番志度寺

以上、合わせて十八ケ所を指摘されているが、その主な根拠は鎮守の存在の有無であるが、その根拠について

熊野大権現扁額（香川・郷照寺蔵）

の説明はなされていない。

ついで近藤喜博氏は『四国遍路』[3]（昭和四十六年）の中で、四国の熊野御師の存在や土佐の熊野神社の分布などを示されたものの、札所との具体的な関係は明らかにはされていない。

さらに近藤喜博氏は先記の『四国遍路』に次いで『四国遍路研究』[4]（昭和五十七年）を上梓されたが、その中の「札所鎮守の熊野権現」で、熊野神社の分布状況から、熊野信仰の伝播を吉野川などの川に沿うものと認識されている。そして、そこに札所寺院と鎮守としての熊野神社の存在を提示されるが、阿波は五番地蔵寺など四ケ所。土佐は二六番金剛頂寺、三八番金剛福寺の二ケ所。伊予は四二番仏木寺など六ケ所。讃岐は六七番大興寺、七八番郷照寺など三ケ所の合わせて十五ケ所の札所を上げられている。これは宮崎氏の指摘よりも数少ない。

また白木利幸氏は「四国遍路における熊野修験者と念仏遊行者の影響」[5]（平成九年刊）で、熊野修験者と四国遍路のことを詳述された。ここでは四国内の熊野信仰の拠点が伊予の四七番八坂寺と五一番石手寺であるとし、札所寺院と熊野信仰との関係をさらに細かく指摘され、次の寺院を上げている。

阿波―五番地蔵寺、八番熊谷寺、一二番焼山寺、二〇番鶴林寺

土佐―二四番最御崎寺、二六番金剛頂寺、三五番清瀧寺、三七番岩本寺、三八番金剛福寺、三九番延光寺

伊予―四二番仏木寺、四三番明石寺、四四番大宝寺、四五番岩屋寺、四七番八坂寺、四八番西林寺、五〇番繁多寺、五一番石手寺、五二番太山寺、六〇番横峰寺、六四番前神寺
讃岐―六六番雲辺寺、六七番大興寺、六九番観音寺、七〇番本山寺、七一番弥谷寺、七八番郷照寺、八四番屋島寺、八六番志度寺、八八番大窪寺

以上、合わせて三十ケ所を上げているが、宮崎師同様に主として熊野神社（五所権現・王子などが含まれる）の有無で判断されている。確かに熊野神社が寺の鎮守であれば、その関係は極めて濃厚であろう。しかし、何故、札所寺院に熊野神社が存在するのかという、肝心のことが説明されていないのである。そして、それに関与した人物もみられない。つまり弘法大師信仰と熊野信仰の具体的な接点がみられない。まず、この問題について六七番大興寺を例に考察したい。

二　熊野信仰と弘法大師像

六七番大興寺

大興寺は香川県西部の阿讃山脈の麓に位置し、地元では小松尾寺とも呼ばれている。寺院名を呼称する場合、寺号かまたは院号が一般的であるが、ここではいずれも寺号である。その原因は、この寺院の成立過程に起因するとみられる。かつての大興寺は現在地よりも北に約一キロメートルに建立されていたという。そこからは奈良時代の十三葉細素弁蓮華文軒丸瓦や八葉素弁蓮華文軒丸瓦などが出土し、地名としても「大興寺」として小字名が残っており、かつてはここに大興寺が建立されていたらしいことが分かる。ただし、いつ頃現在地に移ったか

は不明である。なお所蔵の「大興寺」の扁額[6]には文永四年（一二六七）銘が確認されるなど、中世には相当規模の寺院であったことが分かる。

一方、小松尾寺は澄禅『四国辺路日記』[7]に「小松尾寺　本堂東向、本尊薬師、寺ハ小庵也。（以下略）」とある。また真念『四国辺路道指南』[8]では「小松尾山、東むき、豊田郡辻村、本尊薬師、坐長二尺五寸、大師御作」とあるが、詠歌には「植置し小松尾寺をながむれば法のおしへの風ぞふきぬる」として、小松尾寺が強調される。

寂本『四国徧礼霊場記』[9]（元禄二年―一六八九）では、「小松尾山大興寺」といい、弘仁十三年（八二二）に弘法大師によって開かれ、古くは七堂伽藍がそろっていたが、現在は礎石のみが残り、かつては台密二教兼宗で、豊田郡小松尾村にあるので小松尾寺という。本堂の右に鎮守熊野権現の祠があり、左に大師の御影堂と天台大師の御影が残されていると記している。そして境内図には、山の頂上に本堂や熊野神社・大師堂があり、その下に子院のような形態で大興寺の堂宇がみられる。つまり頂上にあるのが小松尾寺で、その塔頭が大興寺としているが、やがて小松尾寺の衰退とともに大興寺が頂上に移ったものとみられる。

以上、近世になり、両寺が併存したため寺名が二つになったとみられる。ともかく、ここに熊野神社の存在が明かとなり、さらに重要なことは寂本『四国徧礼霊場記』に記されるように、大興寺が天台・真言の兼宗寺院であったことが明確となったことであろう。それを明示するかのように現在の大興寺には本堂を挟んで、向かって右に天台大師像、左に弘法大師像を安置する堂が建立され、そして熊野神社も鎮守として現存している。まず、その両像に注目したい。

天台大師坐像と弘法大師坐像

近時の調査により両像の胎内から次のような墨書が確認された。まず天台大師像（像高七六・九センチメートル）は香川県指定文化財として広く知られ、その像内に次のような銘[10]がある。
建治弐年□子／大願主勝覚／金剛仏子／大檀那大夫公／房長／大仏師法橋／佐慶と墨書されている。
次に弘法大師像（像高七三・五センチメートル・未指定）には次のような墨書が確認[11]された。
（体部背面の内側部）
建治弐年丙子八月□／大願主勝覚生年□／大檀那広田成願□／大仏師法橋佐慶／　東大寺末流／讃州大興寺
（別の箇所）
建治弐年歳次丙子八月二日大願主勝覚／生年四十五　山林斗藪修行者金剛仏子／大檀那讃岐国多度郡住人広田成願房
（体部前面材の内側部）
丹慶法印弟子／大仏師佐慶／東大寺流／　讃岐国豊田郡大興寺　（／は改行）
とある。この銘文を整理すると、両像とも大願主は勝覚、仏師は東大寺流を名乗る大仏師佐慶、大檀那については天台大師像は房長、弘法大師像は広田の成願で、いずれも鎌倉時代後期の建治二年（一二七六[12]）に造立されたものとして間違いない。
　これらのことは『小松尾山不動光院大興寺遺跡略記[13]』にすでに記されているが、最近これが再確認されたのである。したがって、この略記はかなり信用できるものと考えてよかろう。その略記の中に「鎮守熊野権現、昔者宮三間五間、庁三間六間之跡于今有焉」とあり、古くから熊野権現社のことが記されており、この熊野神社は少なくとも中世に遡る可能性がある。ここで大願主の勝覚に注目すると、「山林斗藪修行者金剛仏子」とある。山林斗藪修行者とは、いわゆる山伏（修験者）と考えて問題はなかろう。つまり、弘法大師像に関わった金剛仏子勝覚は熊野系の山伏とみられるのである。ここに、ようやく弘法大師信仰と熊野信仰の融合が確認され、大興寺における、鎮守としての熊野神社の存在が明かとなる。

なお古代・中世の熊野信仰は天台系が主流であるとみられているが、室町時代になると後述するように真言系の熊野勧進聖や先達が存在する。このことについて、大興寺に所属した勝覚は天台大師と弘法大師の両像の願主となっており、まさに天台、真言の両宗兼備の僧であった⒁。そして、この両宗兼備の熊野山伏から真言系の熊野山伏が成立するとみられるのである。

一二番焼山寺の弘法大師像

一二番焼山寺は標高約八〇〇メートルに位置し、本尊は虚空蔵菩薩で、まさに山岳寺院としての存在が顕著な寺院である⒂。境内の熊野神社の存在、また所蔵の室町時代初期の熊野三所権現の本地仏懸仏⒃などからみて、鎌倉時代末期から室町時代にかけて熊野信仰が盛んな寺院であったことは容易に推察されよう。そして弘法大師像には、次のような胎内銘⒄がある。

当院主幸祐之時代并僧啓観相半奉彩色者也

于時応永七年〔歳次 庚辰〕十二月七日

（以下略）

とあり、応永七年（一四〇〇）に弘法大師像に彩色が施されたのである。この彩色が造立年か再興時であるかは明確にできないが、この時期に院主幸祐は弘法大師像に深く関わっていたとみて大過なく、弘法大師信仰を盛んにしていたに違いない。そして先記した熊野三所の本地仏懸仏も、まさにこの頃である。つまり室町時代初期には、この焼山寺は熊野信仰と弘法大師信仰がともに盛んであったとみられるのである。そこには熊野信仰と弘法大師信仰の両方を持ち合わせた院主幸祐の存在が想定されるであろう。

八番熊谷寺の弘法大師像

熊谷寺は徳島県阿波市土成町に所在する。ここからは遥か遠くに紀伊水道が望めるが、寺伝によれば弘法大師が四国巡錫中に当地を訪れ、閼伽谷という所で修行中に熊野権現が現れ、千手観音を造って寺を建立せよとのお告げがあったという。それにより熊野神社を鎮守としている。当寺の弘法大師像は右手に金剛杵、左手に数珠を持つ通形の大師像[18]で、胎内に永享三年（一四三一）十一月十八日の観音堂の戸開きにあたって観音の教えで、この弘法大師像が造られたとの墨書がある。五来重氏の御高説[19]では、この本尊手観音を通して補陀落信仰が存在するといわれる。鎮守熊野神社の存在から千手観音には、熊野信仰が内在していると考えられよう。ここに熊野信仰に関わり、弘法大師像が造立されたとみられるのである。

三　熊野曼荼羅図に描かれる弘法大師

四三番明石寺の熊野曼荼羅図

熊野曼荼羅図とは熊野十二神やそれに付随する諸神を神像やその本地仏などで表したもので、鎌倉時代以降江戸時代の作品が主として天台宗寺院に於て確認される。ただ真言宗寺院にも所蔵されており、熊野信仰が広範な広がりであることを知り得る。

まず愛媛・明石寺所蔵の熊野曼荼羅図[20]（室町時代初期）をみてみよう。図の中央部に胎蔵界曼荼羅の八葉院のように熊野の垂迹神を描いた珍しい形式である。中央に新宮と那智の神を向き合うように描き、その周囲に本宮をはじめに五所王子や四所明神（内三神）が配され、その上部には新宮・那智の摂社や大峯の神々、下部には熊野の諸王子が数多く描かれ、那智の滝も大きく表されている。ここで興味深いのは役の行者と相対するように弘法大師が描かれていることであろう。熊野曼荼羅図の中に弘法大師が描き込まれることは極めて珍しい。

明石寺は現在、天台宗で本尊は千手観音坐像である。脇侍の不動明王と毘沙門天は鎌倉時代の優作であるが、本堂内に安置されている一木造りの天部形は平安時代中期の十世紀に遡る。おそらく創建は鎌倉時代よりもかなり古いとみられよう。なお不動・毘沙門を脇侍像とする天台宗特有の三尊形式からみて、鎌倉時代には天台宗として盛んであったとみられる。

澄禅『四国辺路日記』[21]（承応二年）には

本尊千手観音、本堂朽傾テ本尊ハ小キ薬師堂に移テ在り、源光山延寿院ト云。寺主ハ無ク上ノ坊ト云山伏住セリ、妻帯也・・・。

とあることから江戸時代初期には、かなり衰微していたのであろう。そこに山伏が住していた。おそらく熊野系の山伏とみて間違いなかろう。そして寂本『四国徧礼霊場記』[22]には「此寺本尊千手観音坐像長三尺、二十八部衆羅列せり、皆大師御作、右に鎮守熊野十二所権現并伴社あり、・・・」とあり、本尊などを大師作としている。大師とは弘法大師を指すとみられ、熊野神社が鎮守とされている。

さて『宇和旧記』明石寺[23]の項に興味深いことが記されている。

一、弘法大師入唐の節、守本尊の由にて半月不動尊当寺に有、此絵の裡書「弘法大師御筆半月形不動也、（中略）右此本尊者、弘法御入唐之時、御守本尊に而秘蔵、・・」

一、伝教大師御影像一幅あり、昔当寺一山の坊主大師講仕候折節、客僧来て是何事の会合ぞやと問、坊中件の通答ければ我人数に加り、本尊寄進せんとて、伝教の御影を書せ給ひて、行方不知に失給ふ由、是則ち伝教たるべき歟といえり。

一、弘法大師御筆、紺紙金泥の経の残り少しあり。

一、十六善神絵一幅、唐筆の由。

一、熊野本地絵、筆者不知。

（以下略）

とあり、弘法大師や伝教大師など真言、天台両宗の遺品が厳密に所蔵されていたとみられる。つまり明石寺においても先記した大興寺の例のように、天台・真言の兼宗寺院であったと考えられ、そこに熊野信仰と弘法大師信仰の接点が生じて、両者の融合が発生するのであろう。

六万寺の熊野曼荼羅図

次に高松市牟礼の六万寺所蔵の熊野本地仏曼荼羅図（南北朝時代）をみてみたい。この図は傷みがあり、全容を窺うのはなかなか難しいが、図の中央に薬師如来・阿弥陀如来・千手観音の熊野三所権現の本地仏を描く。その下には地蔵菩薩・龍樹菩薩・釈迦如来・不動明王など、十一尊が配置され、合わせて一四尊としている。現存する熊野曼荼羅は三所権現・五所権現、四所明神（五尊）の十三尊とすることが多い。この図では一尊多いが、それは弥勒菩薩と考えられている。[24]

図の上部には山岳が描かれ、その中に新宮摂社の本地愛染明王、阿須賀権現本地の大威徳明王や役の行者、那智の滝もみられる。下部には熊野の諸々の王子が数多く配されているが留意すべきは、図の下部右に弘法大師が描かれている。ここに描かれている弘法大師像は右手に金剛杵、左手に数珠を持ち、椅子に坐しているが、椅子や水瓶の形状からいわゆる「真如親王様」である。そして先記の明石寺本よりも弘法大師像がかなり大きく描かれ、数多くの尊像のひとつではなく、明らかに弘法大師の存在を強烈に主張しているように感じられよう。熊野曼荼羅図の中に弘法大師信仰を明確に表したものとして、重要な意味を持っている。明石寺本とともに六万寺本の存在は四国内における熊野信仰と弘法大師信仰が融合した熊野曼荼羅図として留意される。

六万寺の歴史は、平安時代の創建に遡るとみられるが、明確な資料はみられない。寛文年間（一六六一～七三）の『御領分中宮由来同寺々由来』には六万寺がみられない。これは戦国時代に退転し、延宝四年（一六七六）に松平頼重により再興されるまで不遇の時代であったからである。現存する鎌倉時代の仏画やかつて存在した康永四年（一三四五）の銅鐘などの存在から、戦国時代以前は相当規模の寺院であったとみられるが、熊野神社の存在はみえてこない。ただ興味深いのは、六万寺の奥院[25]が八栗寺で両寺は深い関係にあった。八栗寺は蔵王権現を祀り、地形からみて山岳修行の寺であったことは周知のとおりである。ここに熊野信仰との接点が考えられるが、なお不明なことが多い。ともかく熊野曼荼羅の中に弘法大師が描かれた数少ない作例として、それが四国に所在していることを重視したい。

四　熊野先達と札所寺院

地方における熊野信仰を語る時、熊野神社の勧請とともに、熊野先達の存在も重要なことと思われる。これについては『熊野那智大社文書』が参考となるが、すでに宮家準氏[26]によって各国毎の先達が明らかにされている。さらに弓野瑞子氏[27]は伊予国の熊野信仰について詳しく考察され、熊野先達の中に札所寺院に属する人物が多いことを論じられている。ここでは宮家氏、弓野氏の論考を元にして、札所寺院に所属した熊野先達を抽出してみる。

阿波―二一番太龍寺の秀信、二二番平等寺の治部

伊予―五〇番繁多寺の先達、五二番太山寺の先達、六一番香園寺の先達、六五番三角寺めんどり先達

讃岐―八一番白峯寺の先達、八三番一の宮の持宝坊

以上のように、札所寺院に所属する熊野先達や檀那が見られる。そして、ここに記された寺院は歴史的にみて、その多くが真言宗寺院であったとみてよかろう。つまり、基本的には、これらの熊野先達は真言宗に属した先達、換言すれば弘法大師信仰を持ちえていたとみられる。このことは、以後の四国辺路の展開にとって重要なことと思われ、次章では弘法大師信仰と熊野信仰を持ち合わせた人物として、増吽僧正について検討することとしたい。

注

（1）宮崎忍勝『遍路―その心と歴史』（小学館、昭和四九年六月）八六～一一一頁。

（2）同前。

（3）近藤喜博『四国遍路』（桜楓社、昭和四六年六月）二五七～二八二頁。

（4）近藤喜博『四国遍路研究』（三弥井書店、昭和五七年一〇月）九四～一〇四頁。

（5）白木利幸「四国遍路における熊野修験者と念仏遊行者の影響」（『善通寺教学振興会紀要』四号（善通寺教学振興会、平成九年一二月）二九～五二頁。

（6）大興寺扁額は香川県教育委員会編『香川県の文化財』（香川県教育委員会、平成八年三月）一八一頁。
（7）伊予史談会編『四国遍路記集』（伊予史談会、昭和五六年八月）五二頁。
（8）同前『四国遍路記集』一〇七頁。
（9）同前『四国遍路記集』一二九～一三〇頁。
（10）『大興寺調査報告書』第一分冊（香川県・香川県教育委員会、平成二六年三月）一四〇～一四三頁。
（11）同前。
（12）四国における弘法大師像の古例は愛媛県宇和島市の仏木寺（四二番）の木造弘法大師坐像が正和四年（一三一五）の作で、大興寺像は現在、年記銘が確認される四国の最古像である。
（13）前掲注（10）『大興寺調査報告書』一九三～一九五頁。
（14）長谷川賢二「中世における熊野信仰と宗派の境界」（『四国中世史研究』第一一号、四国中世史研究会、平成二三年八月）。
（15）岡本桂典「四国八十八ケ所霊場第十二番札所焼山寺小考」（『一山典記念論集、考古学と地域文化』平成二一年六月）。
（16）『弘法大師空海と四国八十八カ所霊場展』図録（中日新聞社　平成八年八月）図版番号八六。
（17）近藤喜博『四国遍路』（桜楓社、昭和四七年六月）一五六頁。武田和昭『四国辺路の形成過程』（岩田書院、平成二四年一月）二六頁。
（18）『空海と遍路文化展』図録（毎日新聞社、平成一四年九月）二八頁。
（19）五来重『四国遍路の寺（下）』（角川書店、平成八年四月）六二～六六頁。
（20）明石寺熊野曼荼羅図は大阪市立美術館『役の行者と修験道の世界展』図録（大阪市立美術館、平成一一年九月）一〇六頁。前掲注（17）武田和昭『四国辺路の形成過程』二五頁。

(21) 前掲注（7）『四国遍路記集』四一頁。
(22) 前掲注（7）『四国遍路記集』一八九頁。
(23) 『宇和旧記』（愛媛青年處女協会、昭和三年六月）二一六～二二三頁。
(24) 梅沢恵「各地に伝来する垂迹曼荼羅―熊野曼荼羅（香川・六萬寺）、山王曼荼羅（千葉・観明寺と滋賀・油日神社）―」（『横浜美術短期大学教育・研究紀要』、平成一七年三月）。
(25) 『讃岐国名勝図会』は松原秀明編『日本名所風俗図会』一四、四国の巻（角川書店、昭和五六年一二月）一九七頁。前掲注(24) 梅沢恵「各地に伝来する垂迹曼荼羅―熊野曼荼羅（香川・六萬寺）、山王曼荼羅（千葉・観明寺と滋賀・油日神社）―」。
(26) 宮家準『熊野修験』（吉川弘文館、平成四年九月）一九一～一九八頁。
(27) 弓野瑞子「中世伊予の熊野信仰」（『一遍聖絵を読み解く』吉川弘文館、平成一一年一月）。

第四章　熊野信仰と増吽僧正

　前章では熊野信仰と弘法大師信仰の関係を弘法大師像や熊野曼荼羅図を通して考察し、さらに弘法大師信仰を持った熊野先達の存在を札所寺院を中心にみてきた。しかし、まだ具体性に欠けているように思われる。そこで、この両方を兼ね備え、室町時代中期に讃岐・備前地方などで活躍した讃岐の増吽僧正を取り上げて、熊野信仰と弘法大師信仰の関係を明らかにしたい。

一　増吽僧正の生い立ち

　増吽僧正(1)（以下、増吽）は室町時代中期頃に讃岐や備前を中心にして、社寺復興に邁進し、後に「弘法大師再来の僧」と言われた。ただ増吽に関する直接的な資料が数少ないため、現在では増吽を知る人はほとんどいない。江戸時代の記録には数多く確認されるものの、その多くは伝説的要素がみられ、なかなかその実像はつかみがたい。ここでは、その中から信頼されるものを抽出しながら記すことにしたい。

　まず『讃岐国大日記(2)』（慶安元年―一六四八）には、応永年中に讃岐国大内郡西村に安芸氏を母として誕生し、中筋村の虚空蔵院（現在の與田寺）で増恵（慧）師の元で得度、受戒し、さらに密教（真言宗）を学んだという。このことは『御領分中宮由来・同寺々由来(3)』（寛文十年頃―一六七〇、以下『寺々由来』）や『誉田村虚空蔵院水主村大水寺由緒(4)』（元禄十三年―一七〇〇）にも、ほぼ同様のことが記されているが、時代の降下とともに、その表現が脚色されており神秘性を増している。そして、いずれの記録にも生年が記されていないことも不思議なことであるが、応永九年（一四〇二）の若王寺蔵大般若経奥書や水主神社棟札（『大水主神社旧記』）などから貞治五年（一三六六）と判明する。そして増恵（慧）に師事したことについては、『寺々由来』に増恵（慧）が讃岐北条郡の摩尼珠院に転住したと記し、道隆寺文書に「摩尼珠院増吽」とある。つまり増吽自身も摩尼珠院の住持となっていることなど、その師弟関係は事実として受け取られよう。その後、香川・若王寺蔵大般若経の外題に、「虚空蔵院住持　金資増吽　生年三十七歳[5]」とある。三十七歳時には、すでに虚空蔵院の住職となっており、亮勝房増範などの弟子達の先頭に立ち大般若経の書写事業が行われたのである。ただ、それ以前のことについては詳しい記録はみられない。

増吽僧正（香川・與田寺蔵）
写真提供・香川県立ミュージアム

次いで四十二歳（応永十四年―一四〇七）時には、十二天の版木の制作を行っている。版木制作の目的は数多くの十二天像が必要としたからであるが、おそらくこの十二天を用いて結縁灌頂が行われ、それを元にして勧進活動がなされたとみられる。

四十七歳（応永十九年―一四一二）の時には、京都・北野社一切経の書写事業に尽力している。この一切経は北野天満天神法楽のために北野経王堂で書写されたもので、現在は京都・大報恩寺に所蔵され、重要文化財に指定されている。五千余巻にものぼる膨大な経典を応永十九年（一四一二）三月十七日から僅か五ケ月間余りで完成させた。大願主は先記した増吽の弟弟子の亮勝房増範で、書写や校正には讃岐・山城・和泉・大和など二十五ケ国百数十人の僧侶が参加した。増吽はこの内、『大般若波羅蜜多経』第五百七十一巻の奥書[6]に次のように記している。

応永十九年歳次壬申三月十七日添崛百余輩之浄侶鑿致如法説立筆紹儲四儀不乱書写因茲筆躰頗拙雖有憚于後見但□如法之道儀而已

讃州崇徳院住僧都増吽
同国大法師勢秀
為當来奉転読處也

とあり、この書写事業の意義を説いており、その中心的な存在であった。ここで興味深いのは「讃州崇徳院住僧都増吽」とあり、この時には、白峯寺の崇徳院に住していたことがわかる。

次いで四十八歳（応永二十年―一四一三）の時には大水主神社本殿の蟇股に「金資増吽僧正／生歳四十八歳／垂本地弥陀之／誓願故歎自然之／冥合如此[7]」とある。「金資」とは「金剛末資」の略称で、いわば真言宗の僧であり弘法大師に連なる弟子という意味であろう。

五十七歳（応永二十九年―一四二二）の時にも同様に大水主神社脇宮の蟇股に「斡旋金資増吽生歳五十七敬白[8]」とあり、ここでも大水主神社に関わっているが、同社南宮の蟇股の墨書に「勧進金資増吽[9]」とある。これにより、同社再建のために増吽が勧進活動を行なっていたことが判明する。

六十一歳（応永三十三年―一四二六）時には西讃岐の仁尾・覚城院再興の供養願文[10]が確認される。覚城院は平安時代に起源を持つ西讃の古刹であるが、ここにも関与しているのである。

六十二歳（応永三十四年―一四二七）時には『道隆寺文書』の「沙弥妙英敷地寄進状[11]」の中に「摩尼珠院増吽」と記されている。現在、道隆寺からは増吽に関する直接的な資料は確認されないが、『道隆寺温故記[12]』には応永三十二年（六十歳）に賢信に住職を譲り、摩尼珠院に転住したと記しており、増吽が道隆寺にも深く関わっていたことが分かる。

六十三歳（応永三十五年―一四二八）時には、水主神社の脇宮の蟇股の裏書に「応永三十五戊申（中略）春秋六十三増吽[13]」とあり、十数年にわたり水主神社の復興に勧進していたことが分かる。

七十五歳（永享十二年―一四四〇）時には水主神社の扁額[14]に、その名が刻まれており、復興された水主神社に奉納したものと思われる。これらのことから、増吽は水主神社に長期に亘り深く関わっていたことがわかる。

七十九歳（文安元年―一四四四）時には、現在、京都・智積院の所蔵の弘法大師御影の裏書[15]から、讃岐多度津の御影供に関わっている。ここには釈迦と弥勒に対する信仰を窺うことができるが、すでに七十九歳という高齢のため、この図を直接増吽が描いたとは考えにくいが、何らかの関与があったと見られる。

八十七歳時（享徳元年―一四五二）に虚空蔵院で遷化したと『與田寺旧記[16]』にみえ、さらに『讃岐国大日記[17]』には「僧正老衰に及び、水主山に移せる三社、日参叶わず、毎朝寺内の石上に登って三山に向かい礼拝す。俗に此石を伏拝石という。今にいたるまで寺内に在り。此時、僧正此石上に登って、須臾にして見えたまわず、寺内の老若挙げて僧正の跡を尋ぬるに、見え給わず。果たして終わりを知らず。」[18]とある。

以上、増吽の事跡を年代順に列記したが、そこには虚空蔵院（現與田寺）において弘法大師信仰、水主神社では熊野信仰に関わったことが明確となった。

二　増吽の弘法大師信仰

増吽が本拠とした與田虚空蔵院をはじめ、増吽が関係する寺院は高松・無量寿院、白峯寺、道隆寺、覚城院、瓶井山（安住院）など、現在すべて真言宗寺院である。各寺院の寺歴をみても、おそらく増吽の在世時代も真言宗であったことは、ほぼ間違いない。それらの寺院の住職を務めていたのであるから、弘法大師信仰を持ち得ていたことは当然のことであろう。ここでは、さらに増吽の弘法大師信仰の実態について遺品を中心に考察したい。

十二天版木・與田寺蔵

増吽が得度し、その後住職を務めた讃岐大内郡の與田寺（虚空蔵院）に所蔵されている十二天版木[19]には、次のような陰刻銘がある。

讃州大内郡与田郷神宮寺虚空蔵院　応永十四丁亥三月二十一日
敬印十二天像　以馮仏法護持矣　大願主増吽　同志刊凋聖宥

とあり、応永十四年（一四〇七）三月二十一日に、増吽が願主となって十二天の版木が造られたことが分かる。ただ重要な事は三月二十一日で、これは弘法大師が承和二年（八三五）三月二十一日に高野山奥院に入定された特別な日である。増吽は敢えて、この日を選んだとみられ、ここに弘法大師に対する信仰の深さを感じ取ることができよう。さて、この十二天版木であるが、何故これを造立したのであろうか。十二天とは四方、四維、天地の十方と、日月にそれぞれ天部を配当したもので仏教世界を守護するとされる。この十二天は掛幅装または屏風仕立てにして、密教道場に安置され、結縁灌頂や伝法灌頂に用いられるが、増吽はこれを版木にしたのである。

版木制作の目的は十二天が大量に必要とされたに他ならない。つまり、この版本十二天を用いて、結縁灌頂を各地で行ったことが想像されよう。それは寺社再建のための勧進行為であったのではなかろうか。

この十二天版木と関連するとみられるものに、町田市立版画美術館所蔵の版本彩色の弘法大師御影[20]がある。画中の文言から十二天版木と同様に虚空蔵院で開版されたことが考えられる。ここには増吽銘や制作年月が不明であるが、後述する「善通寺御影」から考慮して、増吽が関わったものとみて間違いなかろう。十二天版木の三月二十一日と考え合わせれば、増吽の弘法大師に対する信仰の深さが、より鮮明となる。

釈迦影現を描く弘法大師御影

真言宗寺院に数多く伝えられる弘法大師御影（弘法大師画像）は右手に五鈷杵、左手に数珠を持ち、大きな椅子に坐す、いわゆる「真如親王様《しんにょしんのうよう》」といわれる図様が一般的である。ところが、この「真如親王様」の画面向かって右上に、山岳中から釈迦如来影現を描き加えた珍しい図様の大師御影が存在している。この種の御影は平安時代後期に、すでに善通寺の御影堂に安置されており、西行法師[21]や道範阿闍梨[22]も拝しており、善通寺にとっては、まことに重要な御影であった。江戸時代にいたっても「目引大師」、「瞬目大師」として多くの信仰を集めていたことは諸書[23]の記録にみられ、善通寺の信仰の根幹をなすものであったといえよう。そして、近年いつ頃からか善通寺に由来することから「善通寺御影」と呼ばれるようになる。この善通寺御影は香川・岡山を中心にして、和歌山・京都・愛媛など各地で、その遺品が数多く確認されているが、興味深いことに、その多くに「増吽僧正筆」の伝来を持っている。次に遺品から増吽僧正と善通寺御影の関係を考察することにしたい。

◎香川県立ミュージアム蔵

この図はかつて、備前の法万寺に所蔵されていたらしいことが、軸木内部の墨書[24]から判明する。それによれば宝徳年間（一四四九～五二）に備前国瓶井山先住増吽僧正真筆とあり、また法万寺から同じ備前の法輪寺に移されたことなどが記されているという。「備前国瓶井山」とは岡山市国富に所在する安住院のことで、ここには増吽直筆の書状[25]が伝わり、応永年間頃に増吽中興を伝えるなど、増吽が止住したことはほぼ間違いない。増吽は享徳元年（一四五二）の遷化であるので本図は最晩年の作となる。大師の容貌は生き生きと描かれ、口髭や顎髭が濃く描写されるところが本図の特徴といえよう。これは生身の大師を意識したもので、入定信仰を強調したものと思われる。

◎京都・智積院蔵

本図の裏面墨書[26]から、かつては讃岐国多度津の御影供結衆の什物であった。「増吽闍梨七十九而書之、文安元年甲子四月仏誕生日、大願主平野弾正忠」とあり、文安元年（一四四四）の作とみられる。多度津御影供結衆とは、道隆寺を中心とする結衆とみられるが、増吽は道隆寺にも一時期、住職を務めていたことが判明している。墨書に「都率逢三会」とあり、本図には弥勒信仰が内在しており、やはり入定信仰に基づくものと考えられる。

◎東京・町田市立国際版画美術館蔵

本図は紙本墨摺彩色で、図の上部に「我昔遇薩埵、親悉傳印明、肉身證三昧、待慈氏出世、發無比誓願、陪邊地異域、晝夜萬民、普賢悲願」、さらに向かって右下部に「讃州与田虚空蔵院為報恩射徳摸敬□八祖□□□」とあり、増吽が本拠とした與田虚空蔵院で開版[27]されたものである。この賛は「我昔遇薩埵偈」というが、通常のものとはやや異なるが、ここにも弥勒信仰、入定信仰が濃厚に反映している。

◎香川・覚城院蔵

本図[28]は図様・彩色とも智積院本と酷似している。箱書には「出釈迦大師」とあり、図の巻留には「増吽僧正筆」

弘法大師像（香川・覚城院）

とある。覚城院は応永年間（一三九四～一四二八）に増吽中興として伝え、さらに増吽が熊野参詣の途中に覚城院に差し出した書状が残されているなど、増吽との関係は深い。本図に増吽が関与した可能性は極めて高いといえよう。

以上、四例を示したが、この他にも数多く知られるが、その多くに「増吽僧正筆」の伝来があり、この種の御影に増吽が深く関わったことは間違いなかろう。

では増吽がこの善通寺式御影を何故、これほど重用したのであろうか。先記のとおり、善通寺御影には弘法大師の入定信仰が明確に看取され、さらに釈迦影現という大師の奇瑞を表現するなど、大師信仰を広めるにふさわしい図様が加わっている。増吽はこの図を用いて多くの民衆に大師信仰を分かり易く弘めたのではなかろうか。ここに増吽の弘法大師信仰の特徴が見いだされる。

三　増吽の熊野信仰

増吽を熊野勧進聖として位置づけたのは豊島修氏[29]であった。それまでの増吽に対しての人物像は学徳兼備の「弘法大師再来の高僧」と考えられていたので、真言宗徒にとっては少なからず驚きがあった。それ以後、増吽は熊野信仰に厚い真言僧との認識が強くなった。ここで増吽の熊野信仰について考察するが、増吽に関わる直接的な資料は備前・安住院文書や讃岐・覚城院文書[30]から、ある程度の推測はできるが中世資料には限界があり、江戸時代の伝記資料に頼らざるを得ない。

まず『寺々由来』[31]虚空蔵院の項に

熊野三所大権現を以て同鎮守と為す。増吽僧正恒に熊野三所を信す。始め毎歳熊野に参詣。応永年中熊野新宮再興。増吽幸いに参詣あり、祝等増吽に遷宮の導師に憑。増吽曰く汝等来る午日寅の一天に。新殿に於て神体を遷す可し。予は亦讃州誉田に於て開眼供養す可しと。契証有って、当院に帰る。件の日寅の一天に当院に供養有り。其の時増吽壇上にて振鈴の声虚空響いて熊野山に聞くと。村翁の伝説也。将、当所水主山にして、三双の高嶺有り。増吽後に、この山に熊野三社を勧請し、当寺中に於て塩水湧出の泉を掘る。毎朝塩水にて垢離あって医王山の嶺に躋。勧請の三社を伏拝。則伏拝の松并塩水湧出の泉、今に之れ在る也。

とある。ここには増吽が紀伊熊野神社に毎年参詣していたことや熊野三社を水主の三山に勧請したことが記されている。ただ熊野新宮の再興に関しては、村翁の伝説とあるように、伝説的な要素としてとらえるべきであるが、紀伊熊野神社との密接な関係を暗示していよう。なお熊野三社の勧請については『讃岐府志』には、明徳年中に水主三山に勧請したと記し、『讃岐国大日記』にも水主山に勧請して、毎日参詣怠らずとしている。

次に興味深いのは『水主岩風呂日記』[32]（寛保三年―一七四三）には、水主村の三高山の嶺に熊野三社があり、山の麓にそれぞれ石風呂が造られ熊野権現の風呂ともいう。ただ現在は新宮の風呂が残るのみであるという。『讃岐府志』には、その起源は古く中絶していたのを増吽が再興したと記している。この石風呂は熊野三社に参詣する者の罪を祓う禊として利用され、自らの罪を除く滅罪行としての意味があるという。

以上は江戸時代の伝記を元に記したが、おそらく熊野に頻繁に参詣したことや水主の三山に熊野三所を勧請したことは『覚城院文書』に熊野参詣の途次に覚城院に宛てた書状からみて、ほぼ史実に近いものと理解されよう。

『大水主大明神和讃』と増吽

水主神社の創建は平安時代初期頃に遡る古社で、延喜式内社として東讃岐を代表する神社である。社蔵のご神体や狛犬などから古代から中世に大いに繁栄したことが容易に推察される。さて現在、水主神社に『大水主大明神和讃』[33]と名付けられた巻物（延宝五年―一六七七・無量寿院増暹の写）が残されている。その内容は中世期の水主神社の歴史を反映したものと推察され、そこには熊野信仰と融合した神社の形態を知ることができるので簡単に、その一部を紹介したい。

この和讃は初めに水主神社の創始を説くが、「思えば不思議や明神は極楽浄土の能化の主、安楽世界の教主にて」とあるように神仏混淆が顕著に窺える。次いで大和の国から船に乗り、与田の地に着き、やがて水主の地に鎮座したという。大御前は阿弥陀如来、北の御前は地蔵尊、南の御前は薬師如来として大水主の祭神の本地として崇められたとする。そして「三つの御山の中にして、三所の霊号比べなく那智新宮を左右に立て、本宮證誠を玄武とし、左青竜の河清く、那智の滝より落ち来らん、新宮虎丸右にあり、・・」とあり、水主の神と熊野三所との一体化を示したものである。そして最後に、応永十七年（一四一〇）に明神の御託宣によって、この和讃が

できたと記し、

北御前ハ　如本宮證誠　天神六代　此ハ二親。
大御前ハ　結御前
南御前ハ　早　玉　熊野両所。
三所権現ト申モ、三所明神ト申モ、一躰ト云々。
明応第五天（一四九六）卯月五日書之畢。（後略）

とあり、明確に水主の神と熊野三所が融合一体化した内容である。つまり室町時代の水主神社は熊野信仰を基本としたものであったことがわかる。そして、この和讃は『虚空蔵院・大水寺由緒』では、増吽の作であるとしている。増吽が水主神社の本社や南宮建立の勧進活動を行ったことは現存する蟇股から判明し、また水主神社禊殿の扁額を造立するなど、水主神社に深く関与した事実を考慮すれば、この和讃を増吽が制作したことは、ほぼ間違いないであろう。[34]つまり、この和讃は増吽の熊野信仰を明確に反映したものといえよう。

水主神社社坊図

水主神社の所蔵の中に興味深い絵図が残されている。それは水主神社と別当寺の大水寺を中心にして、図上部には本宮山、新宮山、那智山などの山々、下部には瀬戸内の海などが極彩色に描かれている。この図は文政四年（一八二一）に石門露珍によって描かれたことが図中の墨書から判明する。

留意すべきは山々や海に近い平野部に寺院・庵・神社などが描かれ、傍らに短冊形の銘記欄を作り、寺院名や坊の名称が記され、それぞれの位置関係が明確に判明する。ただ江戸時代末期に、これだけの建物が存在していたとは考えられない。このことは、『讃岐国名勝図会』[35]（嘉永六年―一八五三）に「往古は大内一郡の惣鎮守なれば、社家も七十五員、僧坊四十二宇ありて繁栄なりしが、（中略）さるにより社殿・境内は古のままなりといへども、社家・僧坊もあまた退転し、寺跡当村に所々に存せり」とあるように、江戸時代末期には、すでにその多くが廃絶していたことがわかる。したがって、この絵図はかつて繁栄していた頃の水主神社の景観とみられる。図中に確認できる寺院名や坊名をみると『大水主大明神旧記』の嘉吉二年（一四四二）九月八日の「大水主社供僧座配」[36]に記されるものとほぼ一致しており、この絵図が室町時代中期の社景で、かつて存在した古図を写したものと推察されよう。

さて、この絵図を詳しくみると、○○坊と記された建物は一棟で小さく描かれている。この時期の水主神社は先記のように、熊野信仰が主流であったとみられることから、これらの坊に住む僧（社僧）も少なからず熊野信仰の影響を受けていたであろう。

中世の東讃地域には与田山の若王寺（若一王子大権現）や水主神社を中心として、熊野信仰を背景に真言系の熊野勧進聖や熊野先達が数多く存在していたとみられる。熊野三山を模した水主の三高山に熊野三社が勧請され、そこで様々の修行や神仏が混淆した宗教行事が行われていたとみて間違いない。その中心的な人物が増吽であることに異論はないであろう。

四　熊野参詣ルートと四国辺路

増吽の足跡を探索すると讃岐や備前を中心に開基や中興とする寺院が数多く知られるが中でも四国八十八ケ所霊場の七七番道隆寺、八一番白峯寺が含まれているのは興味深い。そして、意外にも阿波南部地域に増吽中興と伝える寺社がいくつか知られる。まず阿南市羽ノ浦町に取星寺と妙見神社があり、さらに阿南市那賀川町の神応寺、そして牟岐町には満徳寺や薬師庵がある。この阿波南部地域は熊野神社が数多く存在することでも知られているが、興味深いことに『熊野那智大社文書』から牟岐・海部の檀那売却の文書[37]が知られ、さらに二一番平等寺、二三番薬王寺には熊野先達[38]がいたのである。『阿南市史』[39]によれば「南北朝のころ、紀州の安宅氏が阿南の竹原庄（本郷）、牛牧庄・桑野保などを支配するなど、紀州と阿波とは関係が深く、熊野参詣に際して、平島か橘の港で船に乗り、紀州田辺に着いたものと推測される」との記事もみられる。

以上のことから増吽は熊野参詣に際し、讃岐・水主の地から阿讃山脈を越え、吉野川を渡って南に下り、那賀川流域の平島や橘、さらに南部の牟岐や海部に至ったとみられる。このあたりから船で海を越え、紀伊の田辺・白浜などに着き、大辺路あるいは中辺路を通り、熊野三社に向かったのではなかろうか。この阿波コースは『覚城院文書』[40]の中に、増吽が熊野参詣の際、覚城院宛の書状に「経衆は廿人、於阿讃両州調之候・・・」とあり、経衆を阿波と讃岐で二十人揃えたと記すことからも首肯されよう。

これは讃岐からの熊野参詣の事例であるが、例えば土佐中央部や西部からは土佐湾沿いに東進し、野根を越えて、甲浦、海部に至るコースが考えられよう。伊予の場合は松山あたりから現在の国道三三号線に沿う道で土佐に至り、そこから土佐湾沿いに東進して野根越えが推測される。これらのコースを繋ぎ合わせれば、現在の四国辺路のコースと重なるのである。熊野詣でする人物は熊野先達に引き連れられた俗人であることを思えば、より安全で通行し易い道を選び、さらに安定的な宿泊所（寺院）が必要であったにちがいない。つまり長期間を要する熊野参詣には、熊野先達の連係が必要であり[41]、また熊野信仰に関わる寺院の繋がりが不可欠であろう。そこに大きく関わったのが四国の真言系熊野先達や勧進聖であり、熊野神社を鎮守とする寺院ではなかろうか。これらの寺院に先達や俗人の参詣人が宿泊し、さらにそこで何らかの修行を行ったことも想像されよう。この寺院間の繋がりこそ、後世に四国霊場（札所）となっていくのではないかと推測するのである。それは熊野信仰の衰退した室町時代後～末期頃からと考えられよう。結論をいえば四国内の中世の熊野参詣道が後世、四国辺路道に転化したと推測するのであるが、そこには高野山を本拠とする六十六部など、換言すれば高野山の行人（山伏）や時衆系高野聖の存在が考えられる。このことは次篇で詳述する。[42]

長々と増吽の弘法大師信仰と熊野信仰を述べてきたが、増吽が四国辺路の展開に直接関与したというのではなく、弘法大師信仰と熊野信仰を併せ持つ、真言系の熊野先達が四国内に数多く存在し、彼等により四国に弘法大師信仰が広まった結果と理解していただきたい。

注

（1）武田和昭『増吽僧正』（総本山善通寺、平成一七年一一月）。本章は武田和昭『四国辺路の形成過程』（岩田書院、平成二四年一月）を参考とした。

（2）『讃岐国大日記』は『香川叢書』二巻（名著出版　昭和四七年六月）五〇九頁。

（3）『御領分中宮由来・同寺々由来』は『新編香川叢書、史料篇（一）』（新編香川叢書刊行企画委員会　昭和五四年三月）一三九～一四二頁。

（4）『大水寺由緒』は『香川叢書』一巻（名著出版、昭和四七年六月）四八～五四頁。

（5）若王寺蔵大般若経は『白鳥町史』（白鳥町、昭和六〇年三月）一二一〇～一二一一頁。

（6）北野社一切経は『大内町史』資料編および島田治編『北野社書写一切経―増吽と増範―』（大内町文化財保護審議会、平成六年六月）を参照。
（7）『大水主大明神旧記』（『香川叢書』一巻、名著出版、昭和四七年六月）。
（8）同前。
（9）同前。
（10）『新編香川叢書・史料篇二』（新編香川叢書刊行企画委員会、昭和五六年三月）九〇五頁。
（11）同前六八六頁。
（12）『道隆寺温故記』は『香川叢書』一巻（名著出版、昭和四七年六月）四七七頁。
（13）『大水主大明神旧記』は『香川叢書』一巻（名著出版、昭和四七年六月）。
（14）前掲注（1）武田和昭『増吽僧正』九頁。
（15）智積院蔵弘法大師御影は『智積院の秘宝』（真言宗智積院宗務庁、平成七年一〇月）に図が掲載される。前掲注（1）武田和昭『増吽僧正』一八～一九頁。
（16）『與田寺旧記』は中村洋一「与田寺の歴史」（『歴史博物館整備に伴う資料調査概報―平成七年度』香川県教育委員会、平成九年三月）参照。
（17）『讃岐国大日記』は前掲注（2）『香川叢書』二巻五〇九頁。
（18）前掲注（1）武田和昭『増吽僧正』一五三～一五四頁。
（19）十二天版木は菊竹淳一『日本の美術七、仏教版画』（至文堂、昭和五九年七月）に詳しい。
（20）町田市立国際版画美術館本は『版になった絵・絵になった版』展図録（町田市立国際版画美術館、平成七年六月）。
（21）後藤重郎『山家集』（『新潮日本古典集成』、昭和五七年四月）三八六頁。

(22) 道範『南海流浪記』は『香川叢書』二巻（名著出版、昭和四七年六月）。
(23) 『多度郡屏風浦善通寺之記』は（香川県編『香川叢書』一巻、名著出版、昭和四七年六月）四五六頁。
(24) 法万寺旧蔵本は浜田隆「通称善通寺御影・弘法大師像について」（『大和文化研究』一三八号）。
(25) 前掲注（1）武田和昭『増吽僧正』二〇～二二頁。および三四～三六頁。
(26) 京都智積院本は前掲注（15）を参照。
(27) 町田市立国際版画美術館本は前掲注（20）参照。
(28) 覚城院本は『歴史博物館整備に伴う資料調査概報―平成八・九年度』（香川県教育委員会、平成一一年三月）六一～六二頁。
(29) 豊島修「讃岐地方における熊野信仰について―水主石風呂との関係において―」（『香川史学』第三号、香川歴史学会、昭和四九年三月）。
(30) 覚城院文書は前掲注（10）九〇五～九〇六頁。
(31) 『寺々由来』は前掲注（3）『新編香川叢書史料篇（一）』一四一～一四二頁。
(32) 前掲注（29）豊島修『讃岐地方における熊野信仰について―水主岩風呂との関係において―』を参照。
(33) 『大水主大明神和讃』は『香川叢書』一巻、四四～四七頁参照。
(34) 前掲注（1）武田和昭『増吽僧正』一一一頁。
(35) 松原秀明編『讃岐国名勝図会』は『日本名所風俗図会　一四・四国の巻』（角川書店、昭和五六年一二月）一四七～一四八頁。
(36) 前掲注（1）武田和昭『増吽僧正』一一一～一一二頁。
(37) 『海南町史』上巻（海南町、平成七年一一月）二四五頁。
(38) 同前二四六頁。

(39)『阿南市史』(阿南市、昭和六二年三月) 四〇四頁。

(40) 前掲注 (３)『新編香川叢書、史料篇 (二)』九〇六頁。

(41) 武田和昭『四国辺路の形成過程』(岩田書院、平成二四年一月) 二七頁。長谷川賢二「弘法大師信仰・巡り・霊場ネットワーク」(『四国へんろ』展 (徳島編)、四国へんろ展徳島実行委員会、平成二六年一〇月) 一七八～一八五頁。

(42) 前掲注 (41) 長谷川賢二「弘法大師信仰、巡り、霊場ネットワーク」。

第二篇　室町時代後期から江戸時代初期

第一章　辺路者の落書と六十六部奉納経筒

前章で熊野信仰と弘法大師信仰を併せ持つ讃岐の増吽僧正の活動実態から、四国には同様の信仰形態を持つ真言系の熊野先達が数多くいて、熊野参詣の傍ら弘法大師信仰を広めた。その熊野参詣道が四国辺路道の下敷きであるとしたが、この段階でも明確に「四国辺路」（四国へんろ）あるいは「弘法大師」という文言については未だ見いだせなかった。本章では辺路の修行者などが書き残した落書や中世の六十六部廻国行者に関わる奉納経筒にみられる銘文などを元にして、四国辺路の成立や弘法大師信仰について考察する。

一　辺路者の落書

四九番浄土寺の本堂内本尊厨子に辺路者が書き残した、次のような落書[1]が知られる。

四国辺路美
四国中　辺路同行五人
えち　のうち
せんの　阿州名東住人
くに　大永七年七月六日
一せう

書写山泉□□□□
のちう
人ひさ　　大永七年七月　吉日
の小四郎
　南無大師遍照金剛　守護

とあり、大永七年（一五二七）頃の四国辺路には、阿波や越前の住人が四国を巡っていたことが分かる。さらに「南無大師遍照金剛」という、弘法大師信仰に基づくことが判明することは極めて重要なことと思われる。つまり四国辺路の存在とともに、ようやく弘法大師の存在が明確となるからである。なお本尊厨子には、この他にも次の落書がみられる。(2)

金剛峯寺谷上惣職善空大永八年五月四日
金剛□□満□□□□□同行六人　大永八年五月九日
左恵　同行二人　大永八年八月八日

とあり、高野山谷上の善空という僧の名前が確認されることは留意すべきであろう。

次に三〇番土佐一宮拝殿には(3)

四国辺路の身共只一人、城州之住人藤原富光是也、元亀二年弐月廿七日書也
あらあら御はりやなふ〳〵何共やどなく、此宮にとまり申候、かきをくもかたみとなれや筆の跡、我はいづくの土となるとも、
元亀二年六月五日　全松
高運法師（中略）六郎兵衛　四郎二郎　忠四郎　藤次郎　四郎二郎　妙才　妙勝　泰法法師　為六親眷属

也　南無阿弥陀仏

とあり、元亀二年（一五七一）には法師などとともに、俗人が四国辺路に数多く参加していることも分かる。ここに記す法師というのは、おそらく四国辺路の先達の役割をはたす者もいたであろう。そして、ここに「南無阿弥陀仏」がみられ、念仏信仰がみられることも重要なことといえよう。

次に八〇番国分寺の本尊千手観音立像の腹部や腰部のあたりに[4]

同行五人　大永八年五月廿日

□□山谷上院穏□

同行五人　大永八年五月廿日

四州中辺路同行三人

六月廿□日　三位慶□

とあり、ここにも高野山の僧がみられるが、頼富本宏師[5]によれば、この僧は先記した金剛峯寺惣職善空のことで、伊予浄土寺から讃岐国分寺まで十六日を要しているとされる。そして、この善空は辺路した、すべての霊場に落書した可能性があると想定し、この行為が納札の意味をもっていると明示された。

また八〇番国分寺には本堂板壁や屋根の野地板にも、次のような落書[6]がみられる。

当国井之原庄天福寺客僧教□良識

四国中辺路同行二人　納申候□□らん

永正十年七月十四日

播州書写山順礼　天文七年六月廿七日

□□□路□□州中□□

永正十年（一五一三）は札所に残された落書の中では現在、確認される最古のもので貴重といえよう。なお「納申候□□らん」という文言に注意すれば、板壁などに墨書することが札納めとする頼富本宏師の説には首肯される。これに関連して『宇和旧記』(7)明石寺の項に、明応三年（一四九四）正月二十五日、聖護院門跡二品道興法親王の「辺路の砌、被遊置とて札あり」と記されている。ここに記す「遊置」の意味が不十分ながら「札」が納札とすれば、十五世紀末期には四国辺路においても札納めが行われていたと推察される。なお「当国井之原庄天福寺客僧教□良識」の天福寺（現高松市香南町）客僧良識については、後に詳しく述べることとする。

以上で重要なことは、高野山の僧が四国霊場を巡っていたこと、「南無大師遍照金剛」と共に「為二親南無阿弥陀仏」と記されていることで、ここに弘法大師信仰と念仏信仰の両者がみられることであろう。つまり、この時期の四国辺路は大師信仰を基盤としながらも念仏信仰が大きく影響していたのである。それとともに高野山の僧が確認されることにも留意しておきたい。

二　中世の六十六部奉納経筒

先に十六世紀前～後期ころの四国辺路の様子を記したが、この時期に活発な宗教活動を行った興味深いグループが確認される。それは釈迦信仰を基盤とする六十六部廻国聖で、彼等の活動については各地から出土する経筒の銘文が参考となる。まず島根県大田市大田出土の経筒銘文(8)をみてみよう。

野州田野住僧本願天快坊小聖
十羅刹女　　　　　　寿叶円
奉納大乗妙典六十六部之内一部所
三十番神　旦那
永正十三天丙子（一五一六）三月吉日秀叶敬白

とあるように、大乗妙典つまり『法華経』を経筒に納入して埋納するのであるが、『法華経』の別名称である経王、一乗妙典などと刻される場合も、ままみられる。さて現存する経筒の奉納経名をみると、殆どが『法華経』であるが、稀には『法華経』以外の経典が奉納され、そこには『法華経』（釈迦）信仰と共に別の信仰が想定され興味深い。次に、それらについて考察したい。

弘法大師信仰

まず島根県大田市大田出土の次の経筒[9]には

四所明神　土州之住侶
（バク）奉納理趣経六十六部本願圓意
辺照大師
天文二年（一五三三）今月日

とあり、『法華経』ではなく、『理趣経』が奉納されたのである。『理趣経』は真言宗では極めて重要な経典であり、しかも「辺照大師」[10]という文言も珍しい。これは遍照金剛（南無大師遍照金剛）のことで、弘法大師を意味している。また四所明神とは高野四所明神のことで四社明神ともいわれ、高野・丹生・厳島・気比の四神をさし、高野山の鎮守である。以上のことから、本願圓意は間違いなく、高野山に関わり大師信仰を持った真言系の六十六部とみなされよう。この他にも真言系とみられるものがある。

島根県大田市大田出土の経筒[11]には

□□□□□幸禅定尼逆修為
　十羅刹女　高野山住弘賢
奉納大乗一国六十六部
　三十番神　天文十五年（一五四六）正月吉日

ここにみる弘賢は間違いなく高野山を本拠した人物である。

次に宮城県牡鹿町長渡浜出土の経筒[12]には

　十羅刹女　紀州高野山谷上　敬
（バク）奉納一乗妙典六十六部沙門良源行人
　三十番神　大永八年（一五二八）八月吉日　白
　　施主藤原氏貞義
　　　大野宮房

とあり、先記した浄土寺本尊厨子に落書した善空と同じ、高野山谷上の六十六部の沙門良源行人である。高野山谷上には行人方の寺院がいくつか存在した地域で、先述の「高野山住弘賢」とも併せれば、高野山を本拠とする六十六部が、かなり存在したことが分かる。そこには「良源行人」という文言から、行人方の僧が深く関わっていたと推察されよう。つまり、施主の依頼を請ければ、高野山の行人が一時期ではあるが六十六部となり、六十六ケ国に経典を奉納する行為があり、それが終れば、また元の行人になったと考えられるであろう。なお行人とは修験（山伏）的傾向を持つとみられており、まことに興味深い。

念仏信仰

次に掲げる経筒[13]（島根県大田市大田出土）も極めて興味深い。

一切諸仏　越前国在家入道
（キリーク）奉納浄土三部経六十六部
子□
祈諸会維　天文十八年（一五四九）今月吉

ここでは、『無量寿経』、『観無量寿経』、『阿弥陀経』の浄土三部経を奉納したのである。つまり阿弥陀信仰・念仏信仰が根底に存在するのである。これに類したものに栃木県都賀郡岩船町小野寺出土の経筒[14]には

開　合
奉書写阿弥陀経／六巻四十八願文／十二光仏発願文／宝号百遍／為善光寺四十八度／参詣供養大乗妙典／百部奉読誦酬此等／功徳合力助成旦那／等頓證仏果無凝者／也本願道祐敬白／天文五丙（一五三六）閏十月十五日（／は改行）

ここには阿弥陀信仰が顕著にみられる。次に島根県大田市大田出土の経筒[15]には

十羅刹女　四国土州番之住本願
十穀
（バク）奉納大乗妙典六十六部内

三十番神　宣阿弥陀
光一禅尼
享禄四年（一五三一）今月吉日

とあり、宣阿弥陀仏という人物も、その名前からして浄土系とみられるが、十穀とあることから、「木食」の可能性があり、木食が六十六部になったことが考えられる。また経筒以外で六十六部の資料として、筑後善導寺蔵の紙本墨書伝空海筆六字名号[16]があり、それには「空海御真筆也　一国陸拾六部普賢坊快誉上人永禄六癸亥年（一五六三）七月日」とある。浄土宗の善導寺に所蔵され、快誉という僧名からして浄土系とみてよかろう。

以上のように六十六部の中に、真言系や浄土系の人物が存在したのであるが、四国辺路との関係からいえば真言系が重視され、それは高野山の行人が六十六部となった可能性を主張したい。なお、ここで注意しなければならないのは、『法華経』であるか『理趣経』であるかは、六十六部行者とは別に施主・旦那などがある場合は施主・旦那の信仰に関わるものであろう。つまり六十六部は各国の霊場に奉納する経筒（経典）を運ぶ行者の一面を持っているといえよう。

三　中世の六十六部と四国辺路

中世の六十六部が四国辺路の成立・展開に何らかの関与があったとする論考は宮崎忍勝師や近藤喜博氏にみられるが、本格的に論じたのは岡本桂典氏の「奉納経筒よりみた四国八十八ケ所の成立」[17]（昭和五十九年）である。その論旨を要約すると次のようになる。

「全国的に知られる室町時代の六十六部の奉納経筒は一六八点で、その内四国に関わるものは一二点である。これらの中には『法華経』ではなく、『理趣経』が奉納され、そこには弘法大師に関係する四所明神、辺（遍）照金剛がみられる」とある。つまり真言系の経典の『理趣経』を奉納するのは四国に関わる六十六部が奉納したものであるという。

さらに岡本氏は「本川村越裏門の文明三年（一四七一）銘の鰐口の「村所八十八カ所」から四国八十八ケ所の成立が室町時代中期頃まで遡る。そして四九番浄土寺や八〇番国分寺には「南無大師遍照金剛」という辺路の落書があるが、これは先の奉納経筒に類似のもので、四国に遍照一尊化が遂げられ、四国八十八ケ所の成立とともに真言系の廻国聖にも動きがあった」と考えられている。その結果、六十六部の霊場が四国八十八ケ所に転化したとの結論を示している。この岡本氏の説は発表以後三十年余を経過するが、これまで殆ど取り上げられることはなかった。しかし筆者にとっては、まことに興味深い論考で概ね首肯されるものである。ただ、問題は六十六部というのは、六十六ケ国の各国一ケ所に奉納することが前提であることからすれば、四国には霊場が四ケ所しか成立しないこととなる。つまり四国八十八ケ所という多数の霊場が、どのようにして出来たのかのプロセスが説明できない。そこで注目されるのが、次の島根県大田市大田出土の経筒銘文[18]である。

九州日向国　　敬

十羅刹女

（バク）奉納大乗経王一国六十六部空妙

三十番神

天文四年（一五三五）今月日　白

ここには「一国六十六部」とあり、さらに千葉県成田市八代出土の経筒[19]には

十羅刹女　紀州之住快賢上人
(釈迦坐像)　奉納経王一国十二部
三十番神　当年今月吉日

ここでは「一国十二部」とあり、さらにこの他にも「一国三部」、「一国六部」など、この種の例が数多く見いだせるのである。これについては新城常三氏[20]は永徳四年（一三八四）相模鶴岡八幡宮金銅納札の「奉納妙典一国六十六部相州鎌倉聖源坊」の例をあげ、「この一国六十六部が納札所・納札者共に同一国相模であるのと相俟って、六十六国を一国に縮小したものと考えられるが、・・・」としている。つまり「一国六十六部」とは、一国内に六十六ケ所の霊場に奉納したと解釈[21]されている。この説に従えば「一国十二部」とは一国内に十二ケ所の霊場（札所）に奉納したということになろう。こうした一国六十六部聖などにより、一国毎に霊場の複数化・多数化がなされ、その結果、四国の霊場（札所）の多数化が形成されていったのではなかろうか。ただ現在のところ、この推論を明確に裏付けるものはないが、四国内における例をみれば『宇和旧記[22]』の「白花山中山寺」の項に「・・・六十六部廻国の時、発起の由、棟札あり、・・・右意趣者、奉納壹國六十六部、御経供養者也。・・」とあり、伊予の例として参考となろう。

なお、次に示す明暦三年（一六五七）の『蕨岡家文書[23]』も時代が降るが興味深い。

諸国より四国辺路仕者、弘法大師之掟を以、阿波之国鶴林寺より日記を受け、本堂横堂一国切に札を納申也。

とあり、また同文書の万治二年[24]（一六五九）には

扨又四国辺路と申四国を廻り候節、弘法大師之掟にて、一国切に札を納申候、土佐之国を仕舞、伊予へ入り、壱番に御庄観自在寺にて札初・・・

とあるように、国毎に札納めが行われていたのである。このことは元禄元年（一六九七）の寂本『四国遍礼手鑑』には、国毎に札所番号が一番から記されており、その名残とみられよう。真念『四国辺路道指南』によって八十八の札所番号が付される以前は、国毎に、始めと終わりがあったとみられ、六十六部が一国毎に霊場の多数化を図ったとする説とも合致するように思う。

四　白峯寺出土の奉納経筒

平成二十三年に四国霊場第八一番札所の白峯寺で享禄五年（一五三二）銘の経筒（高さ一〇・五センチメートル、口径四・五センチメートル）が香川県文化振興課の調査によって見出された[25]。この経筒は同寺子院の西寺（廃寺）の宝篋印塔から出土したとの伝来を持っており、四国八十八ケ所霊場から初めて見いだされた経筒で、四国辺路の成立展開を解明する資料として、極めて重要な意味を含んでいる。それは筆者が先に想定した高野山の行人が六十六部となり、四国の霊場化を推進したとすることと合致するからである。経筒には次のような銘文が刻まれている。

経筒（香川・白峯寺蔵）
写真提供・香川県立ミュージアム

享禄五季

十羅刹女　四国讃州住侶良識

（バク）奉納一乗真文六十六施内一部
　　三十番神　旦那下野国　道清
　　　　今月今日

とあり、享禄五年に讃岐国の良識が下野国の道清の願いによって、『法華経』を奉納したとみられる。奉納先は白峯寺とみてよかろう。この経筒については、すでに片桐孝浩氏[26]や上野進氏[27]の論考があり、ここでは上野氏の御高論をもとに考察したい。まず「四国讃州住侶良識」については高野山金剛三昧院の住職の中に次のように見いだすことができ、まことに興味深い。室町時代後期頃の金剛三昧院の住職をみると良恩―良識―良昌と三代続いて讃岐出身の僧侶が勤めていることが上野氏によって明らかにされた[28]。良識は「金剛三昧院住持次第」（『高野山文書　第五巻　金剛三昧院文書』高野山文書刊行会、昭和十一年）によれば[29]、

　第三十一長老良識　善識房讃州之人。長命、金蔵両寺兼帯之。
弘治二乙卯十一月十五日寂、春秋七十四、

とあり、良識は善識房ともいわれ金剛三昧院の三十一世住職で、弘治二年（一五五六）十一月十五日に七十四歳で没していることが明らかにされている[30]。そして注目すべきことに「良識」という僧名が先記した讃岐国分寺の本尊の落書の中にもみられるのである。重要であるので再度記[31]したい。

　当国井之原庄天福寺客僧□良識
四国中辺路同行二人　納申候□□らん
　　永正十年四月十四日

とあり、永正十年（一五一三）に天福寺の客僧として四国辺路をした良識が存在する。はたして経筒に刻まれた

人物、金剛三昧院の住職、落書をした人物の三者が同一人物であるかどうかが論点となる。時代的には特に問題とすべきことはないが、金剛三昧院の住職となるべき人物が六十六部と成り得たのであろうかという疑問が生じよう。[32]

ここで室町時代後期頃の讃岐と高野山の関係[33]をみると金毘羅金光院の「元亀四年（一五七三）十月二十七日金毘羅王赤如神御宝殿」棟札に「金光院権僧都宥雅」とあり、その時の導師が金剛三昧院の良昌であった。このことから金剛三昧院と金毘羅金光院とは深い結びつきがあったとみられる。なお先記のように良昌は良識の後住の関係にある。

さて戦国期頃の金毘羅金光院の住職には代々、山伏（修験者）らしき人物が数多く勤めていることを松原秀明氏が指摘[34]されておられる。天正頃の住職は宥遍—宥雅—宥厳—宥盛と続く。宥遍は元亀元年（一五七〇）に遷化したが、詳しく分からない。次の宥雅は長尾大隅守の弟または甥といわれるが長尾氏が長宗我部元親に滅ぼされると泉州堺に逃げた。その後を受けたのが宥厳であるが、宥厳は土佐の当山派修験を支配した人物である。そして、その後を継いだのが金剛坊宥盛で山伏として名高いが、宥盛は宥雅の弟子[35]であったという。つまり金剛三昧院の良昌と深い関係にあった宥雅も実は山伏であったとみてよかろう。さらに山伏として権勢を誇った宥盛は高野山の浄菩提院の住職となり、金毘羅金光院と兼帯であったことも判明する。このように高野山の寺院の住職を讃岐の山伏が務めていた事実は看過できないであろう。

白峯寺経筒の良識にたち返ろう。まず金剛三昧院住職良識、落書した天福寺客僧良識の三者が同一人物であると仮定すれば、永正十年（一五一三）三十一歳で四国辺路、享禄五年（一五三二）、五十歳で六十六部となり、日本廻国[36]したことになる。先記した六十六部の経筒でみたとおり、六十六部の中には高野山の弘賢や谷上の良源行人のように、高野山を本拠とする者がいたことを述べた。当時の高野山は学侶方、行人方、聖方などに大きく分かれていたが、最近の研究では高野山の客僧の存在が注目されている。客僧は学侶、行人、聖のいずれにも属さない身分で中世末以降には山伏をさすことが多いという。[37]おそらく六十六部に成り得たのは行人、あるいは客僧とみられよう。

なお先に天福寺客僧良識と金剛三昧院良識との関係をみたが、天福寺と金剛三昧院の関係を上野進氏[38]の論考を元に、もう少しみてみよう。金剛三昧院の所蔵写本の奥書に「天文十三年（一五四四）五月十一日讃州井原天福寺春性」とあり、両寺の交流が盛んであったことが明かにされている。[39]さらに別本の表紙には「善識」、奥書には「永正十季卯月廿四日於高野山明王院写云々　良識三十二」とあることから、良識（善識）が永正十年（一五一三）には、すでに高野山に上っていたことも判明する。[40]また良識は享禄三年（一五三〇）の『金蔵寺文書』に「長命寺良識」とあることから、良識が高野山と讃岐を頻繁に往来[41]していたことも想定されよう。室町時代後期頃の金剛三昧院がどのような形態であったかは分からないが、戦国期頃には山伏と何らかの深い関係があったことは先記したとおりである。良識が客僧的山伏であり、六十六部や四国辺路に関わり、さらに金剛三昧院の住職であっても決して矛盾するものではない。ただ良識の前住良恩の遷化が享禄三年（一五三〇）であることから、享禄五年に良識が六十六部となり白峯寺に奉納したとすれば、すでに金剛三昧院の住職であった可能性[42]もある。住職の地位で六十六部となることに疑問がないわけではない。新出資料を待ち今後の検討課題としたい。

なお中世の奉納経筒を博捜すれば、大田市南八幡宮の中に大永二年（一五二二）奉納経筒[43]に「本願讃州住良俊」とあり、「良」に係り字を持つ六十六部で、良識、良恩などとの関係が興味深く、今後留意すべきかと思われる。

五　岡田元勝の『法華経』白峯寺奉納

白峯寺に版本の『法華経』が残されており、次のような奥書[44]がみられる。

寛文四年甲辰十二月廿日正当
顕考岡田大和元次公五十回忌於是予
写法華経六十六部以頒蔵　本邦
六十六箇国聊寓追遠之果懐而已
寛文三年癸卯四月日
従五位下神尾備前守藤原元勝入道宗休

とあり、藤原元勝が岡田元次公の五十回忌に六十六ケ国に『法華経』を奉納したことが分かる。『寛政重修諸家譜』[45]によれば、奉納者の藤原元勝は岡田元勝といい、天正十七年（一五八九）に岡田元次の子として生まれ、その後、神尾姓となった。慶長十一年（一六〇六）徳川家康に登用され、書院番士になり、寛永元年（一六二四）に陸奥に赴き、寛永十一年（一六三四）に長崎奉行をつとめた。その後、寛永十五年（一六三八）に江戸幕府の町奉行となり、寛文元年（一六六一）三月八日に職を離れた。そして宗休と名乗り、寛文七年（一六六七）に没したとある。奥書から判断すれば、寛文三年（一六六三）に父の岡田元次公の五十回忌に日本廻国し『法華経』を奉納したように受け取れる。しかし「写法華経六十六部」とあるが、版本であることや七十歳を過ぎた高齢で日本廻国ができたのかという疑問も残る。また「聊寓追遠之果懐而已」の箇所が判断しずらく、当人が実際に日本廻国をしたのかどうかについては、今後に期したい。ただ江戸時代初期に武士階級、しかも高位の人物が六十六部と深い関係を有していたことが判明し、しかも白峯寺に関与したことは貴重な資料といえよう。

以上、享禄五年の経筒、岡田元勝の『法華経』奉納から判断して室町時代後期から江戸時代初期頃、白峯寺が六十六部の奉納経所であったことが確認できたことは、まことに重要である。ここに四国辺路の成立と六十六部との関係の糸口がようやく掴めそうである。

従来、室町時代後期頃の四国辺路の成立論について、多くは辺路の落書からのみの考察が行われてきた。筆者は岡本氏の説に導かれながら、この時期に全国的に躍動した六十六部の存在と併せ解釈を試みた。ここからみえてきたことは、弘法大師信仰と念仏信仰、さらに高野山からの直接的な影響、特に高野山の行人の存在が極めて大きいといえよう。このことは時代が十七世紀中期まで下るが、澄禅『四国辺路日記』に高野山の行人が数多く四国辺路に出ていたことが記されている。本論では高野山の行人が六十六部となり、四国内に多くの霊場（納経所・札所）を作り、さらに高野山の行人そのものが、その霊場をかたち作っていたと推測した。このような高野山の行人、換言すれば真言系の山伏は前代に活躍した弘法大師信仰と熊野信仰を併せもつ真言系熊野山伏の流れに繋がるものとみてよかろう。白峯寺の例のように、確かに六十六部に関わる霊場から四国辺路へ転化したとする資料は揃いつつある。さらに今後、札所寺院と六十六部との関係を示す新たな資料の発見に期待したい。

注

（１）　近藤喜博『四国遍路』（桜楓社　昭和四六年六月）一四〇～一四二頁。

（２）　同前、一四五頁。

（３）　同前、一四二頁。

（4）同前、一四三頁。
（5）頼富本宏『四国遍路とはなにか』（角川学芸出版、平成二一年一一月）一一五～一一六頁。
（6）前掲注（1）近藤喜博『四国遍路』一四三～一四四頁。
（7）『宇和旧記』（愛媛青年処女協会、昭和三年六月）二九頁。
（8）関秀夫『経塚遺文』（東京堂出版　昭和六〇年九月）二一五頁。
（9）前掲注（8）関秀夫『経塚遺文』二七三頁。
（10）岡本桂典「奉納経筒よりみた四国八十八ケ所の成立」（『物質文化』第四三号　昭和五九年八月）。
（11）前掲注（8）関秀夫『経塚遺文』二八七頁。
（12）同前、二六〇頁。
（13）同前、二九〇頁。
（14）同前、二七九～二八〇頁。
（15）同前、二六八頁。
（16）九州歴史資料館編『筑後大本山善導寺歴史資料調査目録』（九州歴史資料館　昭和五六年三月）四八頁。
（17）前掲注（10）岡本桂典「奉納経筒よりみた四国八十八ケ所の成立」。
（18）前掲注（8）関秀夫『経塚遺文』二七六頁。
（19）前掲注（8）関秀夫『経塚遺文』三一〇頁。
（20）新城常三『社寺参詣の社会経済史的研究』（塙書房、昭和三九年三月）四七六～四七七頁。
（21）同前。田代孝「六十六部回国納経の発生と展開」（『巡礼論集2　六十六部回国巡礼の諸相』岩田書院　平成一五年一月）二六

～二七頁。
(22) 前掲注（7）『宇和旧記』四四～四五頁。
(23) 『宿毛市史資料』（三）「蕨岡家古文書・都築家古文書」（宿毛市教育委員会、昭和五三年一二月）一二頁。
(24) 同前、三三頁。
(25) 片桐孝浩「白峯寺所蔵遺物」（香川県政策部文化振興課編『白峯寺調査報告書、第二分冊』、香川県、平成二五年三月）一二七～一三四頁。
(26) 同前。
(27) 上野進「札所霊場としての白峯寺」（香川県政策部文化振興課編『白峯寺調査報告書、第二分冊』、香川県、平成二五年三月）一六三～一七〇頁。及び平成二三年度第一回白峯寺調査検討委員会（平成二三年七月一日）での上野進氏の資料による。
(28) 同前。
(29) 同前。
(30) 同前。
(31) 前掲注（1）近藤喜博『四国遍路』一四三～一四四頁。
(32) 前掲注（25）片桐孝浩「白峯寺所蔵遺物」参照。
(33) 松原秀明「金毘羅信仰と修験道」（宮家準編『山岳宗教研究史叢書、大山・石鎚と西国修験道』、名著出版、昭和五五年九月）。
(34) 同前、四七八～四八三頁。
(35) 同前。
(36) 前掲注（25）片桐孝浩「白峯寺所蔵遺物」参照。

(37) 太田直之『中世社寺の勧進―勧進と勧進聖の時代』（弘文堂、平成二〇年五月）二八九～二九三頁。
(38) 前掲注（27）上野進「札所霊場としての白峯寺」参照。
(39) 同前。
(40) 同前。
(41) 同前。
(42) 前掲注（25）片桐孝浩「白峯寺所蔵遺物」参照。
(43) 前掲注（８）関秀夫『経塚遺文』二三〇頁。
(44) 香川県政策部文化振興課編『白峯寺調査報告書、第一分冊』（香川県、平成二四年三月）二二二頁。及び前掲注（20）新城常三『社寺参詣の社会経済史的研究』（塙書房、昭和三九年三月）四七六～四七七頁。
(45) 『寛政重修諸家譜』第一六（平文社、昭和六〇年三月）二一八～二一九頁。

第二章　四国辺路と念仏信仰

前章では四国辺路の修行者が札所に書き残した落書から、六十六部や高野山の行人と四国辺路との関係について記したが、落書の中に「南無大師遍照金剛」とともに「南無阿弥陀仏」の存在も重要であることを指摘した。これに関連して、興味深いのは八一番札所白峯寺に「南無阿弥陀仏」の六字名号の版木が所蔵されていることである。この版木を子細にみれば「南無阿弥陀仏」の弥と陀の間に「空海」の刻字が確認される。つまり弘法大師空海が書いた六字名号と理解されよう。ただ真言宗開祖の弘法大師空海と浄土宗、浄土真宗、時宗などで重用される「南無阿弥陀仏」の六字名号が結びつくことは、およそ考えられないことである。しかしながら白峯寺以外にも空海筆銘の六字名号の版木や版本の掛軸が、各地の真言宗寺院や浄土宗寺院などで散見されるのである。これらの遺品は何を物語っているのであろうか。詳しく検証すると、そこには真言系の念仏聖、つまり時衆系高野聖の存在が見えてくる。この時衆系高野聖の根源を探れば、当然ながら時衆の開祖である一遍上人に辿りつき、四国辺路と念仏信仰の関係がより鮮明となる。

さらに江戸時代前期の延宝頃から元禄頃（一六七三〜一七〇四）にかけて、隔夜念仏という念仏行者が現れ、四国辺路の札所寺院を拠点にして活動する。これらの念仏行者の存在からも札所寺院が念仏信仰に深く関わりがあったことが判明する。

四国辺路の成立・展開の中で念仏信仰が重要な役割を担ったことは間違いないが、どのような過程を経たのかを検討したい。

一　一遍上人の存在

一遍上人

さて高野山や四国の念仏信仰をみる上で無視できないのが時衆開祖の一遍上人[1](以下、一遍)である。一遍(一二三九〜一二八九)は伊予の豪族河野氏の出身で、道後の宝厳寺が誕生の地とされている。幼くして得度し、十三歳で九州に渡り浄土教を学んで智真と改名した。一度、還俗するが再び出家し、文永八年(一二七一)長野善光寺に参詣して二河白道の図に出会い、これを本尊として称名し「十一不二偈」を感得したという。その後、文永十年に伊予浮穴郡菅生にある岩屋(岩屋寺)に参籠するが、このことは『一遍聖絵』に詳しく記されている。翌年には妻の超一、娘の超二と念仏房とともに遊行の旅に出て、高野山に参詣し千手院に近い国城院に止住したが、その頃の高野山はすでに念仏信仰が行われていたことは留意すべきであろう。その後、一遍は紀伊熊野に向かい、熊野本宮の証誠殿に参籠した時に熊野権現が現れたが、その姿は山伏姿であったという。そして一切衆生の往生は南無阿弥陀仏と決定し、信不信を選ばず札を配るべしとの神勅を受ける。時衆では、この「熊野権現の神勅」をもって開宗とし、名前も智真から一遍と改名したのである。

やがて一遍は六十万人に念仏札を配ることを目的に各地に赴くが、それは「遊行」といわれ時衆の修行のひとつである。正応元年(一二八八)に伊予に帰り、菅生岩屋、繁多寺や大三島の三島(大山祇)大明神、さらに讃岐の善通寺や曼荼羅寺を巡るが、阿波の大島の里で体調を崩し、淡路を経て、兵庫の観音堂で五十一歳の生涯を終えた。その後、一遍を継いだ二祖の他阿真教は教団の確立を図り、勢力を増し念仏信仰を広めたのである。

さて一方、高野山は弘法大師空海が開いた真言密教の聖地であるが、平安時代後期になると高野山・小田原の教懐[2]（一〇〇一～一〇九三）などが念仏を起こすが、本格的にしたのは覚鑁（一〇九五～一一四三）で、いわゆる真言念仏を盛んとし、さらに蓮華谷の明遍（一一四二～一二二四）などの活躍の後、南北朝から室町時代には、いわゆる時衆系高野聖の存在が大きくなったことは五来重氏の『増補　高野聖』に説かれるところである。高野山には聖といわれる僧が数多くいたが、その中心になったのは蓮花谷聖、萱堂聖、千手院谷聖が大きな勢力となっていた。そして鎌倉時代の終わり頃に一遍が高野山に登ったことから時衆の念仏が急速に広まった[3]という。頼慶の「勧化牒」に「一遍上人此の山に登て国城院を建て、暫く住みて念仏す。非事吏等皆随遂して時宗となりて、宗意を失ふ。」とある。国城院は千手院谷にあり、一遍との関係を強調し、そして千手院谷の高野聖が時衆化し、その存在が大きくなったことが分かる。やがて千手院谷聖が他の高野聖を吸収し、室町時代にはその多くが時衆系高野聖になった[4]という。では時衆系高野聖とはどのようなものであったのかと云えば、高野山に住し弘法大師に対する信仰を基盤にしながら阿弥陀の念仏を唱えるものと考えられよう。つまり弘法大師信仰と念仏信仰を合わせ持つ高野山の聖といえよう。

さて振り返って一遍の足跡をみると四国辺路に関わる社寺がいくつか知られるが、その数は数ケ所しかなく、一遍と四国辺路との直接的な関係はそれほど感じられない。しかし室町時代から江戸時代初期になると形を代えて、各所に一遍の思想がみられるようになる。それは時衆系高野聖を通し、空海筆銘の六字名号版木が四〇番観自在寺、五一番石手寺、七八番郷照寺、八一番白峯寺などに存在し、さらに七一番弥谷寺においては一遍が特に重用した二河白道思想が明確にみられ、その痕跡を残しているのである。

二　空海筆銘六字名号の遺品

現在、空海と六字名号との関係を示す版木や版本の掛軸など、筆者が知り得た十点余のうち、その主なものについて検討したい。

（1）香川・白峯寺蔵六字名号版木

冒頭に記したように白峯寺（真言宗）に所蔵される版木[5]で、表面に六字の名号、裏面には不動明王立像と空海像が刻されている。「南無阿弥陀仏」の書体は、楷書体の時衆二祖の他阿真教筆の名号と同様であることから「時衆二祖真教様《じしゅうにそしんきょうよう》」[6]と称してよかろう。そして弥と陀の間の脇に小さく「空海」の文字が刻まれている。裏面の不動明王は右手に剣、左手に羂索を持ち、岩座の上に立ち、その右横には「空海」の文字と渦巻文がみられる。その下には、いわゆる「真如親王様《しんにょしんのうよう》」の空海像が刻まれる。この渦巻文は弘法大師の御手判と考えられているが、「弘法大師鉄印」[7]として、香川・法然寺の江戸時代の末期の宝物中に確認されるのは看過できない。数少ない六字名号の版木が四国八十八ケ所霊場寺院に存在する意味は大きい。なお不動明王の存在を考えれば、念仏信仰とともに真言宗本来の密教思想が根底にあると捉えるべきであろう。室町時代末期の作とみられる。

（2）香川・郷照寺蔵六字名号版木

七八番札所・郷照寺（時宗）に所蔵される六字名号版木[8]は表面に「南無阿弥陀仏」の名号が「時衆二祖真教様」の楷書体で大きく刻まれ、下部横に「承和元年三月十五日書之空海」とある。承和元年（八三四）は弘法大師が入定される前年であることから、大師真筆であることを強調したのであろう。裏面には「善通寺式御影」の弘法大師像と「讃岐国屏風浦誕生院」とあり、まさに念仏信仰と弘法大師信仰が混淆した貴重な版木といえよう。郷

六字名号版木
（香川・郷照寺蔵）

照寺は八十八ヶ所霊場では唯一の時宗寺院である。古くは真言宗寺院であったが、一遍が関わることにより、時衆になったと伝えられ現在に至っている。郷照寺（道場寺）の詠歌は「踊りはね、念仏申す、道場寺、拍子を揃え、鉦を打つ也」とあり、まさに一遍が盛んにした踊り念仏を想い起こさせる。版木の制作は室町時代末期から江戸時代初期頃として間違いない。制作当初から当寺にあったものか、後世に他所から持ち寄られたのか明確にしないものの、寺歴からみて当初からの可能性が高い。いずれにしても弘法大師信仰と念仏信仰を合わせ持つ人物が関わり、摺写して配布したものであろう。

（３）愛媛・観自在寺蔵船板名号版木

四〇番観自在寺（真言宗）に所蔵される版木[9]で、大きくうねる波の上に船形の光背に「時衆二祖真教様」の「南無阿弥陀仏」の六字名号が陽刻されている。版木の向かって右下に「空海」と渦巻文が刻まれている。船形の六字名号であることから「船板名号」と称されるが、これは説経『苅萱』『高野巻』の中にみえ、その関連が興味深い。頻繁に使用されたとみえ、かなり摩滅している。版木の伝来は明確ではないが、室町時代末期の作であろう。

（４）愛媛・石手寺蔵六字名号版木

五一番石手寺（真言宗）所蔵で、「南無阿弥陀仏」の六字が円形に表された宝珠名号版木[10]である。上部に『観無量寿経』の偈、下部に「空海」の文字と渦巻文（御手判）が確認される。宝珠名号の版木の作例は、本版木以外は知られず貴重である。なお五二番太山寺に石造の宝珠名号が確認されるが、これは天和三年（一六八三）に太山寺・石手寺・宝珠寺（谷上山）の三ケ寺を巡る千日隔夜念仏のもので、本版木と関係するものであろうか。石手寺は詠歌にみられるように、阿弥陀信仰が古くから存在しており、六字名号版木の存在も故なしとしない。室町時代末期から江戸時代初期の作であろう。

以上は版木であるが、次に版本掛軸をみてみよう。

（5）香川・天福寺蔵版本船板名号

天福寺（真言宗）は香川県高松市香南町に所在しており、平安時代創建とみられる讃岐の古刹である。ここには四幅の六字名号の掛軸が所蔵されるが、その内のひとつが興味深い。火炎が付いた身光・頭光を背景にして、「南無阿弥陀仏」（「時衆二祖真教様」）が書かれ、その下部の向かって左に「空海」と渦巻文を表した、いわゆる船板名号である[11]。その上部にキリーク（阿弥陀如来の種子）、下部にはア（大日如来の種子）がみられる。なお本掛軸と同様の版本が高野山・不動院[12]にも所蔵されているが、この種の船板名号が高野山に存在することは高野山僧（時衆系高野聖など）を想起させ、大きな意味を持っている。

（6）福岡・善導寺蔵版本六字名号

画面の中央に大きく六字名号が書かれている。書体は「時衆二祖真教様」で、向かって左下部に「空海」と渦巻文が書かれる。裱背貼紙の墨書[13]は次のとおりである。

弘法大師真筆名号　慶長　年之一乱紛失
然豊後国之住人羽矢安右衛門入道不見得重
寄進於当寺畢　昔慶長拾弐丁未暦卯月吉日

版本船板名号
（香川・天福寺蔵）

版本利剣名号
（個人蔵）

廿一世住持伝誉
　空海御真筆也　一国陸（六）
拾六部　普賢坊快誉上人　永禄六
癸亥七月日

とある。善導寺は福岡県久留米市に所在する浄土宗の本山としてよく知られ、法然上人を嗣ぐ聖光上人辨阿辨長によって、鎌倉時代初期に開山された。善導寺には船板名号や伝中将姫筆など数多くの六字名号の掛軸が所蔵されているが、本名号軸もその一つである。浄土宗の本山に空海筆の名号が存在し、しかも永禄六年（一五六三）の年号や六十六部が関与したことが判明するなど、興味深いものがある。

（7）個人蔵・版本利剣六字名号

この版本六字名号[14]は六字が鋭い剣先のように尖った表現で、図の下部に次のような墨書がみられる。「此利剣名号者為除滅天變疾病従朝庭賜于當寺是弘法大師筆也　百萬遍知恩寺然誉[15]」とある。この種の名号が利剣名号と称され、弘法大師の筆と考えられている。なお浄土宗大本山の京都・百萬遍知恩寺には、空海筆と伝えられる利剣名号の大きな掛軸が所蔵[16]されており、興味深い。

さて、ここにみられる「百萬遍知恩寺然誉」は吟達といい、常蓮社然誉命阿と号した知恩寺第四十三世とみられる。紀伊国に生まれ、江戸で祐天上人などについて学び、宝永四年（一七〇七）に百萬遍知恩寺に入り、在山十六年に及び享保八年（一七二三）三月二日に没した。本名号軸は知恩寺の然誉上人が関与していることから、百萬遍知恩寺の利剣名号軸と深く関わるとみて間違いなかろう。なお名号を利剣に表現する根拠は善導『般舟讃[17]』

に「門々不同八萬四願往生　為滅無明果業因無量楽　利剣即是弥陀號願往生　一聲称念罪皆除無量楽」とあることに基づくものとされる。ただ、これが何故、空海と結びついたのかは、明確にできない。

最後になるが五二番太山寺所蔵の版木[18]が興味深い。この版木は表面に蓮台上に乗った来迎印の阿弥陀如来立像を作り、体部には「南無阿弥陀仏」の六字を表し、その下部には「空海」、がみられる。他の面には右手に剣、左手に羂索を持つ不動明王立像を作り、体部には不動明王の種子（カンマーン）を表している。阿弥陀如来の面には「帰真慈阿弥禅定門霊位」、「為三界萬霊六親眷属七世父母」、不動明王の面には「永正十一年戊申八月八日敬白、豫州道後太山寺宥信（花押）」とある。列挙した空海筆銘六字名号とは形態が異なるが、永正十一年（一五一四）に、すでに念仏信仰と弘法大師信仰の混淆形態を四国辺路の札所でみられることは留意すべきであろう。

以上、各地に現存する空海筆銘六字名号の版木・版本掛軸を中心にみてきたが、この他にもいくつかの作例（個人蔵）が確認されており、遺品から考慮して、これらは室町時代頃に空海に仮託して制作されたものであろう。そして所蔵寺院をみると、興味深いことに真言宗と浄土宗・時宗に分けられるが、何故かという疑問には、明解な回答が今のところみつからない。敢えていうなら、慶長十一年（一六〇六）に幕府の命により、時衆系高野聖の真言宗帰入が強制的[19]に行われたが、それとともに空海筆銘六字名号が真言宗寺院に伝播したものであろう。一方、浄土宗寺院での存在については、時衆の衰退とともに念仏聖として浄土宗に吸

版本六字名号
（個人蔵）

収、包含されたものと推察するが、その実態は不明である。そうした中で時宗寺院の七八番郷照寺の六字名号版木の存在は、極めて貴重なものといえよう。

三　弘法大師作『六字口伝』

前節では版木や掛軸を通して、弘法大師空海と六字名号について作例を紹介したが、ここでは弘法大師作『六字口伝』（個人蔵）[20]をみてみたい。これは個人蔵の写本で、全六丁である。表題にあるように、空海作とする六字名号の口伝を文章化したものとみられる。簡単にその内容をまとめてみたい。まず南無阿弥陀仏とは西国の発音で無量寿と云う。そして阿字本不生の心を阿弥陀であるとして、密教的な解釈がなされている。そして中国浄土教の祖、善導大師が無量寿と釈し、空海は釈して、南無阿弥陀仏の南は花厳経、無は大品経・不動経、阿は涅槃経・法華経、弥は方等経・維摩経、陀は大般若経に作るという。ここに浄土教の善導大師と密教の空海のことがみられるのは、まことに興味深い。続いて念仏の功徳が様々の形で形容され、念仏こそが堕地獄から救われるもので、これは秘密のものであると記している。

末尾には延徳四年（一四九二）に高雄神護寺の経蔵の下の石篋の中に一切経が納められているとされていたが、開けてみると一切経ではなく、この六字口伝一冊が有ったことを記している。そして元和七年（一六二一）に、これが作られたかまたは写されたとみられ、さらに明和三年（一七六六）に現本が写されたと解されよう。

さて、興味深いことに先記した個人蔵『六字口伝』に類するものが他にもある。これも個人蔵で題簽には『弘法大師念仏口伝集』[21]とあり、内容的には、ほぼ同じであることから、原本を同じくするものと考えられる。ただ、これには次のような奥書がある。

一本の奥書に云

明徳二年鹿苑院殿高尾神護寺に御成の時宝蔵より是を□出されし。勅封代々この宝なり。□をべし信ずべき者の見□□右此巻秘書足りといえども信心の輩の済度の為写すもの也。依て如件

万治元年戊十二月太田貞継これを写す

百十二代後西院已来百七十七年

弘法大師口伝厄除開運出世念仏集

とあって、明徳二年（一三九一）に鹿苑院殿、つまり足利義満が高雄神護寺に参詣した時に、宝蔵から取り出したとして相違する。また万治元年（一六五八）から一七七年以前とあるが、これから推測して天保五年（一八三四）に写されたとみられる。

以上の二本から推察して、空海と六字名号が混淆した『六字口伝』が作られたのは室町時代頃ではないかと思う。もちろん、それは空海に仮託したものであるが、室町時代後期から江戸時代初期前後頃、これが盛んに流布したものと推察される。その内容からして念仏信仰に重点をおくが、一方で空海や真言宗の古刹神護寺を登場させるなど、複雑な信仰形態といえよう。この『六字口伝』が空海筆銘六字名号の直接的な典拠となるものではないが、無縁であったとも思われない。善導大師の存在などを考慮すれば、浄土宗や時衆などが関わり、さらに時衆系高野聖との関係も推察され、何らかの関係があると思われる。おそらくこのような、弘法大師作の念仏集(22)も四国の各地に運ばれていたにちがいない。

四　六字名号と空海の関係

先記した本章二・三で六字名号と空海の関係を示す実例を提示した。ここで両者の結び付きをさらに詳しくみてみよう。鎌倉時代末期の『一遍聖絵』巻二[23]に

日域には弘法大師まさに竜華下生の春をまち給ふ。又六字の名号を印板にとどめ、五濁常没の本尊としたまへり、是によりて、かの三地薩埵の垂迹の地をとぶらひ、九品浄土、同生の縁をむすばん為、はるかに分入りたまひけるこそに

とある。つまり空海が六字の名号を版木に刻んだと解される。一遍は云うまでもなく、時衆の開祖であり、『一遍聖絵』は一遍の高弟の聖戒などが関与したので、当然ながら時衆の影響が大きいといえよう。

つぎに説経『苅萱』「高野巻」[24]には空海が入唐する際に、宇佐八幡に参詣するが、その時、御神体を拝まんとすると、六字の名号が現れたので、これを船の船枻に彫りつけたことから「船板名号」であるとしている。その後、唐で出会ったのが恵果和上ではなく善導大師としており、ここに浄土宗の関わりが想定され、さらに時衆との関係も見逃せない。そして説経『苅萱』「高野巻」は高野聖[25]が関与したとされるのである。

以上のことから推察して、空海と六字名号の関係は時衆が深く関わり、さらに室町時代以降に高野山の聖方の多くが時衆化したとされたことから、いわゆる時衆系の高野聖が関与したと考えられる。つまり弘法大師信仰と念仏信仰を合わせ持つ人物は時衆系高野聖に他ならないのである。

五　弥谷寺における時衆思想の反映

四国霊場第七一番弥谷寺は弘法大師が修行したと伝えられる窟の存在や境内の岩壁には無数の五輪塔や梵字が彫られるなど、八十八ケ所の中でも屈指の霊山として世に知られている。弥谷寺はまた古くから阿弥陀の浄土として、死者の骨を納める風習があり、納骨信仰地としての存在も興味深いものがある。

阿弥陀三尊・六字名号（香川・弥谷寺境内）

六字名号

弥谷寺本堂の周辺には鎌倉～室町時代に造られた五輪塔が数多く岩壁面に刻まれているが、それとともに浮彫阿弥陀三尊像が岩壁に彫られている。この三尊像は鎌倉時代末期の造像と考えられるが、その脇に刻まれた「南無阿弥陀仏」の六字名号[26]が興味深い。柔らかい凝灰岩のため風蝕が激しく、詳しくは判明しがたいが、形式化した蓮台の形状から室町時代中期頃とみられる。さて、この六字名号の書体に注目すると同様の書体の遺品が徳島県の名号板碑に数多く確認される。例えば板野郡辻見堂の名号板碑（正和四年―一三一五）は蓮台の上に南無阿弥陀仏が楷書体で力強く刻まれているが、これらの名号板碑には六字名号、阿弥陀仏号、一仏房号を刻んだものが多い。そして、この種の書体のものは時衆に関わるもので、時衆系板碑といわれている。また絵画作品の滋賀・高宮寺の他阿上人真教の傍らに同様の書体の六字名号が書かれていることから、これらの書体は先記したように「時衆二祖真教様」と称され、時衆に関わる書体とされている。したがって弥谷寺の六字名号も時衆に関わる人物によるものとみて間違いない。

二河白道思想

明和六年（一七六九）の『多度津公御領分寺社縁起』「剣五山弥谷寺故事譚」に

東ノ御堂　亦云東院　本尊撥遣釈迦　行基作
多宝塔　各中尊院　本尊盧遮那仏　同作
両（西カ）ノ御堂　又云西院　本尊引摂弥陀　同作

（中略）

此地に就て弥陀・釈迦二仏の尊像を造して、撥遣引摂の教主として東西の峯において、各七間の梵宇構へて二仏を安置し、蓮華山八国寺と号して、一夏の間に安居し玉ふ、（後略）

とあり、古くは弥谷寺の東の峯に撥遣の釈迦如来、西の峯に引摂の阿弥陀如来を安置していたという。続いて、「右二尊は、天正之回禄に相残候故、今本堂に安置仕候、但し中尊院本尊は焼失仕候」とあり、江戸時代中期頃まで、この二尊が残っていたらしいが、現在は確認されない。さて、この「撥遣釈迦、引摂阿弥陀」については中国の唐時代の善導大師『観経四帖疏』「散善義」に説かれているが。この思想を法然が『選択本願念仏集』で引用し、特に浄土宗では重用され、さらにこれが絵画化されたのが二河白道図である。この二河白道図はやがて一遍が信濃善光寺に参詣した時に目にすることになり、伊予・窪寺で二河白道図を本尊として称名の日々を送り、「十一不二偈」を感得した。この思想は時衆の根幹をなすもので、その後の時衆に大きく影響を与えたという。したがって現世における撥遣釈迦、来世における来迎阿弥陀の思想は一遍以後、時衆で大いに信仰されたのである。

先記した弥谷寺における釈迦・阿弥陀の二尊の存在と六字名号とを併せれば、まさに時衆思想の反映に他ならないのである。つまり現在、灌頂川と称されている小さな河が「水火の河」とし、その東方に現世の釈迦如来、そして現在の本堂や阿弥陀三尊が所在する西方が極楽浄土と見立てていたのであろう[27]。この思想がいつ頃から、弥谷寺に伝えられていたかは、釈迦、阿弥陀二尊が現存しないことから明確にできないが、『多度津公御領分寺社縁起』の記事から戦国時代以前であることはまちがいなかろう。六字名号などから考慮して室町時代前期以降と考えられる。

船石名号

弥谷寺の仁王門のすぐ近くに建立されている高さ約二、〇メートルの船形の石造物は、寛政十二年（一八〇〇）の『四国遍礼名所図会』に「船石名号長一丈斗ノ石にあり六字名号ほり給ふ」とあり、その後の江戸時代後期頃の「剣五山弥谷寺一山之図」には「船ハカ」とあり、南無阿弥陀仏の六字の名号が明確に記されている。現状は風化しやすい凝灰岩製のため表面の剥落が激しく、僅かに五輪塔形が確認されるのみであるが、かつては「船石名号」、「船ハカ」といわれ六字の名号が刻まれていたのである。ここで想起されるのが、先記した説経『苅萱』「高野巻」にみられる、船板名号である。これは空海が入唐する際に、宇佐八幡に詣でた時、社壇が燃えて、内から六字の名号が現れ、これを船の船柎に彫り付けたことから、これが船板名号と呼ばれるという。四〇番観自在寺には、この船板名号の版木が残されているが、時衆二祖真教様の書体で名号が刻まれており、この船板名号は、まさに時衆系高野聖の所産とされる。弥谷寺の船石名号は、この船板名号を石に置き換えたものとみられることから時衆系高野聖が、これに関わったと推察されるのである[28]。

船石名号（香川・弥谷寺蔵）

なお弥谷寺は澄禅『四国辺路日記』に記されるように、死者の納骨の風習がみられることで、おそらく室町時代頃にはじまるものであろう。ここにも時衆系高野聖の存在が考慮されよう。

以上、六字名号、二河白道、船石名号などのことから室町時代後期には、弥谷寺において時衆思想が盛んであったといえよう。換言すれば時衆系高野聖の存在が明確に窺えるのである。

次に弥谷寺以外の札所で時衆系高野聖の足跡をみることにする。四五番岩屋寺[29]が興味深い。岩屋寺は一遍の修行地のひとつとして広く知られる。寂本『四国徧礼霊場記』の岩屋寺の境内図には大師堂の傍らに高野山の鎮守の丹生、高野の二明神の建物がみえ、まさにここが高野山に擬されていた可能性がある。さらに大師作の法華仙人を安置する仙人堂もみられるが、それは釈迦信仰を示すものであろう。一方、阿弥陀如来も安置されていたことは澄禅『四国辺路日記』にみられるところである。これが二河白道思想の反映とするには問題があろうが、現世と来世とみることができよう。また興味深いのは、岩屋寺に柿経や笹塔婆が数多く（現認数一二〇〇〇枚）納められたことである。墨書内容から来世安楽を願ったものであろう。そして数多くの「南無阿弥陀仏」と書かれた笹塔婆から考慮すれば、ここがまさに阿弥陀の浄土としての霊場であり、弥谷寺と同様の信仰があったと考えられよう。ただ納骨の風習があったとの確認はできていないが、その可能があるのではなかろうか。なお澄禅『四国辺路日記』の菅生山（四四番大宝寺）に「当山ハ六十六部回国ノ経納所也」とあって、六十六部廻国の納経所であったことを記している。岩屋寺はかつて大宝寺の奥院としての存在であったことを考慮すれば、岩屋寺奉納の杮経や笹塔婆の奉納は六十六部なども関わったのではなかろうか。

六　四国辺路と念仏信仰の関係

先記のように室町時代後期、十六世紀になると四国辺路の中に念仏信仰に関する貴重な資料が確認される。それは四九番・伊予浄土寺の本尊厨子や三〇番・土佐一ノ宮内陣、八〇番・讃岐国分寺の本尊などにみられる落書である。ここには「四国辺路」の文言や法師などの僧侶、さらに俗人の名前があり、各国から四国辺路の修行をしていたことが分かる。その中で重要なことは「南無大師遍照金剛」とともに「南無阿弥陀仏」が明確にみられることである。つまり、この頃の四国辺路の信仰基盤は弘法大師信仰と念仏信仰が混淆したものであったと考えられよう。この信仰形態は、その後の澄禅『四国辺路日記』（承応二年―一六五三）でも明確に読み取ることができる。そして真念『四国辺路道指南』（貞享四年―一六八七）になって、ようやく念仏信仰から光明真言信仰に移り、弘法大師一尊化が確立する。こうした四国辺路の展開のなかで、室町時代後期頃に現在の四国八十八ケ所辺路に近いルート（辺路道）と札所が成立したであろう。この展開では先記したように弘法大師信仰と念仏信仰の混淆であったが、弘法大師信仰に深く関わったのは、高野山を本拠とする行人による六十六部廻国行者、さらに高野山の行人そのものも大いに関与したと思われる。一方、念仏信仰を盛んにしたのは高野山の念仏聖、換言すれば時衆化した高野聖であろう。四国辺路の札所として、整備されつつあった寺院に寄寓し先記した空海筆銘六字名号の版木を造り数多く刷りだし、念仏信仰を広めたのは時衆系高野聖であったと推測される。

七　四国辺路と隔夜念仏

隔夜念仏と云ってもあまり聞きなれないが、室町時代末期から江戸時代初期に一部の地域で盛んに行われた念仏行で、市聖空也上人に由来するといわれる。[30]『元亨釈書』によれば、空也上人が奈良の長谷寺に籠り、観音のお告げで春日社から長谷寺へ千日の参詣の願をたて、春日に一夜、長谷寺に一夜、夜を隔てて泊まり、三年三月の間、念仏の流布を祈願したことに始まるとされている。もちろんこれは、その起源について述べていることで、盛んとなったのは室町時代後期頃とみられている。なお『多聞院日記』[31]永禄九年（一五六六）五月二十三日の条に記される隔夜の法師は信貴山の先達であるが、過去の修行形態をみると峯に入ること四十一度、京で四十八度の百万返供養、高野山へ十一年五百度の参詣をするなど、山伏でもあり、念仏行者でもあり、弘法大師信仰など多様な面を持つ行者と解釈される。おそらくこうした様々な信仰を持った念仏行者が隔夜念仏信仰を各地に広めたのであろう

さて四国における隔夜念仏信仰については喜代吉榮徳師の論考[32]があり、本論もその殆どを師の論考を元にして考察するものである。喜代吉師の報告によれば、四国には次のような隔夜念仏碑が存在するという。

1、五二番太山寺　延宝四年（一六七六）五百日隔夜（谷上～石手寺～太山寺）徳誉清心
2、五二番太山寺　天和三年（一六八三）千日隔夜・（宝珠名号）・願誉照誉
3、谷上山宝珠寺　天和三年（一六八三）千日隔夜（谷上～石手寺～太山寺）・石灯籠

4、谷上山宝珠寺　正徳元年（一七一一）百日隔夜（谷上～石手寺～太山寺か）
5、五八番仙遊寺　天和四年（一六八四）府中七ケ所・浄雲
6、六六番雲辺寺　天和三年（一六八三）百日隔夜（雲辺寺～蘆峯寺～観音寺）・敬心
7、一〇番切幡寺　天和三年（一六八三）百日隔夜（霊山寺～切幡寺）・常心
8、五八番仙遊寺　元禄二年（一六八九）七ケ所三百日隔夜・頼円法師
9、土佐行当岬　元禄三年（一六九〇）隔夜五百日廻向・頼円法師
10、土佐・月山神社　亨保年間頃（一七一六～三六）百日隔夜・願誉順故

以上のように、四国内では現在、一〇ケ所の隔夜念仏石碑が確認できる。まず1の太山寺境内に建立されている五百日隔夜念仏碑には谷上山宝珠寺、太山寺、石手寺の三ケ寺の寺名が刻まれていることから、この三ケ寺を往来しての隔夜念仏とみられる。願主は河内国の徳誉清心で、「誉」の係字を持つことから浄土宗系の修行僧であろう。

2は3と同じ五二番太山寺建立の石碑で、願主は願誉照誉である。やはり太山寺～石手寺～谷上（宝珠寺）の三ケ寺を往来したとみられ、「南無阿弥陀仏」の六字名号は円形字に作られた珍しい宝珠名号の書体である。

3は谷上山宝珠寺の本堂横に建立されている石灯籠である。千日に亘る長期の隔夜念仏修行による寄進で、願主は先記の願誉・照誉である。先の徳誉を含め「誉」に係字を持っており、これら三人の修行形態や所属する宗派などに関心がもたれるが、やはり谷上山、石手寺、太山寺を修行の地としたのであろう。

4は3と同様に谷上山に建立されている。正徳元年（一七一一）と時代が新しくなるが、このことは長期に亘り、この三ケ所での隔夜念仏が行われていたことが分かる。

５は五八番仙遊寺建立の石碑で、府中七ケ所とあり、国分寺、佐礼山、円明寺、三島（南光坊）、泰山寺、一之宮、八幡宮（栄福寺）がみられ、これらの寺院の多くは札所寺院である。願主は上野国の浄運である。

６は六六番雲辺寺境内建立の石碑で雲辺寺～蘆峯寺～観音寺までを往来したものと思われる。雲辺寺と観音寺は札所であるが、蘆峯寺は両寺の間に存在する寺院で札所寺院ではない。願主は生国不明の敬心である。

７は一〇番切幡寺建立の石碑で「奉修行従当山霊仙寺迄」とあり、一〇番切幡寺から一番霊山寺の、いわゆる十里十ケ所を往来したものとみられる。

８は五八番仙遊寺に建立されている石碑で、元禄二年二月二十八日に作州の頼円法師によるもので、七箇所三百日の隔夜念仏である。この七箇所とは先の天和四年に刻まれている七箇寺に間違いないであろう。

９は土佐行当岬の二六番金剛頂寺に近いところにあり太平洋に面した岬で、ここに作州の頼円法師が建立した隔夜碑がある。頼円は五八番仙遊寺の元禄二年建立と同一人物とみられ、今治周辺の七箇所三百日隔夜念仏を終えると直ちに土佐に赴いての念仏行である。夏冬を含め、五百日に及ぶ隔夜念仏を行った頼円法師は信心堅固な念仏行者であることが分かる。なお五来重氏によれば行当岬の「行当」は行道の転化で、ここが修行の道(33)であったという。

10は三ケ月形の石をご神体とする月山神社に所在する。月山神社はかつては札所のひとつであったらしいが、真念『四国辺路道指南』では、八十八ケ所の札所とはなっていない。しかし江戸時代を通して、ここに札納めする辺路は多く、それに関連して隔夜念仏が行われたのであろう。

以上、現在確認(34)される四国内の隔夜念仏の痕跡をみてきたが、興味深いのは、その多くが四国八十八ケ所の札所の寺院が関わっていることである。隔夜僧は隔夜念仏を修行するのに、何故これらの寺院を選んだのであろうか。間違いなく、そこには念仏僧を引きつける基盤があり、他国から訪れた念仏行者が容易に寄寓し、修行できる環境にあったに違いない。換言すれば、これらの札所寺院は少なからず念仏信仰の影響を大きく受けていたものとみられよう。

なお「隔夜」の文言に留意すれば、七一番弥谷寺に「奥之院仁王門修理再興碑[35]」があり、そこに「執行願主大坂住浄盛・佐渡国攸求」、「奉加万人講志施主中、一合一銭勧進施主中、隔夜之間宿所施主中」、「元文（一七三七）二丁巳八月吉祥日」とある。「隔夜之間宿施主中」が隔夜念仏のこととすれば願主の浄盛、攸求が隔夜念仏行をするための宿を提供していたと解釈できよう。浄盛・攸求はともに出身地から、廻国行者とみて間違いない。同様に六九番観音寺蔵『弘化録[36]』に「観音尊常夜之覚」に「銀札八百五拾目也、古は長崎より生国筑前之小林万治ト申者廻国ニ参、観音寺に逗留仕候而暫之間隔夜を打、并奉加等も相加へ左之銀子調達仕、・・・」とある。前者は仁王門建立、後者は観音菩薩への常夜燈の勧進活動が読み取れるのは興味深いが、いずれも江戸時代前〜中期頃の出来事で、隔夜念仏行に伴う勧進活動といえよう。先記した十例には、隔夜念仏行と勧進活動のことがみえないが、念仏修行だけでなく、そこに勧進活動が伴っていたとすれば、それは札所寺院復興のためのものであり、寺院側には大きな利益をもたらしたことは間違いなかろう。おそらく寺院側は隔夜念仏行者に寝泊まりする部屋を与える代償として、勧進活動による資金を得ていたのではなかろうか。

八　四国辺路と入定信仰

真念『四国徧礼功徳記』の賛録に次のように記している。

偏礼の事、或人のいへるに、大師の御記文とて伝ふるに、身を高野の樹下にとどめ、魂を都率の雲上にあそばしめ、所々の遺跡を検知して、日々の影向をかがずとあり。此文世の人信じあへる事にて、人々の口耳にとどまる事となんぬ。御遺跡へは大師日々御影向あるにより、八十八ケ所の内いづれにてぞは大師に直にあひ奉るといひなせるは、此よりなりと。予江戸にありし時、ある人のいふをきけば、四国偏礼すれば大師にかならずあひ奉ると聞しにより、われ偏礼せし時、日々心をかけて、けふはけふはと待しに、廿一日にてありしに、あんのごとく大師にあひ奉りしこそ有がたけれと、手をあはせてかたりける。予いか様のすがたにてましますけるとやといひければ、くろきぬの衣をめしけると覚へ、征鼓を御頚にかけさせ給ひ、念仏を申とをり玉へり、征鼓は見つれども、御顔ハ見ず、ただめをとぢておがミ奉る計にてすぎぬとなり。此たぐひまたおほし。

とある。なお大師の御記文とは「日々影向文」のことで、次のとおりである。

卜居於高野之樹下
遊神於都率之雲上
不闕日々影向
検知処々之遺跡

これは『御遺告』[37]などに基づき成立したとみられるが、すでに平安時代後期には確認され、さらに『阿波国大瀧寺縁起』にもみられ、四国には早くから知られていた。つまり高野山の奥院に入定した弘法大師が都率天から日々に現れて、大師の修行地（八十八ケ所）を検知するので四国辺路すれば必ず、どこかで会えるというのである。真念が江戸にいた時、ある人から聞いた話では、四国辺路すれば大師に会えるというので、その人は今日は今日はと待っていたが、ついに二十一日目にして大師に出会った。真念がその人にどのような姿であったかと聞くと、黒衣に首に征鼓を掛けて念仏を唱えていたというのである。まさに『一遍聖絵』に描かれる時衆聖の姿に他ならない。これは江戸時代前期、真念が幾度となく四国辺路をしていた頃のことであるが、このようなことは多くあるとも記している。おそらく四国辺路の中で、こうした姿の念仏行者が数多くいたことを表しているのであろうが、それが弘法大師であったとすることこそ、室町時代末期から江戸時代初期の四国辺路の様子を伝えるものである。

注

（1）一遍の事績については、時衆の美術と文芸展実行委員会編『時衆の美術と文芸―遊行聖の世界―』（時衆の美術と文芸展実行委員会、平成七年一一月）を参照。
（2）五来重『増補高野聖』（角川書店、昭和五九年五月）を参照。
（3）同前、二四二頁。
（4）同前、二四四頁。
（5）香川県『札所寺院の史跡指定に係わる白峯寺詳細調査』（元興寺文化財研究所の調査、平成二二年二月）。
（6）八木宣諦「知恩院の名号資料」は『佛教論叢』第四一号（浄土宗教学院　平成九年九月）一一一頁。
（7）松原秀明編『讃岐国名勝図会』は『日本名所風俗図会　四国の巻』（角川書店、昭和五六年一二月）二九二頁に「弘法大師鉄印」（南蛮鉄を以て造るの印文、竜虎二字図、次に出す）とある。
（8）武田和昭「四国遍路における弘法大師信仰と阿弥陀信仰」（『四国へんろ展』香川編図録、平成二六年一〇月）一五八頁。

（9）平幡良雄『四国遍路』伊予・讃岐編（満願寺事業部　平成四年三月）に掲載される。

（10）現在、石手寺宝物館内に展示されている。喜代吉榮徳『四国辺路研究』創刊号（海王社　平成五年三月）二〇頁に写真が掲載されている。

（11）武田和昭「空海筆銘六字名号について」（『善通寺教学振興会紀要』第一八号、善通寺教学振興会、平成二五年三月）九頁。天福寺の名号掛軸は毎年八月二十一日の虫干し会で公開される。船板名号以外の三幅は源空（法然）筆、祐天筆、毛髪による名号が保蔵される。毛髪の名号は裏面に「讃州香川郡由佐郷天福寺什物弥陀六字名号者／弘法大師真筆以母儀阿刀氏落髪所繍立之也／寛文四年十一月十一日　源頼重（花押）」とあり、弘法大師の真筆で大師の母の髪であるとし、松平頼重の署名がある。寺伝では法然寺から移されたとされる。

（12）高野山不動院の船板名号は浅井證善『へんろ功徳記と巡拝習俗』（朱鷺書房、平成一六年一月）二九九頁に写真が掲載される。

（13）『筑後大本山善導寺歴史資料調査目録』（九州歴史資料館、昭和五六年三月）四八頁。

（14）個人蔵版本六字名号は紙本墨摺、縦一一七・五センチメートル、横二七・二センチメートル。

（15）然誉上人については『浄土宗人名事典』による。（知恩寺からご教示戴いた。）

（16）知恩寺発行のパンフレット『知恩寺』に写真が掲載され、その由来が記載されている。

（17）『依観経等明般舟三昧行道往生讃』一巻（『大正新修大蔵経』第四七巻）四四八頁参照した。

（18）太山寺絵像版木は正岡健夫『愛媛県金石史』（愛媛県文化財保護協会　昭和四〇年四月）。一三三一〜一三三三頁。

（19）前掲注（2）五来重『増補高野聖』二六九〜二七〇頁。

（20）個人蔵写本『六字口伝』は縦二五・五センチメートル、横一八・〇センチメートル、全六丁。なお『弘法大師全集』五輯（密教文化研究所、昭和五三年一一月）三二九〜三三三頁に『弘法大師念仏口伝集』が掲載されている。『六字口伝』と酷似するが、異なる部分もあるので、『六字口伝』を本論に掲載した。
(21) 個人蔵・写本『弘法大師念仏口伝集』は縦二五・七センチメートル、横一八・二センチメートル、全一三丁。
(22) 弘法大師作といわれる念仏関係の書は、『弘法大師四十八戒起請文』、『弘法大師十種念仏歌』などがある。（前掲注（2）五来重『増補高野聖』二二〇～二二三頁。）
(23) 『一遍聖絵』は『日本絵巻物全集第一〇　一遍聖絵』（角川書店、昭和四一年八月）六六頁。前掲注（2）五来重『増補高野聖』七〇～七一頁。
(24) 説経『苅萱』「高野巻」は『新日本古典文学大系』九〇、信多純一・阪口弘之校注『古浄瑠璃説経集』（岩波書店　平成十一年十二月）を参照。
(25) 阪口弘之「説経「かるかや」と高野伝承」（『国語と国文学』七一巻一〇号、平成六年一〇月）。ここで高野聖が関与したことを指摘されておられる。
(26) 武田和昭「弥谷寺と四国辺路―室町時代後期から江戸初期の展開」（『四国八十八箇所霊場と遍路道』調査報告書6、香川県、香川県教育委員会、平成二七年三月）二九三～三〇四頁。
(27) 同前。
(28) 同前。
(29) 胡光「山岳信仰と四国遍路」（『四国遍路と山岳信仰』岩田書院、平成二六年一月）、時枝務「柿経と霊場」（公益財団法人高知県文化財団編『四国へんろ展』図録高知編、平成二六年八月）二〇～二三頁。
(30) 岸田定雄「隔夜のこと」（『奈良文化論叢』、奈良地理学会、昭和四二年）、奥村隆彦『融通念仏信仰とあの世』（岩田書院、平成一四年一〇月）一七四～一八四頁。

(31)『多聞院日記』（竹内理三編『増補続史料大成』三八巻、臨川書店、昭和六〇年三月）四五四頁。
(32)喜代吉榮徳「伊予における隔夜信仰と辺路信仰」（『四国辺路研究』創刊号、海王舎、平成五年三月）。同「へんろ石と隔夜碑から四国遍路を読み解く」（愛媛県歴史文化博物館編『四国遍路と巡礼』展図録、平成二七年一〇月）一三〇～一三五頁。喜代吉榮徳「四国路の隔夜碑について」（『愛媛の文化』三一号、愛媛県文化財保護協会、平成五年二月）一九九～二〇四頁。
(33)五来重『遊行と巡礼』（角川書店、平成元年一二月）一二〇～一二三頁。
(34)喜代吉榮徳『私のへんろ―学の事始め―』（湘南社、平成二七年一〇月）八二～八三頁。ここでは阿波の二ケ所を含め一二ケ所の存在を示している。
(35)香川県『四国八十八箇所霊場と遍路道』調査報告書6、香川県、香川県教育委員会、平成二七年三月）八九頁。
(36)『弘化録』は『新編香川叢書・史料篇（1）』（新編香川叢書刊行企画委員会、昭和五四年三月）七九三頁。
(37)武田和昭『増吽僧正』（総本山善通寺、平成一七年一一月）。一八一～一八三頁。

第三章　文明三年銘鰐口と空性法親王『四国霊場御巡行記』の検証

あらゆる歴史を検証する時、その元となる原資料の信憑性が極めて重要なことは言うまでもない。四国辺路の歴史的研究についてもまったく同様で、かつての研究史の中で疑問視されつつも根拠とされた資料もあり、また無視されてきた資料もある。ここでは近時の研究を元にして、文明三年（一四七一）銘の鰐口と空性法親王『四国霊場御巡行記』について検証することとする。

一　文明三年銘鰐口の検証

鰐口研究の経緯

高知県土佐郡本川村越裏門地蔵堂に中世に遡る鰐口が所蔵されている。この鰐口には両面に針書きによる銘文がみられるが、その銘文の一部について「・・・村所八十八ケ所文明三天・・・」と解読されてきた。つまり、本四国八十八ケ所を元にして、「或る村所」に移された八十八ケ所とされ、それが文明三年であると解釈されたのである。これにより文明三年以前に四国八十八ケ所が成立していたとされ、さらに「八十八ケ所」の文言の初出として重要な意味を持つと考えられるようになった。

まず、この鰐口が知られるようになったのは大正八年の建山佐市郎氏の『土佐考古志』で、次いで木崎愛吉氏の『大日本金石史』であるが、これは『土佐考古志』に基づくものとみられている。昭和十七年には高橋始氏の

「四国八十八箇所展相」にも、この銘文が掲載されているが、いずれも太平洋戦争前に発表されたものである。その後、この鰐口についての詳しい報告書などもないことから、高知県内の研究者の間では太平洋戦争に伴う金属供出のため、すでに失われたと思われていたらしい。[1]

昭和三十年代に入り本鰐口が所在不明のまま、銘文についての解釈が成されてきた。新城常三氏は『社寺参詣の社会経済史的研究』[2]（昭和三十九年刊）の中で、「大旦那村所八十八ケ所」を取り上げ、四国八十八ケ所の成立を文明三年以前とされた。

次いで近藤喜博氏は『四国遍路』[3]（昭和四十六年刊）で本鰐口を根拠として四国八十八ケ所の成立を文明三年以前としている。ただし鰐口銘の「文明」を「天明」ではないのかという説を考慮するなど、銘文については疑問を持っていたらしい。

一方、宮崎忍勝氏は『遍路―その心と歴史』[4]（昭和四十九年刊）で、本鰐口について「・・・四国八十八ケ所の成立年代は文明三年、すなわち室町時代中頃にはすでに確定していて、一般庶民の間に遍路が行われていたとする説もある。しかし、この銘にある村所八十八カ所、今日いうところの村々、町々にある新四国や島四国が成立するのは江戸時代に入ってからのことである。・・」とし、さらに本鰐口が目下所在不明であると記している。つまり否定的な扱いである。この説は新四国（写し霊場）は江戸時代に入ってから成立したとの根拠に立っている。また白井加寿志氏は「四国遍路八十八か所起源考」[5]（昭和四十九年刊）で、銘文の刻み方があまりにも稚拙であるとして「いたずら書か、天明三年のことか、いろいろ考えされるものを持つ資料である」とし、その後の『香川県史』[6]（平成元年刊）では、「実見した所では、資料的価値は薄いように思われる。」と否定的な見解を示された。

鰐口銘の解読

以上のように、本鰐口は疑問を持たれながらも肯定的に、また時には否定的に扱われてきた。ところが昭和六十年頃に本川村の仏堂調査の際に、本鰐口が再確認され脚光を浴びることになる。その後、岡本桂典氏が「土佐国越裏門地蔵堂の鰐口と四国八十八ケ所の成立[7]」という論文を発表されたことで大きく展開した。ここでは『土佐考古志』や『大日本金石史』とは相違する解読がなされた。その解読の全文は次のようなものである。

A面

「カ（地蔵菩薩の種子）」、左回りに「大日本国土州タカヲコリノホノ河」、右回りに「懸ワニ口福蔵寺エルモノ大旦那」、撞座に「福嶋季クマ／タカ寿／妙政」

B面

左回りに「大旦那村所八十八ケ所文明三天」、右回りに「右志願者旹三月一日」、撞座には「妙政　（種子か）、（種子か）」

以上のとおりで、この論考は岡本氏の過去の堅実な論文やその実績が考慮され、広く受け入れられることになる。したがって平成八年に開催された「弘法大師信仰展[8]」（川崎市市民ミュージアム）、平成十四年開催「空海と遍路文化展[9]」（東京都写真美術館・名古屋市博物館・福岡市博物館）などの展覧会に出陳され、解説文も岡本氏の論文に添うものであった。これらにより、この鰐口の文明三年説は四国遍路研究にとって極めて重要な資料として認知されたのである。

文明三年説の否定論

しかし平成十八年にいたり、内田九州男氏が「四国八十八ケ所の成立時期」として、口頭発表さらに論文[10]として岡本説に異を唱えた。その手法は銘文をデジタルカメラでの撮影による綿密な分析による解読である。その結果、表面の四十字の内の十八字、裏面の二十八字の内の十二字が岡本氏の見解と相違することを明示されたのである。内田氏は「したがって筆者の結論としては、この鰐口の資料的な信憑性は完全に覆ったのであり、その結果四国八十八ケ所が文明三年以前に成立していたという説は成り立たないというものである。」と結論づけている。この論文は四国八十八ケ所の成立という観点からは、かなりインパクトがあったとみえ、その後に刊行された書籍[11]は内田氏の説を積極的に支持しているように思える。以上のことから、この鰐口は四国辺路の歴史的な研究対象から除外された格好となった。ただ、その後、平成二十七年に四国四県で開催された「四国へんろ展」に出陳され、また佐藤久光氏の『四国遍路の社会学』（岩田書院、平成二十八年六月）では、肯定的に記載されており、全面的に否定されているわけではない。

ここでもう一度、岡本、内田両氏の説をみてみたい。重要な文言のひとつである次の箇所について、

岡本氏は

大旦那村所八十八カ所文明三天・・・

内田氏は

□□□村所八十八□□文□□天・・

と読んでいる。問題は「村所八十八カ所」で内田氏は「村」などについて疑問を呈しながらも、両氏ともほぼ問題なく「八十八」は読まれているのである。四国辺路研究にとって「八十八」という文言は、今更いうまでもなく極めて重きをなすものであろう。ここで「八十八」という数字に注目したい。

まず「村所八十八ケ所」がみられる文明三年（内田氏は判読不可能とする。）から次に確認される説経『苅萱』

「高野巻」（慶長～寛永頃）まで、およそ百五十年余である。この間には四国辺路に関する資料がかなり見いだせるものの「八十八ヶ所」あるいは「四国八十八ヶ所」という文言が一切みられないのである。

「八十八」の数の成立

四国八十八ケ所の「八十八」という数に対し、「米」の字を分解すると「八と十と八」となる説や男の厄歳四十二歳、女の厄歳三十三歳、子供の厄歳十三歳を併せたものなどの俗説、あるいは熊野午王札の八咫烏の数が八十八羽であるなどを含め様々の説[12]が見られるが、決定的なものはみられない。

さて文明三年の室町時代中期頃の宗教事情は鎌倉新仏教の躍動・展開から、やがて混沌とした時代に入り庶民化されてきた時期である。そうした中で、畿内を中心とする三十三所の観音巡礼が庶民の間で盛行し、十五世紀中期の『竹居清事』[13]に「西国三十三所」の文言が初めてみられるようになる。

また十五～十六世紀には数多くの六十六部廻国行者が躍動し、全国各地に奉納経筒[14]を盛んに納めた時期であることに注目すれば、彼等は各地に様々の情報を運んでいたに違いない。さらに熊野の「九十九王子」の文言の初出は文明五年（一四七三）の蓮春『王子記』[15]によって確認される。また永正十一年（一五一四）の薬師如来懸仏（個人蔵）には「右意趣者為九十九所巡礼開白勧進法界旦那熊野三所権現御影造所也」[16]とあり、この頃九十九の数が定着した時期といえよう。

このように「西国三十三所」、「六十六部廻国行者」、「熊野の九十九王子」の文言の初出・盛行が室町時代中期に集中して確認されるのである。なお「八十八」については宮崎県高千穂地域にみられる「高千穂郷八十八社」というのが知られ[17]、参考としてあげておきたい。このように同じ数を重ねることの意味合いは十分に理解・説明できないものもあるが、これらの出現時期が、室町時代中期に集中する事実は無視できないであろう。本鰐口も、そうした風潮の中で「村所八十八ケ所」と刻まれたのではなかろうか[18]。ただし筆者はこれが四国八十八ケ所に直結するかどうかの判断を控えている。

なお近藤喜博氏の熊野九十九王子の前段として八十八王子の存在があり、それを四国に用いられたとする説[19]も興味深い指摘で、今後とも検討される事項であろう。

以上の論点に立ち四国八十八ケ所辺路の成立は「辺地（路）修行」の時代（平安時代〜室町時代中期頃）を除外すると、その後の展開は三段階にするのが適当と考えている。

第一段階として、室町時代後期の浄土寺や国分寺などの落書がみられる時期の「四国辺路」や「四国中辺路」の時代。

第二段階として「四国八十八ケ所」という文言と八十八札所の出現の時代。（『弘法大師空海根本縁起』、説経『苅萱』）「高野巻」の存在）。

第三段階として真念の創案とされる番次が確定した「四国八十八ケ所」の時代。

以上のように三つの時代に区分した。まず第一段階では永正十年（一五一三）、大永七年（一五二七）、天文七年（一五三八）などの落書が見られることから、十六世紀前半には弘法大師信仰を基盤とする札納めとしての「四国辺路（へんろ）」が成立していたことは間違いない。おそらく数多くの札所が存在したであろう。ただし、この状態になったのが、いつ頃始まるのかは現在残されている資料からは明確にできないが、十五世紀後半に遡ることも可能であろう。

第二段階として「四国八十八ケ所」の文言の出現である。これは従来の指摘のように、寛永八年版説経『苅萱』「高野巻」の「その数は八十八所とこそ聞こえたれ、さてこそ四国へんとハ八十八か所とハ申すなり」を根拠とし、四国遍路の研究者の間では、ほぼ定説化している。しかし近時、阪口弘之氏の研究により、寛永八年版よりも古い「絵入り写本」が作られた段階で、すでに「高野巻」が存在する説を提示された[20]。この説に従えば寛永八年（一六三一）より更に「八十八ケ所」の文言が遡るとみられよう。さて澄禅『四国辺路日記』をみると、各国毎の終わりに阿波―二十三ケ所、土佐―十六ケ所、伊予―二十六ケ所、讃岐―二十三ケ所、合わせて札所八十八ケ所の存在を記していることから、承応二年（一六五三）には八十八ケ所の札所が特定されていたことが推測されよう。

一方、真念『四国辺路道指南』の末尾に「大師御辺路の道法は四百八十八里といひつたふ、往古ハ横堂のこりなくおがみめぐり給ひ、嶮岨をしのぎ、谷ふかきくづ屋まで乞食せさせたまひしがゆえなりと云々、今ハ劣根僅かに八十八ケの札所計巡拝し、往還の大道に手を供御代なれば、三百有余里の道のりとなりぬ。」とあり、かつては八十八カ所よりも数多くの札所を巡っていたことが分かる。つまり四国辺路がある時点で「八十八」という文言を何らかの理由で取り込んだと考えられよう。この経緯については『弘法大師空海根本縁起』という「語りもの」の中にそれを見いだすことができる。この縁起は奇異な弘法大師伝と四国辺路の功徳を説くものであるが、その中に四国八十八ケ所を巡ることによる功徳の大きさが強調されている。このような庶民を対象とする「語りもの」の派生的なものとして四国辺路の中に「四国八十八ケ所」という文言が取り込まれたのではなかろうか。では、どのようにして取り込まれたのであろうか。次章で詳しく述べるが『弘法大師空海根本縁起』は西国巡礼縁起が大きく影響したことは間違いない。西国巡礼縁起（『中山寺』など）に熊野信仰との関係も確実に見られる。先記した蓮春『王子記』の中に、近藤喜博氏が指摘した「九十九王子」の前段として「八十八ケ所の王子」がみられることから蓮春『王子記』の「八十八ケ所」の直接的な影響とも考えられる。一方、『弘法大師空海根本縁起』が作られる段階で、すでに四国などに存在した「八十八」という数を援用したとも考えられる。

この『弘法大師空海根本縁起』から、さらに展開し、「四国八十八ケ所」の文言を取り込み『慈尊院縁起』とあわせたのが「高野巻」とみられる。以上のことから『弘法大師空海根本縁起』は四国八十八ケ所辺路の開創縁起に位置づけられ、その成立時期は、絵入写本『せつきやうかるかや』(慶長頃写)から考慮して慶長前後頃と考えている。[21]

以上のことから数多く存在した札納所があり、そして「八十八ケ所」の文言が取り込まれ、やがて八十八ケ所が固定化されたとみられる。換言すれば「八十八」という文言が先行し、その後に八十八の札所が決定されたとみられるが、それがいつ頃、誰によったのかは筆者には、まだよく分からない。

第三段階は云うまでもなく貞享四年（一六八七）真念『四国辺路道指南』によって、一番霊山寺～八八番大窪寺の番次が決まり、名実ともに四国遍路八十八ケ所が成立するのである。

以上のように、それぞれの段階は別次元で考えなければならないように思う。さて、ここで結論を述べなければならないが、筆者は本鰐口の「文明」について、他の刻字との関連からみても、その判断は難しい。ただ読めるか読めないかは別にして、鰐口の型式からみて室町時代中期として問題なく、当然ながら文明年間も視野に入る。また本鰐口にみられる「八十八」については、室町時代中期の数を重ねる風潮の中で成立したものか、また熊野信仰に係わるものかと推察され、四国辺路とは関係ないものと考えている。筆者には「村所八十八ケ所」の意味がまだ理解できないが、「八十八」という数に関心を抱けば、この鰐口を四国辺路研究から除外することができないのである。つまり四国あるいはその周辺において「八十八」という数の存在がまずあり、それを四国辺路、具体的に云えば「語りもの」(『弘法大師空海根本縁起』)が作られる段階で、これを取り込んだと考えている[22]からである。いわば筆者は従来とは逆に考えており、この点において、この鰐口を四国辺路研究から取り除くわけにはできないのである。

注

（１）岡本桂典「土佐国越裏門地蔵堂の鰐口と四国八十八カ所の成立」（『考古学叢考』中巻（吉川弘文館、昭和六三年一〇月）。
（２）新城常三『社寺参詣の社会経済史的研究』（塙書房、昭和三九年三月）四六二頁。
（３）近藤喜博『四国遍路』（桜楓社、昭和四六年六月）一三一〜一三三頁。
（４）宮崎忍勝『遍路―その心と歴史』（小学館、昭和四九年六月）一三三〜一三四頁。
（５）白井加寿志「四国遍路「八十八か所」起源考―付その奉唱歌起源考―」（『郷土文化サロン紀要』一、高松市立図書館、昭和四九年一二月）。
（６）『香川県史』第四巻通史編（香川県、平成元年三月）七八七〜七八八頁。
（７）前掲注（１）岡本桂典「土佐国越裏門地蔵堂の鰐口と四国八十八カ所の成立」。
（８）川崎市市民ミュージアム編『弘法大師信仰展』図録（川崎市市民ミュージアム、平成八年一〇月）図版番号四三。
（９）毎日新聞社編『空海と遍路文化展』図録（毎日新聞社、平成一四年九月）図版番号一九九。
（10）内田九州男「四国八十八カ所の成立時期」（『四国遍路と世界の巡礼』法蔵館、平成一九年五月）八三〜一〇三頁。
（11）頼富本宏『四国遍路とはなにか』（角川学芸出版、平成二一年一一月）一〇九頁。
（12）前掲注（３）近藤喜博『四国遍路』（桜楓社、昭和四六年六月）一六四頁。胡光「山岳信仰と四国遍路」（『四国遍路と山岳信仰』、岩田書院、平成二六年一月）。
（13）『竹居清事』は（『続群書類従』第一二輯上。

(14)　関秀夫『経塚遺文』(東京堂出版、昭和六〇年九月)。
(15)　蓮春『九十九王子記』は近藤喜博『四国遍路研究』(三弥井書店、昭和五七年一〇月)一六〇～一六九頁にくわしい。蓮春『王子記』については大河内智之氏に種々のご教示をいただいた。
(16)　和歌山県立博物館編『熊野三山の至宝』図録(和歌山県立博物館、平成二一年九月)図版番号八六。大河内智之氏にご教示いただいた。
(17)　高千穂八十八社は佐藤光俊『日本民族発祥の地　高千穂郷八十八社名録』(佐藤光俊、平成一四年三月)。
(18)　小嶋博巳「遍路と巡礼」(四国遍路と世界の巡礼研究会編『四国遍路と世界の巡礼』、法蔵館、平成一九年五月)二五頁。
(19)　近藤喜博『四国遍路研究』(三弥井書店、昭和五七年一〇月)一六〇～一六九頁。
(20)　阪口弘之「説経『かるかや』と高野伝承」(『国語と国文学』七一―一〇)平成六年一〇月。
(21)　室木弥太郎『語り物の研究』(風間書房、平成四年一二月)二九七頁。
(22)　武田和昭『四国辺路の形成過程』(岩田書院、平成二四年一月)八一～一四三頁。

二　空性法親王『四国霊場御巡行記』の検証

『四国霊場御巡行記』の概要と研究史

四国辺路研究の中で、数多くの資料が存在するが、先の文明三年銘鰐口とともに、ここに提示する空性法親王『四国霊場御巡行記』[1](以下『御巡行記』)も様々に解釈され、多くの問題が生じていることは周知のとおりである。

この記は嵯峨大覚寺の空性法親王(一五七三～一六五〇)が寛永十五年(一六三八)八月から十一月にかけて

権少僧正の賢明とともに、巡行した記録と考えられてきた。これは承応二年（一六五三）に澄禅『四国辺路日記』を著す十五年前のもので、四国辺路の記録として最古とされる。この『御巡行記』について伊予史談会発行の『四国遍路記集』（昭和五十六年刊）の解題で、次のように紹介されている。「この巡行記は、七五調を基調とした美文で、筆者の教養を思わせるものがあるが、表現に力をそそいだためか、具体的記述に欠け、各地の寺社・城跡などの歴史的記述も、名称だけをあげるにとどまったものが多い。一読して気づくことは、伊予に関する記述が全体の半分をしめること、南朝の遺跡に関する記述に詳しいこと、四国霊場については欠くところはないが、たいへん簡単で、名所旧跡の記述が多く、一般の紀行文に類する内容であることである。ともあれ、この巡行記は、四国霊場巡行記の最初に位置するもので、四国遍路の成立を知るうえで貴重な資料である。」とある。この解説文によって、『御巡行記』の多くが語られているように思われ、この時点で『御巡行記』は空性法親王の記録として認識していたと考えられよう。

また近藤喜博氏は『四国遍路』（昭和四十六年刊）で「右衛門三郎発心譚[2]」の項目で引用され、美文であると評価している。次いで同氏の『四国遍路研究』（昭和五十七年刊）では「遍路ミチと大師堂[3]」で、『御巡行記』について、次のように記している。

すでに真念庵が所見していた。すなわち仁井田五社から足摺へ、「川口浮津、吹上川渡りて行けば、入野海辺に見ゆる衣懸石、御息所の絹袴流れしを、此石に懸し雫くの滴りにて、貝も染めたる其謂れ、遺るしるしは袖貝と、今の世までも名の高く、聞へけるこそ不思議なり、真念庵の左右別れる所にあり」、規模の大小はともかく、右の記文による限り、真念庵は寛永十五年（一六三八）に設置を見てをり、それは『道指南』の貞享三年（一六八六）よりは四十八年以前にして、ほぼ五十年近い。この事実から考慮すると、真念の遍路修行は、少くとも寛永年間からと推測される。

とある。近藤氏によって真念庵が、寛永十五年にすでに存在し真念が、それ以前から四国遍路をしていたと結論づけたことである。近藤氏のこの見解は多くの研究者に強く印象づけることとなった。因みに真念庵の創設は天和二年（一六八二）であることは喜代吉榮徳師（『四国の辺路石と道守り』）によって明らかにされている。

また宮崎忍勝氏は『四国遍路―歴史とこころ』（昭和六十年刊）では「空性法親王の四国巡拝」[4]として一項を設け、その内容を詳しく分析している。その中で興味深いのは「是まで阿波の拝所。次は土佐路や遭坂や、八阪坂中鯖一箇、行基に呉れで駒ぞ腹痛と詠ぜし茲は所なり」をあげて、番外札所の鯖大師がまだ行基信仰であり、行基庵と呼ばれていたのであり、今日のように四国遍路は弘法大師信仰一本の霊場とはなっていなかったのであった。」と解釈され、四国辺路と行基を関連づけている。また「大洲領には札所なし、是は其昔人心邪見なりける故ぞかし」を上げ、その理由として儒教の関連を示し排仏思想にまで及んでいる。

このように、『御巡行記』は伊予史談会編集・発行の『四国遍路記集』に収載されたことによって、多くの研究者の注目するところから、四国辺路の旅日記的な初出資料として、肯定的に取り扱われてきたのである。

『御巡行記』の問題点

以上のような研究史の中で、平成二十年の第一回「四国地域史研究大会」（於愛媛大学）で小松勝記氏が「創作された四国ヘンロ資料『空性法親王四国霊場御巡行記』[5]」と題され、口頭発表が行われた。ここで小松氏は『御巡行記』の内容を詳細に分析・検討し、寛永十五年段階では理解できない文言を抽出し、興味深い論考を加えている。例えば、「日本三景」は古くは「三處」と呼ばれていたこと、「塩屋の御坊」は享保十九年（一七三四）からの呼称であること、吉野川を「四国三郎」という名称が確認できるのは江戸時代末期以降であることなど、十項目あまりの問題点を指摘し、『御巡行記』が寛永十五年の記でないことを論証された。さらに大覚寺門跡の四国巡行は有り得たが、それは空性法親王ではなく尊性法親王であったとする興味深い説を展開されたのである。

以上のように小松氏が指摘する『御巡行記』の時代的な矛盾は筆者も首肯されるところである。『御巡行記』は札所の記述内容が断片的、かつ抽象的であったことから、四国辺路研究にそれほど大きな混乱が生じなかったことは幸いであった。ただ真念庵の存在を明記したことから、真念の活動時期に不明確を生じたことは問題を大きくした。

なお小松氏が指摘した矛盾点の他に、筆者が気付いた二～三箇所の疑問点を追記しておきたい。まず出釈迦寺の箇所で、「次の拝所は出釈迦寺。大師幼稚に有し時。（以下、略）[6]」とあり、出釈迦寺の存在を明記している。しかし、寂本『四国徧礼霊場記』には「むかしより堂もなかりきを、ちかき比宗善という入道のありけるが心さしありて、麓に寺を建立せりとなり、（以下略）」とあり、出釈迦寺の建立は元禄時代を少し遡る頃で、それ以前は曼荼羅寺の奥院出釈迦山であった。したがって出釈迦寺という寺名の寺院は寛永時代には存在しなかったのである。次に大窪寺から阿波に至る経路について「小見の滝、十河の城、白鳥の神の瑞垣[7]」の順となっていることも疑問である。澄禅『四国辺路日記』にみられるように江戸時代初期、さらに延享四年（一七四七）の佐伯藤兵衛の『四国辺路中万覚日記』など、江戸中期頃までは大窪寺から阿波へのコースは讃岐山脈を越えて一〇番切幡寺に向かう例が殆どである。それが江戸時代後期以降になると大窪寺から讃岐平野に下り白鳥大神宮を参詣し、そこから引田へ、さらに大坂越えで阿波の三番金泉寺へ行くコースに変わる。なお引田から船で鳴門に行き、渦潮見物して一番番霊山寺から打ち始めるコースも人気があったらしい。つまり大坂越えの遍路道は寛永期には存在しなかったのである。また讃岐観音寺・琴弾八幡あたりの「小松尾寺や観音寺、渡辺に立る琴弾の、松に通へる音づれは、天霧山より颪すはて、宗鑑法師の趾、興正遺す忘るゝ石」とあるが、地理的には天霧山ではなく、七宝山であろうと思われ、土地勘に乏しいことが指摘できる。

注

（１）伊予史談会『四国遍路記集』（伊予史談会、昭和五六年八月）一〇～二〇頁。
（２）近藤喜博『四国遍路』（桜楓社、昭和四六年六月）一一一頁。
（３）近藤喜博『四国遍路研究』（三弥井書店、昭和五七年一〇月）二五二頁。
（４）宮崎忍勝『四国遍路—歴史とこころ』（朱鷺書房、昭和六〇年一〇月）一七〇～一七四頁。
（５）平成二〇年一一月二日開催の「第一回四国地域史研究大会」において「創作された四国へンロ史料『空性法親王四国霊場御巡行記』として発表。その後、「四国へンロと世界の巡礼」研究会編『第一回四国地域史—四国へンロ研究前進のために—』（平成二〇年度愛媛大学研究開発支援経費（ｃｏｅ育成支援研究）、平成二一年三月）二三～三二頁。
（６）前掲注（１）伊予史談会『四国遍路記集』一五頁。
（７）同前。一七頁。

第四章　『弘法大師空海根本縁起』と四国辺路

京都・智積院の僧、澄禅が承応二年（一六五三）に記した『四国辺路日記』には注目すべき事柄が多いが、中でも弥谷寺の項に「持仏堂の仏壇には木像の弘法大師と藤新太夫夫婦が祀られている」と記されていることも、そのひとつである。ここにいう藤新太夫とは「とうしんだゆう」と読み、弘法大師の父のこととされ、その母についてては後述するが、あこや御前である。次いで白方屛風ヶ浦（現在の多度津町西白方）の海岸寺には御影堂があり、さらに弘法大師が産湯につかった産盥が残され、さらに北東に行くと、藤新太夫が住んでいたという八幡山仏母院三角寺がある。そこは弘法大師が誕生した所で、大師十歳の童形姿が御影堂に祀られていると記している。

以上、弥谷寺や白方屛風ケ浦の寺院のことを簡単に記してきたが、次の二点に要約される。ひとつは弘法大師の父がとうしん太夫で、母があこや御前であること。もうひとつは弘法大師の誕生地を白方屛風ケ浦とし、正史の屛風ケ浦善通寺と異なることである(1)。この奇妙な大師伝は澄禅が四国辺路した承応二年、つまり十七世紀中期よりも、相当古くからこの地に流布していたと考えられよう。四国辺路した澄禅は、この大師伝を真面目に信じていたように思える。

さらに元禄時代になると、真念『四国偏礼功徳記』付録に寂本が「大師の父はとうしん太夫、母はあこや御前などという、つくりごとが四国に流布しているが、これは愚俗のわざならん」と、この奇異な弘法大師伝について痛烈に批判しているのである。寂本の悲痛なまでの、この叫びに四国辺路を研究する我々は殆ど無関心であった。ここでは、この奇異な弘法大師伝の『弘法大師空海根本縁起』について詳しく考察する。

一　本縁起の内容

先記した奇異な弘法大師伝とは、いかなるものであろうか。これについては次の伝本がある。

1、『弘法大師空海根本縁起』[2]（元禄十二年写本・個人蔵）
2、説経『苅萱』「高野巻」（寛永八年版）
3、版本『（ユ）弘法大師御伝記』（元禄元年・善通寺蔵）

もっとも重要なのは『弘法大師空海根本縁起』（写本・個人蔵）で元禄十二年（一六九九）に高野山の千手院谷西方院内で写されたもので、その内容については、次のように大きく七つに分けられる。[3]

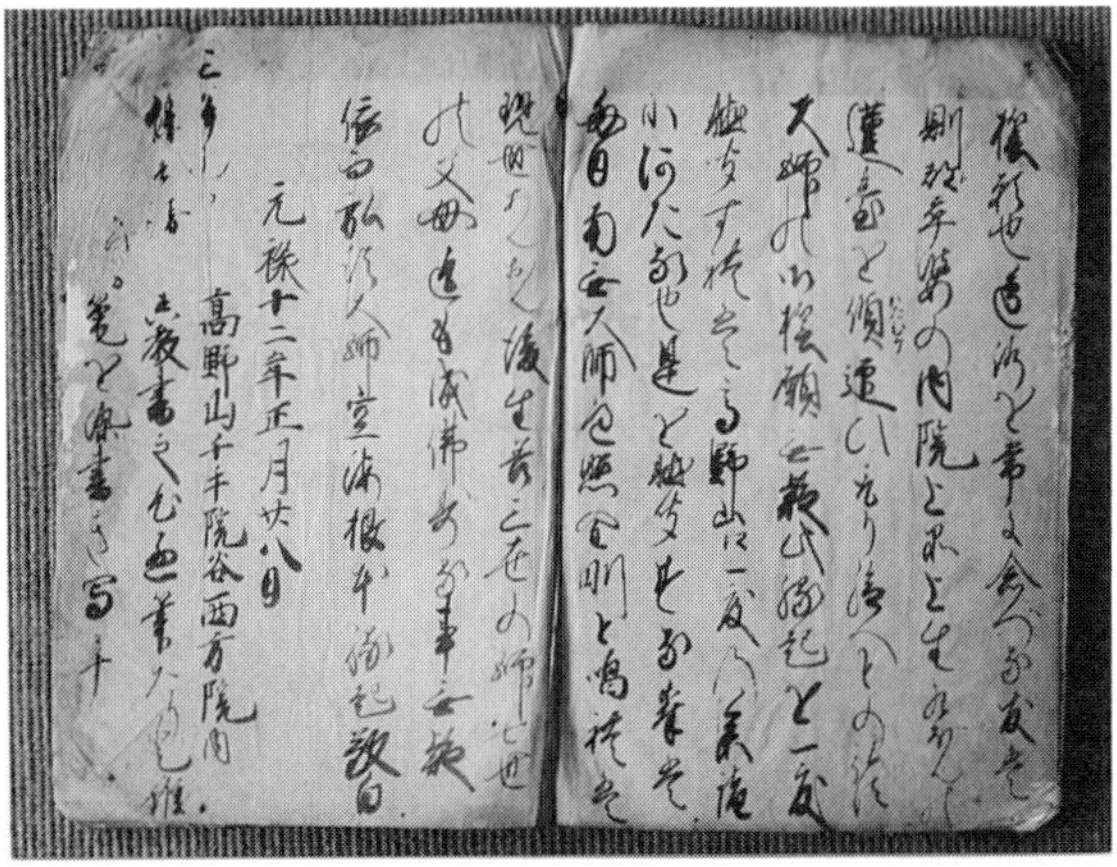
写本『弘法大師空海根本縁起』末尾（個人蔵）

1、弘法大師誕生のこと
2、夜泣きのこと
3、成長のこと
4、入唐求法のこと
5、四国八十八ケ所開創と香川氏のこと
6、右衛門三郎のこと

7、辺路の功徳のこと

以下、項目毎に要約してみよう。

弘法大師誕生のこと

『弘法大師空海根本縁起』（以下、『根本縁起』）では、弘法大師の出生地や両親などについて次のように記している。「四国讃岐国多度郡白方屏風ケ浦に藤新太夫という猟師と妻の阿こやという女がいる。女は四十歳になるが、まだ子供がいない。そこで多くの善行をなし、摂津の国中山寺に祈願し、金の魚が胎内に入る夢を見て懐妊し、やがて一子を産ける。その年は宝亀五年六月十五日であった。」という。出生地が善通寺ではなく白方屏風ケ浦とし、両親については正史では父は佐伯氏、母は阿刀氏の女であるが、ここでは藤新太夫と阿こや御前とする奇異なものである。なお摂津国・中山寺に祈願することは、西国三十三所との関係を暗示しているといえよう。

夜泣きのこと

続いて「生まれた子供は夜泣きが激しく、近所に迷惑となるので、金魚丸と名ずけて千世の原（仙遊ケ原）に捨てられたが、昼は土で仏を作り、夜は法華経を読んでいる。ある時、善通寺の徳道上人がその近くを通りかかり、ただならぬ人と思い善通寺に抱き取り、うぶ湯をめさせたので誕生院と申す。ところが御母阿こやの夢想に老僧が現れて、急ぎ取り上げ養育するようにと召されたので、抱き取り、母は白方屏風ケ浦に連れ帰った」という。ここで興味深いのは善通寺の徳道上人である。徳道上人とは、云うまでもなく西国三十三所八番札所長谷寺の徳道上人を持ち出したものであろう。ここにも西国三十三所との関係が明確にみてとれる。そして善通寺のことを誕生院と記すことも留意すべきであろう。

成長のこと

成長については「ほどなく七歳になり、名前を福寿丸とし、善通寺に登り、学問を究めて寺一番の覚者となった。十七歳の時に土佐の五台山に登り笛を習い、十九歳の時に中宝院で得度出家して空海の名前となり、師匠は岩ふちの権僧都である。三十一歳の時に久米寺で大日経を受け取る。」ここでは、善通寺で学問を究め、さらに土佐の五台山（竹林寺）に登ることなど、四国地域のことが強調される。年齢や出来事の詳細については問題があるものの、史実に添う部分もみられる。

入唐求法のこと

やがて唐に渡り、青龍寺の恵果和尚に出会い、弟子となる。多くの弟子と筆比べするが卒塔婆に「阿字十方三世仏、弥字一切諸菩薩、陀字八万諸聖教、皆是阿弥陀仏」と書いて弟子共を驚かせて五筆和尚と呼ばれる。その後、天竺に赴くが途中で文殊菩薩が現れて、数々の問答が繰り返されるが、その内容は荒唐無稽で、帰朝に際して竹の笛を授けられ虚空に投げたとする。以上、簡単に記したが、卒塔婆に書いた阿弥陀のことなどから、背景に念仏信仰が存在するものとみられよう。

四国八十八ケ所開創と香川氏のこと

次には四国辺路のことを詳しく記している。ここでは弘法大師が四国に八十八ケ所を建立し、自らも辺路を三十三度、中辺路を七度も行ったという。そして讃岐の大名香川氏も永禄二年（一五五九）に元結を切って四国辺路を行い、さらに四国に三世諸仏の御宝殿を建立したのである。その功徳によって香川氏は極楽往生ができた。ここにいう香川氏とは戦国時代に讃岐の守護細川氏の守護代として西讃岐を治めた香川氏に他ならない。香川氏が本拠とした天霧城は白方屏風ケ浦や弥谷寺に近く、弥谷寺境内には今も香川氏一族の墓と伝えられる墓石が建立されており、深く関連することは間違いない。本縁起に香川氏が登場したことは、この縁起の成立が讃岐の在地であることの有力な根拠となる。また香川氏が元結を切った永禄二年（一五五九）について興味深いのは、その前年に阿波の三好実休が天霧城を攻め、香川氏と和議が成立したが、その直後に善通寺に火災が発生して灰塵に帰したことである。[4]このことは本縁起の成立に関係する重要な意味を持っている。なお香川氏が辺路に赴くにあたり、「日記、縁起、閻魔宮の秘密の御判」を持って出かけたという記事にも関心がもたれる。

右衛門三郎のこと

弘法大師の鉢を割った右衛門三郎の八人の子供が次々と亡くなったという、右衛門三郎伝説については様々の形がみられ、江戸時代初期の澄禅『四国辺路日記』にも詳しくみられる。『根本縁起』と比較すると大師の鉢を割ること、右衛門三郎の八人の子供が亡くなることなど大筋では一致している。そして二十一度の四国辺路をして、焼山寺の麓で大師に河野家に生まれ代わりたいとの願いをすること、その後河野家に石を持って生まれ変わったことから石手寺と名付けられたことなど、『根本縁起』と共通した内容であるが『四国辺路日記』の方が、より脚色されているように思われる。

さて、この右衛門三郎伝説については永禄十年（一五六七）四月の石手寺刻板[5]に次のようにある。

一、淳和天皇、天長八辛亥載、浮穴郡江原郷、右衛門三郎、求利欲而富貴、破悪逆而仏神、故八人男子頓死、自爾剃髪捨家、順四国辺路、於阿州焼山寺麓及病死、一念言望伊豫国司、爰空海和尚、一寸八分石切八塚右衛門三郎銘、封左手、経年月、生国司息利男子、継家号息方、件石令置当寺本堂畢。

とあり『根本縁起』や『四国辺路日記』に比べて、かなり簡略で相違する部分もある。例えば弘法大師に対して乱暴をはたらいたのではなく、単に欲深く仏神に逆らう悪人であり、鉢が八つに割れたということもなく極めてシンプルな内容である。では、この右衛門三郎伝説はいつ頃まで遡るのであろうか。これには石手寺の歴史とともに「石手寺」という寺名について考慮されるべき問題とされ、ごく最近まで文明十三年（一四八一）の棟札に石手寺の名称があることから、その頃に安養寺から石手寺に改称されたと考えられてきた。したがって右衛門三郎伝説もその頃まで遡るとの説が有力であった。しかし川岡勉氏[6]は石手寺の名称は正安三年（一三〇一）十二月十二日の文書に「石手民部房」があり、さらに建武三年（一三三六）六月十三日付けの文書に「石手寺園教房増賢」とみられることから、石手寺という寺名は鎌倉時代末期に遡ることを明らかにされた。そして、その頃には安養寺、安養院という寺名も確認されることから、石手寺とともにこれら三つの寺名が並行して用いられていたという。その後、十五～六世紀には石手寺が広く用いられ、時には安養寺が使われるとされ、元和年間（一六一五～二四）以降は石手寺に統一されることを示された。そして石手寺の名称が中世前期に安養寺とともに併用されていることから、右衛門三郎伝説もその頃まで遡ると考えられるとの説が提示された。

この川岡氏の説に対して石丸禎氏[7]は現在の石手寺の近くにある岩堰が石手という地名の根拠となり、それが石手寺の寺名となったとし、右衛門三郎とは関係はなく、伝説の成立は永禄十年（一五六七）から、さほど遡らない時期に成立したという新たな説を示されている。なお、この右衛門三郎伝説について宮崎忍勝師は『遍路』（昭和四十九年刊）、『四国遍路』（昭和六〇年刊）の中で、熊野修験者や一遍に連なる念仏聖との関係を明示しており、まことに興味深い。「四国遍路の元祖」として伝えられる右衛門三郎については、石手寺の寺名の問題とともに今後の検討課題としたい。

辺路の功徳のこと

続いて香川氏や右衛門三郎が四国辺路を行い、極楽往生や思い通り河野家に再生した話に続き、次のように辺

路することの功徳が説かれる。（原文のまま）

故に辺路を一度廻り、供養をなしたる友は高野山へ三十三度の参詣にあたる、辺路を春る人に道能教、又は一夜の宿を借たる友は三毒内外のわへ不浄を遁れす、命長遠にして思事叶なり、又は五逆十悪の友成共、諸神諸仏の極楽得趣へし、辺路を一度廻り供養したる友も、地獄に落つる物ならは、炎魔帝釈九精進（倶生神）も友に地獄におとさんとの御誓願也、辺路を常に念づる友は、則都卒の内院上品上生九ぼんの蓮台を傾、向ひ取り給へとの弘法大師の御誓願無疑、此縁起を一度聴聞すれば高野山江一度の参詣にあたる也、これを聴聞する輩は毎日南無大師遍照金剛と唱れは、現世あんおん後生善（処）三世の師、七世の父母迄も成仏する事無疑、依弘法大師空海根本縁起敬白」（後略）

とある。ここでは四国辺路することが、高野山に三十三度参詣することと等しく、そして極楽浄土に往生できることが有り難く記されている。そして「此縁起を一度聴聞すれば高野山へ一度参詣したるに値し、さらに南無大師遍照金剛とともに、近親者も成仏できる」という。ここにみられる「聴聞」という文言から、本縁起が語り物の台本であることが判明することは極めて重要であろう。以上、本縁起の概要について述べてきた。

二　本縁起に関わる寺社

高野山千手院谷西方院

本縁起に関わる寺院や神社をみると、まず縁起の末尾に次[8]のように記される

元禄十二年正月廿八日

高野山千手院谷西方院内
真教書之　尤悪筆たりと雖
筆を染書き写し畢
（以下、略）

つまり元禄十二年（一六九九）に高野山千手院谷の西方院で真教という僧侶によって写されたものである。西方院は現在、高野山内には確認されないので、いずれかの時代に廃寺になったのであろう。なお高野山に残されている古絵図からみて、江戸時代には現在の本覚院の近くにあったことが判明する。この辺りは高野聖の三大拠点のひとつである千手院谷の千手堂があり、熊野権現も建立されていた。『紀伊続風土記』[9]には

熊野権現表行四尺五寸、裏行六尺三寸、東に向て建、華表高四尺、千手堂南の方、西の岡にあり、千手堂の鎮守也と云。創造の来由詳ならす。

とある。ここに記す熊野権現は時衆聖と関係が深い千手堂の鎮守であった。室町時代はこの千手院の時衆聖が他の高野聖をも吸収して高野聖の多くが時衆聖となった[10]という。西方院は、この千手堂や熊野権現と近接しており、極めて重要な場所に位置していたのである。ただ元禄十二年という江戸時代前期の高野聖の形態が詳しく判明しないことから注意を要する。慶長十一年（一六〇六）高野聖の真言宗帰入[11]があったことから、真教を直ちに中世的な高野聖と解することはできないが、西方院が聖方寺院に属していたことは間違いなかろう。ともかく本縁起の「とうしん太夫、あこや御前」系の弘法大師伝に高野山の聖方の僧が関与したことは重要であろう。

弥谷寺

四国八十八ケ所霊場第七一番札所の弥谷寺も本縁起と深く関わる寺である。澄禅『四国辺路日記』[12]には

仏壇ハ一間奥へ四尺に是モ切入テ左右ニ五如来ヲ切付玉ヘリ。中尊ハ大師ノ御影木像、左右ニ藤新大夫夫婦ヲ石像ニ切玉フ、北ノ方ノ床ハ位牌壇也。

とあり、江戸時代初期の承応二年（一六五三）に、本縁起に登場する藤新太夫夫婦、つまり弘法大師の両親が祀られていたのである。弥谷寺の歴史をみると、十世紀後半の吉祥天や地蔵菩薩の存在から推察して、創建は平安時代中期に遡るであろう。そして鎮守の木造深沙大将像は十一世紀前半期とみられ、この頃には相当規模の寺院形態であったことは間違いない。その後は鎌倉時代前期に高野山の学僧道範が讃岐に配流された時に、弥谷寺にも逗留しており、真言念仏などがもたらされたものと思われる。

中世期の弥谷寺には明確な記録は見い出しがたいが『多度津公御領分寺社縁起』[13]（明和六年―一七六九）には「東院本尊撥遣釈迦、西院本尊引摂阿弥陀」とあり、釈迦・阿弥陀の二尊が東の峰と西の峰に安置されていたらしい。これは善導大師の二河白道思想に基づくもので、わが国では浄土宗や時衆で重用された。この思想が弥谷寺に反映したものであろう。また本堂横の石面に刻まれた阿弥陀三尊や「南無阿弥陀仏」の六字名号は「時衆二祖真教様《じしゅうにそしんきょうよう》」のものである。おそらく時衆に関わる念仏信仰が盛んであったとみられ、純粋な密教寺院というよりも、浄土教的な色彩の濃い寺であったと考えられる。つまり時衆系高野聖の存在がみられるということである。また戦国時代には西讃岐を治めた香川氏と密接な関係を有し、現在も境内に香川氏一族の墓石が数多く建立されている。ただ香川氏の滅亡とともに寺も衰退したと伝えられており、その後について正徳四年（一七一四）の宥沢法印の記録に

やがて戦乱平定するや、僧持呪念仏の者、当山旧址に小坊を営み勤行供養怠たらざりき、時に慶長の初め当国白峯寺住職別名法印、当山を兼務し堂社再建に努め精舎僧坊を建立す。・・・

とあり、中世に引き続いて、再興後も念仏行者が関与していたらしい。その後は白峯寺を再興した別名法印が兼務し、生駒氏の援助を得て大きく発展したとみられる。なお本堂近くの墓石群の中に念仏講の石碑がみられるなど、江戸時代初期頃にも念仏信仰が濃厚に感じられる。そして、この頃以前に遡るかもしれないが寺内に「藤新大夫夫婦」が安置され、本縁起に沿うものが確認されるが、おそらくこれは時衆系高野聖との関係であろう。

なお後述する海岸寺所蔵の海岸寺大師堂供養の棟札[14]の中に「本願弥谷寺別名秀岡」とあり、海岸寺とは深い繋がりがある。

海岸寺

澄禅『四国辺路日記』には、弥谷寺から北に山を越えると白方屏風ケ浦に出ることが記されている。ここには白浜が広がり一群の松原があり、その中に御影堂が建立され、海岸寺と呼ばれていた。門の外には産の宮があり大師が産湯をつかった石の盥が置かれ、波うち際で大師が幼少の頃に遊んだとも記している。また『玉藻集[15]』（延宝五年―一六七七）には「弘法大師多度郡白潟屏風が浦に生まれ給う。産湯まいらせ所、石を以て其しるしとす云々。」とあり、江戸時代初期頃には、この海岸寺あたりが大師誕生地として広く信じられていたのである。

海岸寺の歴史については明確な資料に欠けるが、間接的な記録からは『道隆寺温故記[16]』に「天正二十年六月十五日白方海岸寺大師堂供養導師、良田、執行畢」とあり、天正二十年（一五九二）の大師堂（御影堂）の供養を伝えるのが同記にみえる初見である。その後、元和六年（一六二〇）、寛永八年（一六三一）にも海岸寺大師堂入仏供養の棟札があり、戦国時代から江戸時代初期にかけて、大師堂に関する事項が見える。おそらく十六世紀後期頃以降に創建され、白方屏風ケ浦で大師信仰が盛んになったと推察される。

仏母院

海岸寺から東に約五〇〇メートルほどの所に仏母院がある。澄禅『四国辺路日記』[17]に次のように記している。

夫ヨリ五町斗往テ藤新太夫ノ住シ三角屋敷在、是大師誕生ノ所。御影堂在、御童形也。寺ヲ八幡山三角寺仏母院ト云。此住持御影堂ヲ開帳シテ拝セラル。

とあって、ここが大師の父、藤新太夫が住んでいた所で大師誕生地であり、そこの御影堂に十歳の大師像が安置されていたのである。さらに同日記には、但馬や備前の信者によって仏母院が大きく発展したことを記している。これらのことから、同日記が記された承応二年（一六五三）よりも、相当古くからこの地に奇異な大師信仰が出来上がっていたことが分かる。

仏母院の歴史も古い資料には恵まれないが、同院の過去帳の阿闍梨秀遍の箇所に「不知遷化之年月十二日滅ス、当院古代ハ大善坊ト号ス、仏母院之院号ハ寛永十五年戊寅十月晦日、蒙免許ヲ是レヨリ四年以前、・・」とあって古くは大善坊と号していたが、寛永十五年（一六三八）頃に仏母院と改称したらしい。仏母とは通常は釈迦の母と解されるが、ここでは大師の母との意味であろう。おそらくこの頃になり、大師誕生地として広く知られるようになり、大師の母の寺として誇示、強調するようになって寺名の改称にまで及んだと推察する。ただ本縁起をはじめ、いずれの縁起にも三角寺仏母院の名が登場しない。このことは縁起成立後に白方屏風ケ浦が注目され、その地に所在していた大善坊が大師誕生地として、さらに大師の母の寺となったとみられる。

なお寺境内の西方に御胞衣塚[18]がある。これは大師の胞衣（臍の緒）を納めた所として五輪塔が建立されている。型式からみて十六世紀末期から十七世紀初期ころと考えられており、この頃に大師信仰が大きく展開したとみられ、本縁起の制作時期とも考慮すれば、重要な意味を持つ五輪塔といえよう。

熊手八幡宮

仏母院から北東に約三〇〇メートルほどの所に熊手八幡宮がある。澄禅『四国辺路日記』[19]には「又寺ヨリ戌亥ノ方エ五町斗往テ八幡ノ社在、大師ノ氏神ナリ。洛陽東寺ノ八幡モ此神ヲ勧請シ玉フ也。其夜ハ此寺ニ一宿ス」とあり、当宮が大師の氏神であり、東寺の八幡もここから移されたと記している。仏母院に一宿した後、澄禅は熊手八幡宮にも参詣したことが分かる。『西讃府志』[20]には、「又或ハ伝フ空海此地ニ生レシニヨリ此祠ヲ氏宮ト崇メ祭レリ、入定ノ後白龍ノ如キモノ高野山ノ松ニカカリ光ヲ放テリ、怪テ是ヲ見レバ白旗ト熊手トナリ、因テ是ヲ其処ニ巡寺八幡宮ト祭レリトモイヘリ。」とあって、高野山との関係が詳しく述べられるが、これに関連するものとして『紀伊続風土記』（高野山の部総論十五・巡寺八幡大菩薩）には、次のように記している。

又熊手八幡といふ。行人僧の伝にいふ。旧讃岐国多度郡屛風浦に御鎮座あり。弘法大師の産土神なり。御神体は（中略）御旗長鉤にして御凱還の時ここに奉祀し、西蕃の鎮となし給ふ。其神霊。弘法大師の時。密教擁護の為に当山に降臨し給フ。

高野山の行人僧の伝として、屛風浦に鎮座して弘法大師の産土神であり、後に高野山にも移されたという。次いで『道隆寺温故記』[21]が興味深い。文禄五年（一五九六）の項目に

但し世に所謂、応神天皇筑州より京に赴く時、御船屛風浦に寄り、暫く休息せしめ玉い、青木山に熊手を置き棄てる。故に此地を奉り崇め而、宮を造営在り。爾より大師入定之後、熊手自ら大師の徳を慕い、海波を跨ぎ紀の川を逆流れ、慈尊院に留まる。今南山の院々を巡る。朝日護摩薫煙耐えること無し。遠く三会を期し、密教を護衛する。

とあるように、熊手が讃岐から瀬戸内海を越え、紀の川を逆のぼり、慈尊院に留まり、さらに慈尊院から高野山

に伝わったという。この熊手を御神体として高野山では熊手八幡として祀られ、さらに山内を巡る「巡寺八幡」としてよく知られている。巡寺八幡の御神体は旗・熊手・剱・弓・矢であるが、旗を除きこれらは柴灯護摩に使うものである。これらにより行人とは修験的傾向をもっていたという[22]。したがって白方屏風浦の熊手八幡、さらにその別当寺の仏母院も修験山伏に関わるものかと推察されよう。ここに白方屏風ケ浦と高野山とが室町時代末期には密接な交流が行われていたとみられ、まことに興味深い。

三 本縁起と西国三十三所との関係

本縁起「弘法大師誕生のこと」の中で、あこや御前が中山寺に参詣、祈願して懐妊したことが記されている。中山寺は西国三十三所の二四番札所で、古くから子授けや安産祈願の霊験あらたかな寺として良く知られている。次いで、誕生したが夜泣きが激しいので千世の原（仙遊ケ原）に捨てられた時、善通寺の徳道上人に拾われたことが記されている。善通寺の徳道上人となっているが、これは西国三十三所の八番札所長谷寺の徳道上人に仮託したことはいうまでもない。『中山寺縁起[23]』によれば、養老年中長谷寺の徳道上人が頓死し、冥土で閻魔王から三十三所の観音の霊場を巡れば、十悪五逆の悪人でも地獄に堕ちることがないと教わった。そして閻魔王から起請文と三十三個の宝印を授かって蘇生する。上人はその宝印を中山寺の石棺のなかに納めたという。その後、長い時が過ぎて花山法皇が長谷寺に参詣した時、ある一僧が現れ、徳道上人以来、観音三十三所を巡る人が絶えているので、仏眼上人の案内で再興するよう告げられた。花山法皇は中山寺から宝印を掘り出して、書写山の性空上人を先達として西国三十三ケ所観音霊場を再興したという[24]。この縁起の成立は室町時代中期頃[25]と考えられており、ここに中山寺と長谷寺の徳道上人が結びつくが、本縁起に云う徳道上人とは、長谷寺の徳道上人を善通寺に置き換えたことが分かる。本縁起の成立背景に西国三十三所観音の縁起が影響しているといえよう。さらに本縁起の後半部に讃岐の大名香川氏に対して

辺路を進め候得とて、日記、縁起、閻魔宮の秘密の御判を請け取り、中辺路二十一度成就し給。

とあり、さらに右衛門三郎の箇所でも

弘法、これをあわれと思召、日記、縁起、閻魔帝釈の秘密の御判をしたため、彼の右衛門三郎に御授け候えば、右衛門三郎これを受け取り二十一度の辺路を成就。

としている。ここにいう「閻魔帝釈の秘密の御判」とは、地獄に堕ちないための守り札のようなものと考えられよう。西国一七番札所の六波羅密寺には閻魔大王の判というのがあるが、本縁起もそれに倣うものであろうか。また『中山寺縁起』には「十悪五逆の人たりというも永く三悪道に堕せず」とあるのに対して本縁起では

辺路を一度回り供養したる友は高野山へ三十三度の参詣にあたる。（中略）また十悪五逆の友なるとも諸神諸仏の極楽浄土へ趣へし、辺路を一度回り供養したる友も地獄に堕ちるものならば閻魔帝釈倶生神も友に地獄に落とさんとのご誓願なり。辺路を念ずる友は則ち都率の内院外院上品下生の蓮台を傾け迎え取り給との弘法大師の誓願疑い無し。

とあるが、いずれも十悪五逆の者、閻魔王という文言や巡礼（辺路）すれば極楽往生できることが説かれており、共通性がみられる。中でも「高野山へ三十三度の参詣」とあり、西国三十三度順礼を想起させまことに興味深い。ただ本縁起は高野山や都率（弥勒）のことがみられ、弘法大師や高野山のことが重視されているのは看過できない。以上のように、本縁起は西国巡礼縁起と密接な関連がみられる。

四　説経『苅萱』「高野巻」との関係

冒頭に記したように、本縁起は弘法大師の出生地が白方屏風ケ浦で、父をとうしん太夫、母をあこや御前とする奇異な弘法大師伝であるが、これに酷似するものに説経『苅萱』「高野巻」がある。この「高野巻」は四国辺路研究にとって極めて重要である。それは「「その数は八十八所とこそ聞こえたれ、さてこそ四国辺土とは、八十八か所とは申なり」とあり、四国八十八ケ所の文言の初出史料とされるからである。ただ澄禅が聞き及んだ内容から考慮して四国に流布していたのは、「高野巻」ではなく、先記した『弘法大師空海根本縁起』であるが、両者になんらかの関係があることは明白であろう。

まず、この説経『苅萱』「高野巻」[26]の概要をみてみよう。説経『苅萱』は説経の代表作のひとつで、苅萱道心とその子、石童丸の悲哀に満ちた物語である。「高野巻」は石童丸と御台所が父の苅萱道心を尋ねて高野山麓の学文路の宿に辿り着き、玉屋の与次が語る弘法大師伝（「高野巻」）で、苅萱本文の中に突如として語られる。全体の約五分の一に及ぶ長いもので、次のように五段で構成されている。

一、弘法大師の誕生
二、弘法大師の成長
三、弘法大師の入唐
四、弘法大師と文殊の問答
五、弘法大師の母

順次、その概要を記すことにする。

弘法大師の誕生

弘法大師の母は唐の帝の娘であるが、故あって空船に乗せられ日本に流される。やがて四国讃岐の国、白方屏風ケ浦に流れ着き、とうしん太夫という漁師に拾われる。その名はあこう（あこや）御前という。その後二十三夜の月待ちの行をして懐妊し、やがて子供が生まれ金魚丸と名付けた。しかし、その子は夜泣が激しく周りから捨てるようにと告げられるが、あこう御前は金魚丸とともに四国八十八ケ所を巡ることになるが、途中で讃岐志度の道場の松の下に捨てられ、その後、くわらん和尚に堀り起こされる。

弘法大師の成長と入唐

七歳の時に槙尾山に登り、十六歳で得度して空海となる。二十七歳の時に入唐するために筑紫の宇佐八幡に参詣し御神体を拝まんとすると火炎が燃えて六字の名号が現れ、これが御神体であるとして、舟の船椢に彫り付け「船板の名号」とした。その後、唐に渡り善導大師に会い弘法となった。

文殊菩薩との問答

その後、空海は天竺の旅に出る。途中で文殊菩薩に出会い様々の問答が繰り返されるが、最後に文殊は空海に独鈷、三鈷、鈴の三つの宝を与える。空海はそれを日本に向けて投げると、独鈷は京都の東寺、鈴は讃岐のれいせん寺、三鈷は高野山の松に留まったとする。以上が弘法大師に関わる物語である。

大師の母のこと

ここからは大師の母のことに移る。父である苅萱道心を尋ねて高野の麓、学文路にたどり着いた石童丸と御台（妻）は宿屋の主人与次から次のように聞かされる。「八十三歳の大師の母が大師に会わんとして高野山に上るが、女人禁制で登ることができない。なおも登ろうとすると、火の雨が降ったので母を岩の下に隠した。どうしても高野山に登れない悲しみくれる母の為に、七条の袈裟を敷いて休ませる。その後、大師は高野山に三世の諸仏を集め、両界曼荼羅を作り供養したので母は弥勒菩薩となる。そして高野山奥院より百八十町の麓に慈尊院を建立した。」このように大師の母でさえ、高野山に上ることが出来ないのに、あなた達は到底登ることなどできないといわれ、高野山に登ることを諦めた。

「高野巻」との関係

以上は説経『苅萱』「高野巻」の概要であるが、誕生から天竺での文殊菩薩との問答までは『根本縁起』と酷似している。後半の部分は『根本縁起』が四国八十八ケ所のことであるが、「高野巻」は大師の母のこととなり、その点が相違する。ただ相違するとはいうものの、多くの点で話の内容があまりにも似ており、両者の間に直接的、間接的になんらかの関係があることは明白であろう。さて説経『苅萱』についてはその伝本として、次ののものが知られる。[27]

1、絵入り写本「せつきやうかるかや」（慶長頃・サントリー美術館蔵）

2、しやうるりや喜衛門版「せつきやうかるかや」（寛永八年刊）

3、江戸版木屋彦右衛門版「かるかや道心」（寛文初年刊）

この三本のうち、従来1の絵入り写本には「高野巻」が存在しないと考えられ、2の寛永八年（一六三一）刊に初めて「高野巻」がみられるとされてきた。しかし阪口弘之氏は1と2を詳しく比較検討され、1の絵入り写本に、すでに「高野巻」が存在していたことを明らかにされた。つまり、この「高野巻」は取り外しのできる「語りもの」であって、1の伝本絵入り写本には、たまたま「高野巻」が外されたものであるという。

さて、次に『根本縁起』と「高野巻」との関係について考察したい。『根本縁起』は元禄十二年（一六九九）

の写本であることは先記したが、その原本の成立はいつ頃であろうか。このことについて阪口弘之氏[28]は四国在地の弘法大師伝が説経から派生したとは考えにくいとされ、また、小林健二氏[29]は「高野巻」について、四国在地の弘法大師伝と慈尊院縁起（「高野巻」の大師の母のこと）が一体となって成立したと考えられている。四国在地の弘法大師伝とは『根本縁起』とみていいだろう。つまり『根本縁起』の成立は十六世紀末期～十七世紀初期頃まで遡ることが考えられよう。なお弥谷寺や白方屏風ケ浦、善通寺に流布していた奇異な弘法大師は金魚丸を捨てた所が仙遊ケ原（『根本縁起』）と志度寺（「高野巻」）と相違することから、『根本縁起』が四国に流布していたと指摘できる。

五　本縁起の制作背景

次に『根本縁起』の制作背景をみてみよう。まず制作地であるが『根本縁起』の舞台は白方屏風ケ浦であるが、残念ながら具体的な寺社名は善通寺以外はみえない。しかし澄禅『四国辺路日記』には弥谷寺、海岸寺、仏母院、熊手八幡などで、とうしん太夫やあこや御前のことが記されている。おそらく善通寺、弥谷寺などを含め白方屏風ケ浦を中心とする地域が関係するのであろう。そこには香川氏の居城である天霧城が含まれる。

ではいかなる人物が制作に関わったのであろうか。「高野巻」については真野俊和氏[30]は前半部のあこや御前や大師の四国八十八ケ所に関係する所と後半部の大師の母の物語を結びつけたのは高野聖系であるとされ、菊地仁氏[31]は高野行人と関連づけられている。

『根本縁起』ついては前半部の中山寺や徳道上人から西国三十三所縁起を参考としたふしがみられること、そして後半部の極楽往生や阿弥陀信仰が顕著にみられることから念仏を基本とする人物の関与が想定され、さらに高野山との関係も濃厚である。つまり高野山と白方屏風ケ浦を往来した念仏聖（広義には時衆系高野聖）や熊手八幡にみられる高野山の行人（山伏）とも関連がみられる。そして『根本縁起』の中にみられる伊予・石手寺周辺に古くから存在した右衛門三郎伝説を取り込んだ人物は誰であろうか。つまり讃岐と伊予を結んだ人物ということになるが、ここにも一遍と深く関わる時衆系高野聖、そして熊野山伏が想定されるのである。

次に制作目的である。『根本縁起』は確かに空海が讃岐白方屏風ケ浦で誕生し、唐に渡り文殊菩薩との問答が長く語られるが、それが主眼ではなく、後半部の四国八十八ケ所を弘法大師が開き、そして香川氏や右衛門三郎が四国辺路したことにより、多くの功徳を得ることができたことを強調するものである。換言すれば、多くの人に四国辺路を進めることを目的として制作されたもので、言わば四国辺路の開創縁起ともいえよう。おそらく、この縁起は四国の各地で語られ、多くの人々が関心を持ったに違いない。それによって四国辺路が大いに盛んとなった。皮肉なことだが、正史の弘法大師伝ではなく、面白おかしく語られ庶民が喜ぶ、この奇異な弘法大師伝によって四国辺路がより盛んになったとみられる。そのことは澄禅『四国辺路日記』から澄禅が真面目に、この奇異な弘法大師伝を信じていたことからも分かる。そして元禄元年（一六八八）には『奉弘法大師御伝記』として、姿を代えて版本となり流布されるのである。そして、これに対抗するかのように真念『四国徧礼功徳記』付録で高野山の学僧・寂本が次のように記している。

然るに世にしれ者ありて、大師の父は藤新太夫といひ、母ハあこや御前といふなど、つくりごとをもて人を售。四国にはその伝記板に鋟流行すときこゆ。これは諸伝記をも見ざる愚俗のわざならん。若愚にしてしるものハ、むかしよりいへるごとく、ふかくにくむべきにあらず、ただあわれむべし。

として強烈に批判していることからも、この奇異な弘法大師伝が四国に流布していたことが分かる。

以上、長々と『根本縁起』について考察した。その結果、この縁起が「語りもの」の形をとっているが、四国辺路の開創縁起と考えており、弥谷寺周辺の念仏聖（時衆系高野聖）などがその制作に関わったと推察した。その際、伊予石手寺の右衛門三郎伝説をどのようにして取り込んだのかが問題となる。シンプルな石手寺刻文が『根本縁起』制作時にすでに、澄禅『四国辺路日記』や『根本縁起』のように大きく展開していたのか、また『根本縁起』に取り込む時点で展開させたかが問題となる。前者の場合であれば、伊予の地において右衛門三郎のみの四国辺路開創縁起が存在する筈である。ただ開創縁起と云っても、こうした縁起により四国辺路が始められたのではなく、四国辺路が盛んになることにより、それを意味、権威つけるために縁起が作られたのであろう。それは西国巡礼縁起においても同様の経過を辿ったと見られる。

注

（１）奇異な弘法大師伝について言及した論考には乾千太郎『弘法大師誕生地の研究』（善通寺、昭和一一年二月）。真野俊和「弘法大師の母―あこや御前の伝承と四国霊場―」（『上越教育大学研究紀要』五、昭和六一年三月）。高木啓夫「弘法大師御伝記―弘法大師とその呪術・その二」（『土佐民俗』四八、昭和六二年三月）などがある。

（２）題簽欠・内題無し。縦二八・三センチメートル、横二〇・二センチメートル、全二四丁。

（３）全文についての翻刻は武田和昭『四国辺路の形成過程』（岩田書院、平成二四年一月）八七～一〇六頁。

（４）総本山善通寺編『善通寺史』（平成一八年六月）二〇三～二〇五頁。

（５）近藤喜博『四国遍路』（桜楓社、昭和四六年六月）一一八頁。

(6) 川岡勉「中世の石手寺と四国遍路」(『四国遍路と世界の巡礼』法蔵館、平成一九年五月)六二～八二頁。
(7) 石丸禎「右衛門三郎の発心譚と石手寺の「改名」―「改名」の理由は発心譚か―」(『密教学会報』第五三号、平成二七年三月)三九四～三六九頁。石丸禎「四国遍路の成立時期の検討―いくつかの史料について―」(『巡礼遍路研究』第一二号、平成二七年一二月)三三～五九頁。
(8) 前掲注(3)武田和昭『四国辺路の形成過程』一〇七～一〇九頁。
(9) 『紀伊続風土記』(『続真言宗全書』第三七巻、真言宗全書刊行会、昭和五五年七月)。
(10) 五来重『増補　高野聖』(角川書店、昭和五九年五月)二四四頁。
(11) 同前。
(12) 伊予史談会編『四国遍路記集』(伊予史談会、昭和五六年八月)五三頁。
(13) 『多度津公御領分寺社縁起』は『新編香川叢書』史料編一(香川県教育委員会、昭和五四年三月)三二九～三九四頁。
(14) 海岸寺の棟札及び棟札写しは現在、海岸寺の宝物館に納められている。
(15) 『玉藻集』は『香川叢書』第三巻(名著出版、昭和四七年六月)四〇頁。
(16) 『道隆寺温故記』は『香川叢書』一巻(名著出版、昭和四七年六月)四七七～四九四頁。
(17) 前掲注(12)『四国遍路記集』五四頁。
(18) 御胞衣塚は高さ約一五七センチメートル。造立年代については、遠藤亮氏、松田朝由氏にご教示いただいた。
(19) 前掲注(12)『四国遍路記集』五四頁。
(20) 『西讃府志』(藤田書店、昭和四年一一月)六八九～六九〇頁。
(21) 『道隆寺温故記』は前掲注(16)『香川叢書』一巻四七七～四九四頁。

(22) 日野西真定「高野山の民俗三十、高野山の「切り絵」について」（『高野山時報』第三〇七五号、平成一八年七月）。
(23) 『中山寺縁起』（『続群書類従』二七輯下）。
(24) 中山和久『巡礼・遍路が分かる事典』（日本実業出版、平成一五年一一月）参照。
(25) 前掲注(23)『中山寺縁起』参照。
(26) 説経『苅萱』「高野巻」は『新日本古典文学大系』九〇。信多純一・阪口弘之『古浄瑠璃　説経集』（岩波書店、平成一一年一二月）を参照。
(27) 小林健二「説経「苅萱」と「高野巻」」、（『散文文学「物語」の世界』、三弥井書店、平成七年七月）。
(28) 阪口弘之「説経「かるかや」と高野伝承」（『国語と国文学』七一巻一〇号、平成六年一〇月）。
(29) 前掲注(27)小林健二「説経「苅萱」と「高野の巻」」。
(30) 前掲注(1)真野俊和「弘法大師の母―あこや御前の伝承と四国霊場―」。
(31) 菊地仁「苅萱の語りと絵―無明の橋邂逅譚としての一軌跡―」（『日本文学』四一巻七号、平成四年七月）。

第五章　澄禅『四国辺路日記』からみた四国辺路

京都・智積院の僧、澄禅は承応二年（一六五三）七月十八日に高野山を出立し、和歌山から船で阿波の渭津に着いた。そして同月二十五日から九十日間ほどを要し四国辺路をして、無事に同年十月二十六日に阿波に戻ることができた。この間の旅日記は『四国辺路日記』として江戸時代初期の四国辺路の様子を窺い知る貴重な資料となっている。この日記は宮城県石巻の塩竈神社で近藤喜博氏によって見いだされた。日記の奥書に「右ハ洛東智積院ノ中雪ノ寮、知等庵主悔焉坊證（澄）禅大徳ノ日記也、正徳四歳甲午十一月十三日写之、本主徳田氏」とあり、澄禅が四国辺路をした六十二年後の正徳四年（一六九一）に徳田氏による写本である。さらに、その後、天明六年（一七八六）冬に塩竈神社に奉納されたことが典籍奉納記の朱印から判明するという[1]。さて、この日記には様々のことが記されているが、いくつかの項目に分けて江戸時代初期の四国辺路を分析したい。

一　日記の内容

廻り手形

澄禅は高野山を立って和歌山から渭津に着いた。渭津とは現在の徳島市のことである。まず渭津にある持明院に行き、高野山の宝亀院の状を見せて「廻り手形」を受けた。宝亀院の状とは紹介状のようなものと推察するがよく分からない。しかし「廻り手形」（個人蔵・第三篇第五章で詳述）については、ほぼ同時代の明暦四年[2]（一六五八）のものが残されており参考となる。それによれば阿波は持明院、土佐は五台山（竹林寺）、伊予は石手寺、讃岐は綾松山白峯寺が各国を代表して四国辺路を保証をしているが、持明院のみ札所寺院ではない。持明院は江戸時代、徳島城下に存在した真言宗の有力寺院で、おそらく渭津（徳島）に上陸した場合、付近に札所寺院が無いため、ここが手形発給寺院として、もっとも適していたのであろう。澄禅も、これとほぼ同様の「廻り手形」を持参したとみられる。ただ二十年後の延宝四年（一六七六）の手形には[3]、すでに持明院は見られず、阿波は地蔵寺と太龍寺に代わっている。なお澄禅は阿波と土佐の関所で「爰ニテ各廻リ手形ヲ指出シ、判形を見セ理ヲ云テ通ル也。」と記している。このことは廻り手形の判形（花押）のことなのか、それとも廻り手形とは別の判形のことなのか分からない。今後の新出資料に期待したい。

参拝の巡路

澄禅は、この「廻り手形」を持って四国辺路の旅に出た。その順路について「中古より弘法大師の修行の道は阿波の十里十ケ所の霊山寺からはじまり土佐、伊予、讃岐と巡るが、渭津（徳島）からは道順が悪いので十里十ケ所は後に残して、井土（戸）寺、観音寺、常楽寺と巡行するのがよい」と教えられたのである。つまり古い時代は霊山寺から始めるのが慣らわしで、それが弘法大師の修行の経路であるが、吉野川の南側にある一七番井戸寺、一六番観音寺、一四番常楽寺の順に始めるのが都合がよいというのである。これは四国辺路の歴史を考察する上で、極めて重要なことである。つまり澄禅の時代よりも、かなり古い時代のことを暗示しているからで、かつては畿内や高野山から阿波入国に際し、渭津ではなく霊山寺に近い撫養（鳴門市）であったことを意味している。おそらく、その時期は室町時代後期頃のこととみてよかろう。そして、それが弘法大師が始めたと理解されていたのである。教えのとおり澄禅は井戸寺→観音寺→国分寺→常楽寺→一ノ宮→藤井寺→焼山寺→恩山寺→立江寺→鶴林寺→太龍寺→平等寺→薬王寺と進む。現行の順番とはかなり異なるが、敢えてこの厳しい道順を選んだ。なお澄禅の時代には、まだ札所番号は定められていなかった。土佐は東寺（最御崎寺）から寺山（延光寺）まで順に進むが、足摺山（金剛福寺）と寺山の間にヲツキ（月山）とヲササ（笹山）の存在を示しており、これを「横道の札所」と記し、かつての札所であったことを暗示しているように思われる。

伊予は観自在寺から国分寺まで現行の順に行くが、その後は一ノ宮→香園寺→横峰寺→吉祥寺→前神寺→三角寺と打つ。ただ真念『四国辺路道指南』（以下、『道指南』）では、横峰寺→香園寺→一ノ宮の順で少し異なるが、これは一ノ宮が災害の為に位置が移動したからである。

讃岐は雲辺寺から始まるが、弥谷寺からは山を越えて白方屛風ケ浦に出て善通寺方面に向かう。このコースは海岸寺や仏母院が所在する地域で現在とは大きく異なるが、このコースがかつての辺路道であったと考えられよう。そして金毘羅大権現にも参拝する。ここは『道指南』の八十八ケ所札所には含まれないが、澄禅の時代には辺路の多くが参詣していたのであろう。規模の大きさに驚嘆している様子がよく分かる。その後は大窪寺まで現行通り行く。

阿波は残りの切幡寺から吉野川を下り、霊山寺で終える。澄禅の歩んだルートは現行と、ほぼ変わらないが、「横道の札所」や伊予一ノ宮付近のコース、白方屛風ケ浦のコースは、かつての辺路道を想像させ興味深い。

宿泊した寺院

澄禅は持明院を立ってから九十一日間の辺路旅を終えるが、その間に六十九ケ所に宿泊した。内訳は寺院四十ケ所（五十九泊）、民家二十七ケ所（二十九泊）、辺路屋二ケ所（二泊）である。寺院の内、さすがに真言宗が多く三十二ケ所で、不明の二ケ所も真言宗の可能性が濃い。その他は禅寺二ケ所、浄土宗一ケ所である。

辺路屋は二ケ所みられるが、そこは大師堂とある。おそらく弘法大師が祀られた小さな御堂であろう。そこが辺路修行者の宿を兼ねていたことが推察されるが、わずか二ケ所しか確認できない。澄禅の時代の辺路はその日の宿泊所もままならない、まさに辺路修行の旅でいかに苦労が多かったかが偲ばれよう。

善根宿と接待

宿泊所で意外に多いのが民家であるが、それも様々で貧しき民家と庄屋クラスの富裕な民家があり、前者の場合は「一夜を明かしかねたり」の表現は、その地の人々の厳しい生活を物語っている。

一方、後者の場合は丁重なもてなしが行われた。例えば阿波一ノ宮付近では「一里バカリ往テ、日暮レケレバ、サンチ村ト云ウ所ノ民家ニ一宿ス。夫婦ノ者、殊ノホカ情アリテ終夜ノ饗応慇懃也」とある。また宇和島付近での出来事は興味深い。「其夜ハ宇和島本町三丁目ノ今西伝介ト云人ノ所ニ宿ス。此仁ハ齢六十余ノ男也。無二の後生願いにて、辺路修行の者とさえ云えば何も宿を借ル丶ト也。」とある。そこには善根宿という概念がすでにみられるが、その根拠は宿を施すことによる「後生願い」、つまり来世極楽往生という功徳を得るためであった。

また伊予の横峰寺と吉祥寺の間にある新屋敷村の甚右衛門からは朝の食事の接待を受けている。江戸時代中期以降盛んとなった接待がこの頃に、すでにみられるが全体的に食事の接待の記録は少ない。

阿波の駅路寺

澄禅は阿波の薬王寺を過ぎた鹿喰というところで、次のように記している。

夫ヨリ浦ヅタヒニ鹿喰ト云所ニ至ル。此所迄阿波ノ国ノ内也。爰ニ太守ヨリ辺路屋トテ寺在リ。往テ宿ヲ借タレバ、坊主慳貪第一ニテワヤクヲ云テ追出ス。是非ニ及バズ寺ヲ出テ往ニ、爰ニ大河在リ。是阿波・土佐両国ノ境也。

とある。ここ（宍喰）には太守が設けた辺路屋という寺の存在を記している。これは阿波国で慶長三年（一五九八）に藩主の蜂須賀家政が藩内に駅路寺八ケ寺を置き、三ケ条の定めを発令[4]したことを意味している。その第一条に、

一、当寺之義、往還旅人為一宿、令建立候条、専慈悲可為肝要、或辺路之輩、或不寄出家、侍、百姓等、行暮一宿於相望者、可有似相之馳走事。

とある。つまり国内を旅する人々に宿泊のできる寺を建立して、宿泊の便宜を図るという政策で、ここに辺路を第一に上げていることは藩主の辺路に対する配慮であるとともに、辺路の数が多かったことを示しているといえよう。しかし発布後すでに五十年を過ぎた澄禅の時代には、藩主の思いはすでに無視されたのか、澄禅の頼みにも関わらず駅路寺である円頓寺の住職から無理矢理、追い出されたと記している。

札所寺院の景観

澄禅は各札所で本堂や諸堂の位置や様子、本尊の事などを記している。その一部を記してみよう。

阿波

法輪寺　本尊三如来、堂舎寺院悉退転シテ小キ草堂ノミ在。

井戸寺　堂舎悉ク退転して昔ノ礎ノミ残り二間四面ノ草堂在、是本堂也。

観音寺　是モ悉ク退転ス。小キ草堂ノ軒端朽落テ棟柱傾タル在、是其形斗也。

土佐

東寺　本堂ハ九間四面ニ南向也。本尊虚空蔵菩薩、左右ニ二天ノ像在。堂ノ左ニ宝塔有。何モ近年太守ノ修

造セラレ美麗ヲ尽セリ。

津寺　本堂西向、本尊地蔵菩薩。是モ太守ヨリ再興ニテ結構ナリ。

伊予

明石寺　本堂朽傾テ本尊は小キ薬師堂ニ移テ在。源光山延寿院ト云。寺主ハ無ク上ノ坊ト云山伏住セリ。

浄瑠璃寺　昔ハ大伽藍ナレドモ今ハ衰微シテ小キ寺一軒在リ。

讃岐

善通寺　本堂ハ御影堂、又五間四面ノ護摩堂在リ。昔繁昌ノ時分ハ爰ニ続タルト成。

国分寺　白牛山千手院、本堂九間四面、本尊千手観音也、丈六ノ像也。傍ニ薬師在リ、鐘楼在。寺領百石ニテ美々舗躰也。

以上、各国毎に二～三ケ寺を抽出して列記したが、寺院の景観が「退転」あるいは「再興して結構なり」との表現がみられ、国ごとに大きく異なる。澄禅が旅した頃は長く続いた戦国時代が終わり、徳川幕府が成立してから約五十年後で、ようやくそれぞれの藩主が藩内の安定化に向けて活動を始めた頃である。国ごとに再興・退転（荒廃を意味する）、不明に分類したのが次表である。（『四国辺路の形成過程』参照。）

状況＼国	阿波	土佐	伊予	讃岐	計
再興	8	13	3	3	27
退転	12	0	9	3	24
不明	3	3	14	17	37
計	23	16	26	23	88

国別にみると、まず阿波と伊予の札所寺院の退転が顕著で、阿波では二十三ケ寺の内十二ケ寺、伊予では二十六ケ寺中九ケ寺が退転し無住であったり、小庵には山伏などが仮住まいをしていたのである。

次に土佐と讃岐では「結構也」とする寺院が多い。これは本堂・護摩堂などの諸堂宇が整備され、真言宗寺院としての機能が果たされていることを示している。例えば津寺の場合「本堂南向、本尊地蔵菩薩。是モ太守ヨリ再興ニテ結構ナリ。」とある。大守とは山内忠義のことで、澄禅は忠義のことを「太守ハ無二無三ノ信心者ニテ、殊ニ真言家ヲ帰依シ玉フト云」とあるように、とりわけ真言宗を信仰し積極的に寺院復興に努たとみられる。

讃岐の場合は各寺院の景観についてはあまり詳しく記しておらず、明確に判断はできないが、「サスガ大師以下名匠降誕在シ国ナル故ニ密徒ノ形儀厳重也。（中略）其外所々寺院何モ堂塔伽藍結構ニテ、例時勤行丁重ナリ。」とあり、弘法大師の遺徳を称え、真言宗寺院としての構えと寺の勤めも申し分ない結構な寺院が多いとしている。これらの寺院復興については『御領分中宮由来同寺々由来』[5]などの記録から生駒氏や松平頼重などが尽力したことが分かる。

なお寺観のうち興味深いのは御影堂（大師堂）の存在である。喜代吉榮徳師[6]によれば八十八ケ所の内、焼山寺、恩山寺、鶴林寺、太龍寺、五台山（竹林寺）、寺山（延光寺）、菅生山（岩屋寺）、石手寺、善通寺の九ケ所、札所以外では三角寺奥院、海岸寺、仏母院、金毘羅金光院の四ケ所に御影堂の存在を記しているが、あまりにも数少ない。しかし、およそ三十五年後の真念の時代には三十四ケ所となっており、この間に大師信仰のさらなる高まりと寺院経営が豊かになったからであろう。

参拝形式

澄禅は各札所で、札納めの様子を記している。その中で、興味深いのは土佐の仏崎では「爰ニテ札ヲ納、各聚砂為仏塔ノ手向ヲナシ読経念仏シテ巡リ」とあり新田ノ五社では「札ヲ納、読経念仏シテ」とある。つまり澄禅は札を納めた後、読経念仏しているのである。念仏とは「南無阿弥陀仏」の六字の名号を意味しているとみて間違いなかろう。また三角寺奥院で念仏について住持を厳しく批判しているが、弘法大師を本尊とする三角寺奥院で、六字の名号を唱える者が多かったことが推察でき、澄禅は六字の名号を肯定していたとみてよかろう。つまり、この頃の四国辺路は弘法大師信仰とともに念仏信仰も盛んであったとみられ興味深い。

出会いの人々

澄禅は旅の途中で出会った人達の様子を詳しく記録しているが、その中で興味深いのは高野山に関わる人物が数多くみられることである。まず土佐・大日寺近辺の菩提寺という所では水石老という遁世者に出会う。この人物は、かつて石田三成の家来で、三成没後に出家して高野山に登り文殊院で修行し、やがて奥院十穀上人の弟子となって三年後に土佐に落ち着いたという。十穀上人とは木食のことで高野山奥院には、こうした人物が数多くいたのであろう。

次に土佐国分寺の近くの田島寺住職は八十ばかりの老僧で、かつては長宗我部に仕える侍であったが、主の失脚前後に出家して高野山に上り、真言宗を学び故郷土佐の小さな寺に落ち着いたことを澄禅と酒を酌み交わしながら語っている。その夜は大雨で古寺の雨漏りが激しく枕を敷きかねたと澄禅は記しており、落ち着先の寺の生活はまことに厳しいものがあった。戦国の世を生き抜いた武士であるが、その後の生活もやはり厳しいものがあるものの、逞しく生きる姿がそこにみえてくる。

これらのことから戦国期の武士の出家と高野山とは密接な関係があったとみられる。おそらく出家後にしばらくの間、高野山で修行を積み、やがて何らかの縁を得て地方に落ち着いたのであろう。このように四国内には札所以外の寺院にも高野山と関わりを持つ僧侶が数多くいたとみられるが、その中には、いわゆる高野聖といわれる念仏僧もいたであろう。彼等こそ弘法大師信仰や念仏信仰を広めた存在として無視することができないのである。これが戦国時代の終わり頃から江戸時代初期の四国を含む地方寺院の実情であろう。荒廃した寺院の復興は彼等の手によるところが大きい。

なお伊予今治では高野山金剛三昧院で長く修行した空泉坊が住職を勤める神供寺で一宿する。空泉坊とは旧知の友であったことから夜を徹して語りあった。また伊予一ノ宮の近くの天養山保寿寺で宿泊するが、その寺の住職も高野山で数年修行した僧で、やはり旧友であった。おそらく澄禅は四国辺路を行う中で、かつての旧知の友を頼って訪れていたのであろう。つまり澄禅は智積院に属する僧であるが高野山に頻繁に上り、多くの高野山の僧と深い交わりがあったことが想像されるのである。このことは、やがて四国辺路の中で活躍する高野山を本拠とする真念や寂本との関係が、すでにこの頃発生していたことを暗示していよう。

奇異な弘法大師伝

このことについては、すでに本篇第四章で詳述したので、ここでは略記するに留めたい。澄禅は讃岐の弥谷寺や白方屏風ケ浦、善通寺辺りで奇妙な弘法大師伝の存在を記している。それは弘法大師の父がとうしん太夫、母はあこや御前で白方屏風ケ浦で出生したというもので、正史とは大きく異なるものである。しかし日記の内容から澄禅は、この不可思議ともいえる弘法大師の伝記を真面目に信じていたのである。では、この奇異な弘法大師伝とはどのようなものであろうか。まず広く知られているところでは説経『苅萱』「高野巻」[7]がある。ここには弘法大師の母が大唐本地の帝の娘で、故あって日本に流され讃岐国白方屏風浦に流れ着き、とうしん太夫という漁師に拾われ夫婦となる。その間に生まれたのが金魚丸（後の弘法大師）であるとしている。そして「高野巻」には「四国辺土（路）八十八ケ所」を放浪したことが記されており、これが「四国八十八ケ所」の文言の初出とされてきた。このことから「高野巻」と四国辺路の関係が重視され、澄禅『四国辺路日記』にみられる弥谷寺・海岸寺・仏母院の奇異な弘法大師伝に関する記述は「高野巻」に起因すると考えられている。しかし澄禅の記事と「高野巻」の内容とは異なる部分がいくつかみられる。例えば金魚丸（弘法大師）を捨てた所は善通寺の近くの「せんにょが原（仙遊ケ原）[8]」であるのに対して、「高野巻」では志度寺の下り松である。また金魚丸（弘法大師）を拾いあげたのは善通寺の住持であるが「高野巻」は「くわらん和尚」であることなど相違する箇所がいくつかみられる。したがって澄禅が聞いた弥谷寺や白方屏風ケ浦の奇異な大師伝は「高野巻」を元にしたものではないことが考えられる。

では澄禅が聞いた四国在地の弘法大師伝とはいかなるものであろうか。ここに示されるのが本篇第四章で詳しく述べた『弘法大師空海根本縁起』である。この縁起には、とうしん太夫とあこや御前を両親とし、白方屏風ケ浦で弘法大師が出生し、捨てられた所が「せんにょが原（仙遊ケ原）」で、善通寺の徳道上人に拾われることが明記されており、その内容は弥谷寺などに流布されているものと合致するのである。そして、この縁起と慈尊院縁起などが混淆して「高野巻」が成立[9]したとみられるのである。つまり『弘法大師空海根本縁起』の成立は寛永八年（一六三〇）よりもさらに遡るものであろう。この四国在地の弘法大師伝は前半部は大師の伝記で、後半部は四国辺路を大師が開創し、讃岐の香川氏や右衛門三郎が辺路したというものである。換言すれば四国辺路の開創縁起ともいえよう。現存する『弘法大師空海根本縁起』は元禄十二年（一六九九）の写本であるが、このなかに「この縁起を聴聞するものは」とあり、これが語り物の台本とみられる。正史とは、ほど遠い内容の大師伝が四国の各地で語られたのであろう。この縁起は江戸時代初期頃の四国辺路の展開に大きな影響を与えたとみて間違いない。

二　澄禅の人物像

法師澄禅

澄禅（一六一三〜八〇）の人物像については智積院運敞に師事し、悉曇を学び梵字が巧みであった。そのため悉曇学者の河内延命寺を本拠とした浄厳や慈雲尊者飲光と並び称される智山の学匠として位置づけられている。澄禅の履歴については『続日本高僧伝』や『智積院誌』などに記されており、多くを知ることができるが、加えて運敞が寛文九年（一六六九）に記した『瑞林集』「十如是臨本跋」[10]が興味深い。それによれば肥後の国で生まれ、幼くして出家し瑜珈宗を学び、年を重ねたあと笈を背負って智積院の僧房に身を寄せたという。そこで十年余り学んだ後に郷里に帰り藩主の手厚い保護があるなど、誉れが高かったが、再び国を出て一鉢一錫の旅を続け名山霊区を遍歴した。さらに若くして悉曇に詳しく、梵書を特に良くしたという。また「凡そ梵字を書するに、多く木筆を用ゆ。木筆の製、木を以てこれを作り、或るは毛を以てこれを造る。皆木筆と名付づく。禅の木筆を揮ふの妙、常人の得て及ばざる所なり。其の技遂に天聴に達す。」とある。以上のことは澄禅が五十七歳時の履歴を師の運敞が記したものであるが、澄禅のことを「法師澄禅」としている。「法師」という僧としての位であるが、これについては「四国遍路中興の祖」として広く知られる「大法師真念」が想起されよう。このことについては浅井證善師は『へんろ功徳記と巡拝習俗』[11]のなかで「大法師真念としており、阿闍梨真念とは称していないことから、真念は真言宗の僧侶として加行や伝法灌頂など受けていなかったものとみられる」としている。確かに先記した『瑞林集』「十如是臨本跋」には澄禅が「笈を背負って智積院を訪れ寓居し、修学後に帰国するが自坊に落ちつくことなく、一鉢一錫の旅を名山霊区を遍歴した」ということと近い。つまり澄禅は基本的に遊行を好む聖のように鉢と錫杖を持ち、各地の霊山・霊場を巡る廻国行者としての一面があったのではなかろうか。ただ晩年には郷里に帰り、地蔵院に往して権僧正に任じられたとの記録（『続日本高僧伝』）が見られる。

ここで『四国辺路日記』を改めて見直してみよう。まず承応二年（一六五三）という時代の四国辺路は、まだ厳しい修行辺路であったに違いない。澄禅を学匠として位置づけたとすれば、四国辺路に出ること自体が少々無理な行為といえよう。しかし、そこに廻国修行・聖的な修行僧・遊行僧として澄禅をみれば、四国辺路は当然の行為として理解される。また『四国辺路日記』の冒頭部分に「和歌山から四国に向かう船に高野山の小田原行人衆と同船し、さらに足摺近辺で高野・吉野の辺路衆と出会い涙を流して再会を喜びあった」という、その人間関係にも関心がもたれよう。また「往テ宿ヲ借リタレバ、坊主・貪欲第一ニテワヤクヲ云テ追出ス」、「其夜ヲ大雨ニテ古寺ノ軒雨モタマラズモリケル間、枕モ敷兼タリ」とあり、当時の四国辺路の厳しさを味わいつつ辺路したのである。その姿に澄禅の修行僧として厳しい生き方の本質を見いだすのである。確かに悉曇や梵書に優れていたことは著作の『悉曇連聲集』、『四十九院種子集』、『増補悉曇初心鈔』などから認めなければならないが、いずれも梵字の書法に関するものが多い。一方、悉曇学者として並び称される浄厳は新安祥寺流を開き、各地で真言教学の講義を行い、さらに著作も『三教指帰私考』、『光明真言観誦要門』など密教に関わる教義を著し、数多くの弟子がいる。また慈雲尊者は『十善法語』など数多くの真言教学の著作があり、弟子も数百人に及んでいる。この面からみれば澄禅を浄厳・慈雲と比較することには、やや無理があるように思える。学匠というよりも梵字の能書家であったとみる方がよいのかも知れない。そして、ある時には法師澄禅として、各地の霊山の修行場や霊場を巡り歩く行者として修行を重ね、一所の寺の住職とはならなかったのである。そして私達に四国辺路研究に不可欠の『四国辺路日記』を残してくれた。「学匠澄禅大徳」という位置づけがなされたのは、おそらく『四国辺路日記』の正徳四年に徳田氏が写本にあたり「知等庵主悔焉坊證（澄）禅大徳ノ日記也」として「大徳」と記したことによるのではないかと思われる。

なお澄禅が本拠とした球磨郡人吉（熊本県人吉市）の地蔵院は古くに廃寺となり、現在では澄禅の痕跡を辿ることは難しい。ただ人吉市の願成寺に種子敷曼荼羅（明暦三年―一六五七）、免田町遍照寺には大日如来種子や不動明王種子[12]などが残されており、その見事な梵字書法には澄禅の確かな力量を知ることができる。そして澄禅の墓は京都・智積院の学侶墓地[13]に建立されているが、極めて簡素なもので澄禅の生き方の一端を表しているようにも感じられる。墓石は正面に「（ア）澄禅」、向かって右側面に「延宝八庚申六月十二日」、左側面に「悔焉房」と刻字されている。

澄禅の墓（京都・智積院学侶墓地）

澄禅の夢の記

澄禅が四国辺路の途中、神峯の麓タウノ浜で一宿した時の夜、次のようなことがあった

其夜ノ夢ニ、所ハ何トモ不知、殿閣ノ中ニテ在ルニ、智積院学徒竹田安楽寿院運敞阿闍梨元春房ト同席ニテ居タルニ、敞師ノ云、四魔三障成道来ノ文ヲ覚語シカルカト、予云、何レノ経説ニテ候ト云。其時敞師委細ニ講談シテ秘説口伝トモ伝受セラレタリ。夢覚テ後、正ク億持シタリ、不思議ナレハ爰ニ記ス也。

澄禅の師である運敞が夢に出てきたというのである。運敞は当時、四十歳で澄禅よりも一つ年下であるが、すでに僧としての位は高く、承応二年（一六五三）五月、智山第五世・隆長の命によって尾張・長久寺から帰山し、やがて智山の第一座となる。偶然かどうかわからないが、澄禅が四国辺路に出たのは二ケ月後の七月十日頃である。運敞の智積院帰山と澄禅の四国辺路出立となんらかの関係があるのだろうか。推測ではあるが運敞から何らかの使命を与えられ、四国辺路に出たのかも知れない。

三　古霊場のこと

以上、澄禅『四国辺路日記』について留意点を設け、それぞれ考察したが、筆者の目的のひとつは『四国辺路日記』が記された承応二年（一六五三）から、さらに古い時代の辺路の実態をこの日記から明らかにすることでもある。

澄禅の参拝経路を見ると、ある寺の奥院に参詣にすることが、しばしばみられ、そこがかつての札所であった可能性がある。特に曼荼羅寺奥院の出釈迦山と後に創建された出釈迦寺との関係は、そのことを如実に示してい

るように思う。また先記した「横道」と記された月山・笹山の札所も留意しなければならない。さらに讃岐の金山薬師もかつての札所であったとみてよかろう

さて、こうした記述の中で「世間流布の日記」あるいは「大師御定」というのが散見される。薬王寺から室戸の途中で「海部の大師堂ニ札ヲ納ム。爰ニ辺路札所ノ日記ノ板有リ、各買之也。」とあり、また曼荼羅寺では「日記ニハ善通寺ヨリ□町、善通寺ヨリ甲山寺ニ□町ト有り」と記されている。さらに崇徳天皇では「世間流布ノ日記ニハ如此ナレドモ大師御定ノ札所ハ彼金山薬師也。」とあり、そして最末尾では「世間流布ノ日記、札所八十八ケ所、道四百八十八里、河四百八十八瀬、坂四百八十八坂」と記している。これらから推測されるのは澄禅が海部の大師堂で求めた日記は「世間流布ノ日記」で澄禅時代のことを記しているが、「大師御定」とは、それよりもさらに古い時代のことをさしていると考えられよう。日記については内田九州男氏が紹介された『奉納四国中辺路之日記』[14]（元禄元年刊）のような携帯用で、札所の案内書（ガイドブック）であろう。残念ながら未だ澄禅が入手した日記は発見されていないが、澄禅の時代に、八十八ケ所の札所寺院が特定されていたことは各国毎の札所数の合計が「八十八カ所」であることから間違いないだろう。

さて本篇第四章で記した『弘法大師空海根本縁起』の中に、讃岐の大名香川氏や右衛門三郎が「日記、縁起、えんま宮の秘密の御判を請取り辺路に出た」という箇所がみられる。日記とは『奉納四国中辺路之日記』のようなものであり、縁起とは後述（第三篇第第二章）する善通寺蔵の『（ユ）奉弘法大師御伝記』のようなものであろう。ただ三つ目の「えんま宮の秘密の御判」とはいかなるものであろうか。閻魔の判が押された手形なのか。ともかく、この三点をもって四国辺路に出るのが、その当時のしきたりであったのだろう。

また「大師御定」とは、もちろん弘法大師そのものではなく、弘法大師に仮託して四国八十八ケ所を開創した

ことを意味しているのであろう。それは先記した『弘法大師空海根本縁起』に基づくものと想定されよう。

注

（1）近藤喜博『四国遍路研究』（三弥井書店、昭和五七年一〇月）三六七頁。宮崎忍勝『澄禅「四国遍路日記」附・解説校注』（大東出版、昭和五二年一〇月）八九〜九〇頁

（2）紙本墨書、縦二七・一センチメートル、横三五・五センチメートル。

（3）町田哲「札所寺院の文化財調査―五番札所地蔵寺と四国遍路」（『遍路文化を活かした地域人間力の育成』、鳴門教育大学、平成二二年三月）九七〜一〇五頁。町田哲氏から種々のご教示を頂いた。

（4）前掲注（1）近藤喜博『四国遍路』二〇一〜二〇四頁。

（5）『御領分中宮由来同寺々由来』（『新編香川叢書』史料篇（一）新編香川叢書刊行会、昭和五四年三月）一三三〜一六〇頁。

（6）喜代吉榮徳「四国大師の所在」（『善通寺教学振興会紀要』三、善通寺教学振興会、平成八年一二月）一二七頁。

（7）阪口弘之「説経『かるかや』と高野伝承」（『国語と国文学』七一―一〇、平成六年一〇月）。

（8）真野俊和『旅のなかの宗教』（日本放送協会、昭和五五年三月）一一八〜一二一頁。頼富本宏・白木利幸『四国遍路の研究』（国際日本文化研究センター、平成一三年三月）では大師の母、あこや御前が四国八十八ケ所の開創者とするが、「高野巻」では金魚丸とあこや御前が、すでに存在した八十八ケ所をさまよい歩いたと解釈される。

（9）小林健二「説経『かるかや』と『高野の巻』」（『講座　日本の伝承文学　第三巻散文文学物語の世界』、三弥井書店、平成七年一〇月）。

（10）『智山撰書』第九巻（上）（智山撰書刊行会、平成一二年六月）二五九〜二六〇頁、武田和昭『四国辺路の形成過程』（岩田書院、

平成二四年一月）二三三～二三六頁。
(11) 浅井證善『へんろ功徳記と順拝習俗』（朱鷺書房、平成一六年一月）。
(12) 『湯前の石造文化財』（湯前町教育委員会、平成一〇年三月）、『人吉文化』二六号、（人吉文化研究会、昭和三六年一〇月）を参照。人吉市教育委員会、鶴嶋俊彦氏にご教示いただいた。
(13) 澄禅の墓については総本山智積院教学部・御嶽隆佑師にご教示、ご指導いただいた。なお墓石は平成七年八月に斉藤彦松氏によって確認されている。（前掲注（12）『湯前の石造文化財』参照）大きさは高さ四十五・一センチメートル、幅二十三・一センチメートルである。
(14) 内田九州男「資料紹介・『奉納四国中辺路之日記』（「四国遍路と世界の巡礼研究」プロジェクト」、平成二〇年三月）。

第六章　『玉藻集』と大淀三千風『四国辺路海道記』の四国辺路

澄禅『四国辺路日記』は江戸時代初期の四国辺路の実態が詳しく判明するものとして、極めて貴重である。この日記の存在がなければ、この時期の四国辺路の歴史が大きく欠け、まさに想像の世界となったであろう。つまり室町時代後期における札所の落書記事から直ちに真念・寂本に至る辺路史になるのである。それほど澄禅の日記は重要である。それでもまだ澄禅から真念・寂本に至るまでの道筋も決して明確ではない。つまり真念・寂本以前の四国辺路とはどのようであったかは未だ不明な事が多い。それを少しではあるが、明かしてくれるのが、『玉藻集』と大淀三千風の『日本行脚文集巻之五・四国辺路海道記』である。

一　『玉藻集』に記す四国辺路

『玉藻集』(1)は高松藩に仕えた小西可春の著である。可春は早くから旧記や諸書から讃岐の名所旧跡を詠んだ和歌を集め、さらに社寺の由緒などを加えて『讃陽名所物産記』一巻としたという。その後、延宝五年（一六七七）に偉人の伝記や戦記などを増補して七巻にして『玉藻集』と改題された。このことは「旧記諸書を以て之を集め玉藻集と号す」とあり、さらに「宝永五年中夏日写之　武海堂七十歳禿筆」とあることから判明する。『香川叢書』所載本は延宝五年本を宝永五年（一七〇八）に写されたものとみられる。

さて四国辺路に関わる記事は「四国中遍礼八十八ケ所当国分」として、大窪寺は次のように記される。

医王山大窪寺遍照院
此寺行基菩薩開き給ふと也。其後弘法大師興起して、密教弘通の道場となし給へり。
本尊薬師如来（以下略）

このように寺の縁起や境内の様子などが略記されているが、札所番号の記載は無い。続いて、現在の八十八番から概ね逆番に記載され、記載内容は大窪寺と同様に寺歴や境内の景観などが記されている。記載の寺院は次の通りである。（　）内の札所番号は筆者の記。

（八七番）補陀落山長尾寺観音院
（八六番）補陀落山志度寺清浄光院
（八五番）五剣山八栗寺千手院
（八四番）南面山屋島寺千手院
（八三番）蓮華山一宮大宝院
（八二番）青峯山根香寺千手院
（八一番）綾松山白峯寺洞林院
（八〇番）白牛山国分寺千手院
（七九番）金華山妙成就寺摩尼珠院
（七八番）仏光山道場寺
（七七番）桑田山道隆寺明王院

（七六番）鶏足山金倉寺宝幢院
（七一番）剣五山弥谷寺千手院
（七三番）我拝師山出釈迦寺
（七二番）我拝師山曼荼羅寺延命院
（七五番）五岳山善通寺誕生院
（――）鎮守八幡宮
（六九番）七宝山観音寺
（六六番）巨鼇山雲辺寺千手院

とあり、続いて「以上拾八ケ所也。曼荼羅寺・出釈迦と分かれ共一所也。」とある。つまり善通寺内の鎮守八幡を除くとともに我拝師山曼荼羅寺とその奥院出釈迦は一ケ所に数えるものと理解できよう。奥院出釈迦山禅定のことで、弘法大師が修行した地として知られ、古くはここが札所であったが、山上に登ることが不便であることから、宗善という僧が麓に寺を建立し出釈迦寺として札所となったという。それまでは、曼荼羅寺の奥院として、曼荼羅寺と一体として考えられていた。なお『玉藻集』では「我拝師山出釈迦寺」となっているが記載内容は「出釈迦山禅定」のことが記されている。「出釈迦寺」の寺名が延宝四年に遡るとすれば、すでにその頃に出釈迦寺が創建されていたことになるが、宝永五年の転写時に改変された可能性もあり検討を要する。なお鎮守八幡とは善通寺の伽藍の西側（現在の駐車場付近）に所在した善通寺の鎮守八幡宮のことであるが、その記載内容は真雅僧正や道範阿闍梨のことを記しており、八幡宮のことにはまったく触れておらず不審とされる。

これに続いて、医王山多宝院甲山寺、本山寺持宝院、小松尾山大興寺の三ケ所が前記同様に記載され、合わせて二十一ヶ所である。現在と比較すると神恵院（琴弾八幡宮）が含まれないが、「寺中琴弾八幡宮は、文武天皇御宇大宝三年、宇佐の八幡より爰に移り給ふ」とあって、観音寺の中に含まれている。したがって、『玉藻集』では現在の八十八ヶ所の札所が網羅されている。ただ甲山寺、本山寺、大興寺の三ケ寺を除いて「以上、十八ケ所也」とは、何を意味しているのであろうか。以上、述べてきたことは真念によって八十八ケ所の札所番号が確定する、その前夜のことでまだ不明確なことが分かる。

さて、これらの寺社の記事を小西可春は、何を参考としたのかは不明であるが、この『玉藻集』が、その後、真念の目に触れ、やがて寂本によって『四国徧礼霊場記』の作成に大きく影響するのである。これについては第三篇第一章の『四国徧礼霊場記』で詳述する。

ここで興味深いのは本書の「四国遍礼八十八ケ所当国之分」である。「四国遍路」を「四国徧礼」と表記するのは、真念、寂本の時代と考えられるが、宝永の転写時に改変していないとすれば、延宝五年の段階で「四国遍礼」が使われていたことになる。寂本が『玉藻集』を元にして『四国徧礼霊場記』を作成したことから、これが寂本に影響を与えたとみることもできようが、なお検討の余地がある。

二　大淀三千風『四国辺路海道記』に記す四国辺路

大淀三千風（一六三九～一七〇七）は江戸時代前期の著名な俳人で松島で長く過ごし、やがて全国を行脚した。『四国辺路海道記』(3)は四国を行脚した際の記録である。まずは、この記に従って、概略を示したい。

讃岐丸亀を貞享二年（一六八五）六月二十七日に出立する。これは真念『四国辺路道指南』の発刊二年前である。「この辺路は弘法大師掟たまう」とあるように、弘法大師が四国辺路を始めたものであるとの認識で、これは一時代前の澄禅と同様である。次に「大師の陰徳かぎりなき證なり。凡道矩四百八十里、四百八十川。四百八十坂。札所八十八箇所なり」とあり、札所の数が八十八ケ所であることを明記しているが、道矩などを四百八十里として、澄禅の四百八十八里と異なるのはどうしたことであろうか。川、坂の数も同様に異なる。単なる誤記であるようにも思われる。

次に「廃堂あれば壇中をかたらひ奉加帳をかき、再興のもよひあるには、指図に助言して後代のためならぬ事を相談し寺社景所には縁起眺望の記を一軸宛書。」とあるように、札所が荒廃して、再興する計画があれば、助言し、さらに一軸を書いたという。確かに八十八番大窪寺には貞享二年（一六八五）の文書[4]が残されている。

さて、三千風の辺路は宇多津の郷照寺から始め、国分寺、天皇社（摩尼珠院）白峯寺と巡る。白峯寺では圭典法印に一軸を渡す。その後、家島（屋島寺）、八栗寺、志度寺、大窪寺に至るが、なぜか根香寺・一宮寺・長尾寺が記されない。

阿波は切幡寺、法輪寺、熊谷寺、井戸寺、十楽寺、安楽寺、地蔵寺、黒谷（大日寺）、金泉寺、極楽寺、霊山寺、観音寺、藤井寺、焼山寺、一宮、浄楽寺（常楽寺）、国分寺、と続いて、徳島城下で休息する。その後は大師の引き合わせか、西念という道心者と同行し、忍山寺（恩山寺）、地蔵寺（立江寺）、鶴林寺、太龍寺、薬王寺と進むが、西念なる人物は道々に詳しい四国辺路の修行者であろう。こうした先達的な人物が、まだまだ必要な時期であったとみてよい。阿波では井戸寺と平等寺が記されていない。

土佐には飛石、跳石を越え、やがて東寺、津寺、西寺、神宝寺（神峰寺）大日寺、国分寺、竹林寺と進むが、竹林寺では多くの俳句を残している。続いて、禅師峰寺、高福寺（雪蹊寺）、種間寺、清滝寺、青龍寺、仁井田五社、蹉跎寺（金剛福寺）で終わる。青龍寺と延光寺がみえない。

伊予は観自在寺から始め仏木寺、明石寺、菅生山奥院（岩屋寺）、大宝寺、浄瑠璃寺、葉坂寺（八坂寺）、西蓮寺（西林寺）、浄土寺、石手寺、太山寺、須賀寺（円明寺）円明寺、泰山寺、八幡寺（栄福寺）、沙礼寺（仙遊寺）、国分寺、香園寺、前神寺、三角寺と進む。繁多寺、南光坊、宝寿寺、吉祥寺の記載がない。

讃岐は雲辺寺、小松尾寺と進み琴弾宮に行くが、近くに山崎宗鑑の一夜庵があり、俳句の友が数多くいて饗応厚く、十二日間も逗留した。次いで弥谷寺、曼陀（荼）羅寺、高山寺（甲山寺）、善通寺、金毘羅宮と参詣する。金毘羅では仏教の神髄を懇切に記し、丸亀では天台宗の妙法寺に寄り、その後十月二十日に丸亀を立つ。金倉寺、道隆寺の記はみられない。興味深いのは善通寺の項で、「四国辺路に出たつ相こそおかしけれ。四曼相即の荷俵を背負、六大無碍の縲を頚にかけ。阿字よそひの栟櫚笠。万字むすびの足沓。一尋不生の桧杖にすがり風の辻雲の陌にさすらふ。（中略）遍照金剛大師。（後略）」とあり、当時の四国辺路者の姿が想像される。それは真念『四国辺路道指南』の挿図に酷似している。

以上、百二十日余に及ぶ長期の四国辺路で阿波、伊予、土佐、讃岐の札所巡りである。文中に「札所八十八ケ所」の文言は三度記されているが、おそらく記載されていない札所にも参詣したであろう。真念以前の四国辺路の様子が僅かながら窺え興味深いが、その実像は分かりづらい。

三　金毘羅大権現の賑わい

以上二本は真念『道指南』や寂本『霊場記』が上梓される以前であるが、この頃には『道指南』にみられる八十八ケ所の札所は、すでに確立していたものと思われる。八十八ケ所以外で、特筆されるのが金毘羅大権現の存在である。澄禅『四国辺路日記』には、善通寺の次に金毘羅大権現に至り、別当金光院など六坊の存在を記し、宝物なども詳しく紹介している。さらに十月十日の祭礼には各地から幾千万人が集まり、諸国の商人は売買に大いに繁盛していることなど、当時の金毘羅大権現のにぎわいをやや誇張を交えて記している。さらに、大淀三千風も金毘羅大権現に参詣しているが、何故、これほど金毘羅大権現が隆盛となり重視されたのであろうか。

さて金毘羅大権現の歴史をみると中世のことはよくわからないが、戦国時代頃からようやく、その存在が顕在化してくる。元亀四年（一五七三）の棟札には

（表）上棟象頭山松尾寺金毘羅王赤如神御宝殿、当寺別当金光院権少僧都宥雅造営焉、干時元亀四癸酉十一月廿七日記之、

（裏）金毘羅堂建立本尊鎮座法楽庭儀曼荼羅供導師高野山金剛三昧院権大僧都法印良昌勤之。

とあり、別当金光院の住職が宥雅で、導師は高野山の金剛三昧院の法印良昌である。宥雅の後を継いだのは宥厳（慶長五年遷化）は土佐の当山派の山伏である。次には山伏として名高い宥盛が続く。このように金毘羅大権現は代々、山伏との関係が極めて濃厚であることが判明する。興味深いのは、その頃の四国辺路は山伏が先達として活躍した時代でもある。おそらく真念が八十八ケ所を定める以前から山伏の先導により、金毘羅大権現に必ず参詣したものと考えられる。金毘羅大権現の繁栄はこうした山伏の活躍によるところが大きいのかもしれない。

なお金毘羅大権現の賑わいは元禄十六年（一七〇三）に岩佐清信により描かれた「象頭山祭礼屏風」が参考となる。数多くの参詣者に混じって山伏姿の人物が数名みられ、また四国辺路者や西国三十三所巡礼者と思しき人物も描かれており、当時の参詣者の様子がよく分かる。

注

（１）『玉藻集』は（香川県編『香川叢書』三、名著出版、昭和四七年六月）五四〜六七頁。
（２）近藤喜博『四国霊場記集』（勉誠社、昭和四九年三月）五〇七〜五〇八頁。
（３）『四国辺路海道記』（『日本紀行文集成』日本図書センター、昭和五四年一〇月）五八四頁。
（４）胡光「大窪寺の文書と什物」（『調査研究報告』第三号、香川県歴史博物館、平成一九年三月）一五七〜一五八頁。

第三篇　江戸時代前期から江戸時代末期

第一章　真念・寂本の事績

徳川家康が江戸幕府を開いてから、およそ百年後の元禄時代頃は、政治的にも経済的にも安定しはじめた時代である。四国霊場の各札所も、それまでの修行的な辺路から徐々に庶民の参加も多くなり、すでに賑わいをみせ始めていた。こうした時代に真念は登場し、いつの頃からかは知らないが「四国遍路中興の祖」といわれるようになる。それほど四国遍路の中における真念の存在はまことに大きい。真念の業績は数多いが、特筆されるのは遍路のガイドブックともいえる『四国辺路道指南《しこくへんろみちしるべ》』の刊行、道標の建立、遍路屋の設置などが上げられよう。なお享和二年（一八〇二）の平野作左衛門『四国辺路道中日記』に真念のことを「四国辺路中興の僧なり」とあり、没後百年ほどであるが、すでに著名であったことが分かる。

また真念の師ともいうべき高野山の学僧寂本は、江戸時代の四国遍路にとっては無視することができない人物である。寂本は『四国偏礼霊場記《しこくへんろれいじょうき》』、『四国遍礼手鑑《しこくへんろてかがみ》』を刊行し、さらに真念が『四国偏礼功徳記《しこくへんろくどくき》』を刊行する際には添削や指導を行うなど、四国遍路の展開の中で重要な役割をはたした。ここでは、この二人の人物の事績について述べることにする。

一　真念『四国辺路道指南』の刊行

真念の人物像は後述するとして、まず真念の著として知られる「旹貞享四年丁卯冬十一月　宥辯真念謹白」の跋文がみられる版本『四国辺路道指南』（以下、『道指南』）について、その全容をみてみたい。この貞享四年（一六八七）版『道指南』は出版当初から人気を博し、版を重ねたらしいが、現在知られるものは極めて数少ない。その中で最古本とみられているのが「赤木文庫本」（現在所在不明）で、この本については近藤喜博氏[1]によって解説され、さらに最近では新出資料を加え、詳しく分析された新居正甫氏[2]の優れた研究がある。ここでは、両氏のご高論を全面的に参考とするが、主として赤木文庫本を元に考察する。

『道指南』は、まず始めに高野山奥院護摩堂の本樹軒主洪卓が序文を載せている。それによれば、この本は真念が詳しく四国内を巡り、寺々や道の遠近などを分かりやすく書き留めたものであるとし、続いて道標のことや八十八ケ所の縁起などを書き載せるという文言がある。

用意の事

次に「用意之事」として、札はさみ板の大きさや書き様などのこと、さらに紙札のことが細かく記されている。

一、用意の事

札はさみ板　長六寸

幅二寸

おもて書やう

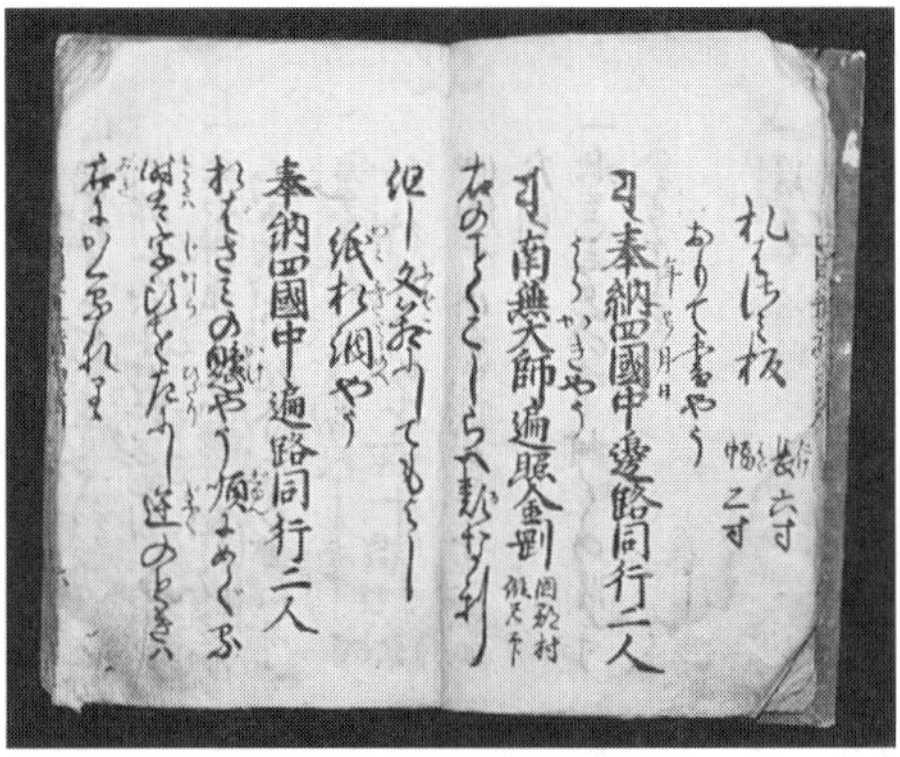

真念『四国辺路道指南』
（瀬戸内海歴史民俗資料館蔵）

年号月日

（ユ）奉納四国中辺路同行二人

うらかきやう

（ユ）南無大師遍照金剛　国郡村 仮名印

右のごとくこしらへるなり

但し文箱にしてもよし

（以下、略）

とある。札挟みについては、『道指南』以前のものが五二番太山寺（承応年間・明暦三年、但し七ケ所辺路）に残されているが、その大きさは長さ六寸、幅二寸に近く、真念以前からほぼ定型化していたものと見られる。ただ太山寺の札挟には「同行二人」、「同行五人」とあり、遍路者の実数ともみられ、その書様には留意されるが、真念によって「同行二人」が明示されたことは重要な意味を持つことになる。ともかく、ここで遍路に出立する準備のことが丁寧に説明されており、初心者には必要不可欠の事項といえよう。ついで「札うち様」では。

其札所本尊、大師、太神宮、惣して日本大小神祇、天子、将軍、国主主君、父母師長、六親眷属、乃至法界平等利益と打つべし、常に同行の恩得を感じ、宿札、茶札有べし、男女ともに光明真言、大師の宝号にて回向し、其札所の歌三遍よむなり。

とある。古い時代のことはよく分からないが、この頃には札納めは紙札が主流となっていたことが分かる。ここで重要なことは「光明真言」と札所の「詠歌」が唱えられたことであろう。承応二年（一六五三）の澄禅『四国辺路日記』の記事には、澄禅はいくつかの札所で念仏を唱えていたが、ここでは光明真言に変化している。これは重要なことで、澄禅時代頃には前代に引き続いて、弘法大師信仰と念仏信仰（阿弥陀信仰）が主流であったが、真言宗本来のあり方ではなかったので、ここで光明真言に改めることにより、弘法大師一尊化への転換が図られたのである。

詠歌

次に詠歌を三遍読むというのも興味深い。詠歌とは各寺院の本尊を称えるもので、西国三十三所観音霊場では特に重視されるが、四国遍路でもそれに倣ったものであろう。ただ澄禅『四国辺路日記』には、詠歌を読むという文言は確認できないので、澄禅の時代には、その行為はなされなかったのであろう。ただ澄禅が修行僧としての立場から敢えて詠歌を読まなかったのか、よく分からない。なお真念が登場するまでの資料にも、各札所の詠歌について確認することができない。こうしたことから、白井加寿志氏(3)は詠歌については、真念または真念達によって創作されたか、あるいは、いくつかあったものを八十八に整備すべく、つくり足したと考えてもよいとされている。

ここで八十八ケ所の詠歌についてみてみたい。先述のように詠歌は元来、本尊を対象とするものであるが、不思議なことに一六番観音寺は本尊が千手観音であるが、「わすれずも導き給え観音寺、西方弥陀の浄土へ」、一九番立江寺は本尊地蔵菩薩で「いつかさて西のすまいの我たちへ、弘誓の船にのりていたらん」、二六番金剛頂寺は本尊が薬師如来であるが「往生に望みをかくる極楽は、月の傾く西寺の空」とあり、本尊とは別に極楽や阿弥陀如来が称えられ、明らかに阿弥陀念仏信仰(4)がみられるのである。この他にも四四番大宝寺など十ケ所ほどの札所で、詠歌の中に念仏信仰が顕著に伺える。おそらく、これらの詠歌は四国辺路の中で念仏信仰が盛んであった頃、つまり澄禅時代、あるいはもっと古い時代に作られた可能性があろう。

遍路の装束

次に遍路に出立する時の装束について、次のように記している。

負俵、めんつう、笠杖、ござ、足半《あしなか》、其外資心にまかせるべし。惣じて足半にてつとむべしといひつたへたり。草鞋は札所ごとに手水なき事有て手を汚すゆへに、但草履わらうつにてもくるしからず。

とある。こうした遍路の姿は『道指南』の挿図が参考となる。それをみると六人のうち後の二人の遍路者が杖を持っているが、その杖には節がみられることから竹製であった可能性があり、今日使われる木製の金剛杖でないことは留意される。『引導能引鈔』(5)に「竹杖ハ亡者ノ杖」とあり、死出の旅路に用いられるという。四国遍路を死出の旅路とするなら首肯されるが、もちろん竹が安価でどこでも調達できる便利さを考慮すれば、合理的であるともいえよう。なお先記した遍路者の前三人の人物の杖には節が見られないことから、竹製以外が用いられているように見える。そして足には確かに足半が履かれている。

『四国辺路道指南』の販売所

次に記されるのは、販売所のことで、次のように記されている。

一、此道指南并霊場記うけらるべき所ハ
　大坂心斉橋北久太郎町　　本屋平兵衛
　同所江戸堀　　阿波屋勘左衛門

『四国辺路道指南』
（瀬戸内海歴史民俗資料館蔵）

阿州徳島新町　　　　　　信濃屋理右衛門
讃州丸亀塩飽町　　　　　鍋屋伊兵衛
予州宇和島満願寺
此満願寺、八十八ケの中にあらずといへども、大師草創の梵宮にて、往昔は大伽藍なりしが、破壊年久しく尽るになんなんとす。今出す所の霊場記、道しるべ両通の料物をあつめ、彼寺九牛が一毛修理せむ事、それがし遡天の別願なり。
南無大師遍照金剛　　真念　敬白

とあり、『道指南』と『霊場記』（寂本『四国徧礼霊場記』以下『霊場記』）が受けられる所として大坂二ケ所と阿波徳島、讃岐丸亀、宇和島満願寺の五ケ所があげられている。つまり大坂から船で、徳島（渭津）または丸亀に到着し、そこから始めるのが当時の一般的な遍路のコースとみてとれよう。その出発地と到着地に販売所が設けられていたのは当然のこととして受け取れる。ただ最後の満願寺は、伊予南部の宇和島に位置しているのである。

満願寺

満願寺（宇和島市津島町）について、先記のとおり真念は特別の思いを持っていたことが分かる。荒廃した満願寺の復興資金とするために、この両本の販売を企てたのである。八十八ケ所の寺院ではない満願寺に真念は何故、これほどまでに心がひかれたのであろうか。

満願寺の歴史をみてみよう。(6) 現在の本尊は聖観音菩薩坐像で平安時代中期、薬師堂の薬師如来坐像は平安時代後期に遡るもので、いずれも等身像の見事な像である。かつて存在した『大般若経』は南北朝時代の弘和四年（一三八四）のものが多く、満願寺の古い歴史を物語っている。以上のことから、満願寺の創建は平安時代に遡り、中世には大いに盛んであったとみられる。さて明暦三年（一六五七）の蕨岡家文書[7]（高知県宿毛市）によれば

諸国ヨリ四国辺路仕者弘法大師之御定ヲ以、阿波之国鶴林寺ヨリ日記ヲ受、本堂横道一国切ニ札ヲ納申也、依之土佐之国分ハ寺山ニテ札仕廻、伊与之国入、宇和之郡ニ而御庄平城村観自在寺ヨリ札初、次ニ笹山へ札ヲ打、其ヨリ津島万願寺へ札納通申御事

とあり、伊予の札所は観自在寺から始まり、笹山の後に「津島万願寺へ札納め」とあることから、かつては四国辺路の札納所であったらしい。

なお満願寺は現在、臨済宗妙心寺派で本尊聖観音菩薩坐像である。数多い寺宝の中に善導大師の船板名号版木が所蔵されており、まことに興味深い。この版木は船後光の中に「南無阿弥陀仏」の六字の名号が陰刻されており、さらに付随する縁起[8]がある。それによれば、「この版木は善導大師の船板名号といい、寛永二年（一六二五）に一人の道者がこの村の民家に立ち寄り、予は弘法大師の霊場を七度参拝する願を立てたが、老齢のため我が帰りくるまで、預かってほしいと言い残して去った。その後、この版木は満願寺に寄付され、万治三年（一六六〇）の本尊開帳の際に安置していると、ある禅者が訪ね来て、この版木をみるなり、これは善導大師が入唐し、帰国の際に嵐にあった時、三枚の船板に名号を刻んで海に流し、無事帰国できたものである。三枚の内、相模光明寺と筑後の善導寺にあるが、ようやくにして、ここに見つけたといって忽然と消え

船板名号
（愛媛・満願寺蔵）

た」というのである。この縁起には善導大師に関して大きな誤りがある。つまり善導大師は元々、中国の浄土教開祖の人物で、入唐することはありえないことで、弘法大師と混同していることは明白であろう。おそらく、この縁起譚を作ったのは善導大師を重んじる浄土宗または時衆に関わる聖で、しかも弘法大師信仰を合わせ持った人物であろう。なお弘法大師と六字名号の関係は『一遍聖絵』の中に記され、さらに時衆系高野聖と関係する説経『苅萱』「高野巻」には「船板名号」がみられる。このことから満願寺の船板名号版木も時衆系高野聖に関わるものかと推察され、まことに興味深い。

　さらに満願寺には念仏の鉦も所蔵されている。陰刻銘[9]には「奉寄進与州宇和島対馬之内岩淵村萬願寺什物／貞享四丁卯三月廿一日施主村中念仏講中間」とあり、貞享四年（一六八七）三月二十一日の寄進である。三月二十一日は言わずと知れた弘法大師が高野山奥院に入定された日で、これは偶然ではなく敢えて、この日を選んだに違いない。したがって、この鉦は、弘法大師信仰と念仏信仰が混淆した、極めて重要な念仏の鉦なのである。これらのことから満願寺の所在する岩淵村に念仏講が存在し、そこには弘法大師信仰が基盤にあったとみてよかろう。そして貞享四年は奇しくも『道指南』が上梓された年である。しかし、なぜ札所ではない満願寺の復興資金を調達するため「真念の念願」とまで言わせたのであろうか。想像を逞しくして言えば、荒廃した御堂に集い「南無大師遍照金剛」や「南無阿弥陀仏」を唱える念仏講中と真念は深い関係があったのではなかろうか。そして、かつては四国辺路の札所

鉦（愛媛・満願寺蔵）

であった満願寺が八十八ケ所に含まれ無かった悔しさが真念をして、そう言わせたのであろう。ただ澄禅『四国辺路日記』にも満願寺についての記載はない。このことは澄禅の時代の満願寺は立ち寄ることもまま成らないほど荒廃していたのであろうか。それとも澄禅自身、すでに札所を選択しながら四国辺路を巡っていたのであろうか。

なお『道指南』に、販売所として満願寺が記載されるのは赤木文庫本や瀬戸内海歴史民俗資料館本など、初期の段階で、その後みられなくなるが、その理由について、満願寺での販売が芳しくなかったのか、それとも修復が完了したのかなど実態は不明である。

八十八ケ所の順路

次に大坂から徳島または丸亀に渡る手順について記されているが、留意すべきは「阿州霊山寺より札はじめハ大師御巡行の次第なり。但十七番の井土寺より札はじめすればバ勝手よし」とあり、一番霊山寺からはじめるのは、弘法大師の巡行であるが、一七番井戸寺からはじめれば都合がよいというのである。このことは澄禅『四国辺路日記』にも「大師ハ、阿波ノ北分十里十ケ所、霊山寺ヲ最初ニシテ阿波・土佐・伊豫・讃岐ト順ニ御修行也。」とあり、これに該当する。大師御巡行とは、もちろん弘法大師が修行したことを意味するが、これは澄禅以前、おそらく戦国時代以前に行われていた四国辺路のことであり、これが四国辺路の当初の順路であったと理解される。おそらく四国辺路が開かれた当初は和歌山湊や大坂から海路で撫養（鳴門）に着き、霊山寺を始めとしたのであるが、徳島（渭津）が開かれることにより、船便の良さから渭津に代わり、澄禅のように井土（戸）寺を始めとしたのであろう。

札所の記事

続いて各札所の記事に移る。一番札所霊山寺について、次のように記される。

壱番霊山寺　南むき平地、板

野郡板東村

坐像長二尺

（仏像の絵）　本尊釈迦

大師御作

詠歌

霊山の志や可のミまへにめぐりきて

万のつみもきえうせにけり

これより極楽寺まて十町　ひの木村

以上のように、札所の景観や本尊、詠歌、次の札所までの距離などが簡略に記され、それが八十八番まで順次示されている。そして札所と札所の間に大師堂、標石、番所、善根宿などの存在を明記しており、遍路のガイドブックとしての役割が十分にはたせるものとなっている。中でも遍路者にとっては宿泊所が大きな関心となるが、当時の最新の情報が記載されているのは遍路者にとって、まことに有難いものであったといえよう。

以上の八十八ケ所札所の説明に続いて、最後に次の興味深い文言が加わっている。

四箇国総八十八箇

内二十三箇所　阿州　道法五十七里半三町　四十八町一里

同一十六箇所　土州　道法九十一里半　　五十町一里
同二十六箇所　予州　道法百十九里半　　三十六町一里
同二十三箇所　讃岐　道法三十六里五町　三十六町一里
道灋《ママ》都三百四里半余

大師御辺路の道法は四百八十八里といひつたふ。往古ハ横堂のこりなくおがミめぐり嶮岨をしのぎ、谷ふかきくづ屋まで乞食せさせたまひしがゆへなりと云々、今は劣根僅に八十八ケの札計巡拝し、往還の大道に手を拱御代なれバ、三百余里の道のりとなりぬ。

とあり、大師の御辺路は四百八十八里であったが、今は三百余里となっているという。これは古い時代（室町時代末期頃か）、おそらく四国辺路成立当初頃以降のことを云っているのであろう。その頃の辺路は谷深い土地にまで巡っていたことを示すものであるが、劣根僅かに八十八であるという云い方からして、かつてはかなりの数の霊場を巡っていたのであろう。それが、いつ頃のことで、どこの霊場を巡っていたのかなど、まったく不明で今後の新出資料を待つしかない。そして末尾には、大師八百五十年忌（貞享元年―一六八四）の春に「四国辺路道指南」発刊のために筆を手にして遍路を何度もして、ようやく成稿となり、それを知った野口氏によって『四国辺路道指南』となった。その時は貞享四年十一月で出版元は大阪北久太郎心斎橋筋、本屋平兵衛である、と結ばれている。ともかく真念による、この『四国辺路道指南』は八十八の番次の決定、遍路道の明確化、宿泊所の案内などを記した、初めての遍路のガイドブックとして、四国遍路の歴史の中でも特筆されるものといえよう。

二　真念の道標建立

真念の業績の中で『道指南』の刊行とともに重要なのが道標の建立である。『道指南』序に

一、巡礼の道すぢに迷途おほきゆへに、十方の喜捨をはげまし標石を埋おくなり。東西左右のしるべ并施主の名字刻入墨せり。年月をへて文字落れバ、辺路の大徳并其わたりの村翁再治所奉芸也。

とあり、真念自らが勧進して、標石を建立したことが分かる。そして真念『功徳記』の跋辞（高野山の中宜）に「又四国中まぎれ道おほくして、佗邦（他国）の人岐にたたずむ所毎に標石を立てる事二百余石なり。」とあることから、四国中に二百余の標石が真念によって建立されたとみられる。しかし三百年余を経た現在、その多くが失われたり、所在不明となっているが、ようやく三十六基ほどの真念建立の道標が知られるようになった。その多くは喜代吉榮徳師(10)の調査により確認されたものであるが、松川和生氏(11)も同様に現地調査されて、写真とともに詳しく報告されている。これらによれば、阿波十一基、土佐五基、伊予八基、讃岐十二基で合わせて三十六基であるが、中にはすでに所在地が移動しているものもあるという。建立の年月が判明するものは、わずかに高知県幡多郡三原村上長谷の一基のみで、「貞享四丁卯三月廿一日」の刻銘がある。貞享四年（一六八七）は真念『道指南』の跋辞にみる年で、発刊の準備とともに標石の建立にも邁進していたのであろう。なお三月二十一日は弘法大師入定の日で、まさに真念の切なる願いが如実に表れた標石といえよう。しかも施主は「大坂西浜町てらしま五郎右エ門」で、真念が本拠地とした土地の人物であることも興味深い。

さて現存する標石に刻される施主をみると、建立地に近い人物や遠隔地の人物など様々であるのは留意されよう。例えば観音寺市粟井町土仏観音堂の標石は「讃岐小松尾村文右衛門」で、近在の人物である。一方、香川県

内に所在する、別の標石には「江戸本銀町小泉五右衛門」とあり、建立地とは随分と遠い江戸の人である。この他の標石には大坂、京都など四国以外の人物が複数みられるが、どのようにして勧進したのであろうか。興味深いものをみてみよう。

観音寺市出作町の標石に「大坂西浜町木屋半右衛門」とあるが、これは『道指南』や『霊場記』の出版に関わる人物である。また高松市亀水町瀬戸内海歴史民俗資料館の標石には「江戸本誓寺前町徧礼同行九人」とあることから、四国辺路の途中で偶然行き会わせ、寄捨を依頼したと考えることも可能であろう。そして大坂寺島の人物の建立が先記のものとは別にみられるのも留意しなければならない。

徳島県阿波市市場町　大坂寺嶋□□□八右エ門　立

同権十郎

愛媛県四国中央市　大坂寺嶋

阿波屋甚右エ門

このことは真念が勧進する中で、知己の人物や本拠とした寺嶋の人達に積極的に寄捨を依頼したことが推測される。

以上は、二百基ほど建立した中の、三十数基をもっての考察で、すでに亡失したものの内容を知ることができないのは、まことに残念であるが最後に標石のひとつを例示しておきたい。建立地は三豊市山本町の六七番大興寺境内である。

向右面　（梵字）南無大師遍照金剛

正面　左遍ん路みち　願主　真念

向左面　　施主　為父母六親施主讃州小松尾
　　　　　　　権左ヱ門

真念の標石は正面幅は十五～二十㎝位、奥行十二～二十㎝位、高さ五十～八十㎝位（地上部）の方柱で頭部は緩やかな四角垂とするものが多く、石質は花崗岩が殆どである。真念建立の標石はこの型式が多く、ここでは先例にならい一応、「真念型標石」[12]と呼称する。

真念標石（香川・大興寺境内）

さて『道指南』には、「標石有」、「しるし石あり」の記述が二十六ケ所ほどあるが、これは先記の「真念型標石」と、それ以外のものも含まれているので注意を要する。例えば一一番藤井寺から一二番焼山寺の途中にある「柳の水」付近に、次のような記述がある。

これよりしやうさんじまで三里、山坂にして宿なし。壱里半ゆきて柳の水有。（中略）それよりして遍路のともがら、涸魚のくるしミを一杓の下にのがる。又標石あり。

とあるが、ここには次のような標石が建立[13]されている。

延宝八龍集庚申七月廿一日
（キリーク）　柳　水　為二親立之
　　　　　　早渕屋弥市兵

これは延宝八年（一六八〇）の建立で、「真念型標石」とは大きく異なる。同様に二五番津寺から二六番西寺（金剛頂寺）の途中には是より西寺迄壱里、少行川有。〇うきつ浦過て標石有、女人ハこれよりひたりへ行。行道さきといふ所に大師御作の不動有、女人ハここにて札おさむ。（中略）男ハしるし石より右へゆく。

これは貞享二年（一六八五）銘の女人結界の標石である[14]。この二例のうち、先の標石について、その建立に真念が直接関与したかどうかは明確ではないが、真念の活躍期と重なることは、真念が関与していた可能性[15]があるという。これらの標石は見知らぬ土地の遍路道を歩む者にとっては、まことに有り難いものであったに違いない。『道指南』の本を片手に標石を見つけた時の安堵感は計り知れないものがあろう。

三　真念の遍路屋設置

真念『功徳記』の跋辞は寂本の弟子中宜が書いたものであるが、その中に「四国のうちにて、遍礼人宿なく艱難せるところ有り。真念是をうれへ、遍礼屋を立、其窮労をやすめしむ。」とある。つまり四国遍路する人々が宿なく困窮しているので、遍路屋を建てたというのである。真念建立の遍路屋として確実なのが『道指南』の、三七番五社（岩本寺）から三八番蹉跎山（金剛福寺）の途中、市野瀬村の箇所に「市野瀬村、さが村より是まで八里。此村に真念庵といふ大師堂、遍路にやどかす。これよりあしずりへ七里」とあり、真念が関わった大師堂があり、それは真念庵と呼ばれていたのである。この真念庵については喜代吉榮徳師の論[16]によれば『土佐国堂記抄録』（延享五年に藩寺社方編輯、明治二十一年抄写）に「同村地蔵、大師、天和二壬戌年大坂寺嶋真念以願建立為四国辺路足摺山参詣之宿所号真念庵」とあり、天和二年（一六八二）に真念が足摺山（三八番金剛福寺）参詣の為の宿として建立したことが判明する。一（市）ノ瀬は足摺山（三八番金剛福寺）と寺山（三九番延光寺）

に向かう分岐点で、この位置に真念庵を建立したことは真念が幾度となく四国遍路した経験上からの発案であったといえよう。ここには貞享三年（一六八六）銘の手洗い鉢や石造地蔵菩薩に刻まれた元禄五年（一六九二）銘の真念の供養塔も建立されており、真念が深く関わったとみられる遺品などもあり、土地の人達とも深い交流があったことを明確に示している。

なお真念庵には宝永二年（一七〇五）に讃岐志度の寒河金兵衛が父母供養の為に納めた位牌などがある。それによれば真念庵維持費の為に仏餉田十二代（約七十二坪）を寄進したことが刻されている。金兵衛は弘法大師を深く信仰し、札所寺院に数多く寄捨した篤信家で、四国遍路にも何度も出たと想像されることから、寒河金兵衛と真念とは何らかの交流があったと見られている。(17)

さて、興味深いことに、この真念庵とみられる位置に澄禅『四国辺路日記』には

一ノ瀬と云所に至ル。是ヨリ足摺山エ七里也。寺山エ往ニ、ヲツキヲササトテ横道ノ札所ニケ所在リ。ヲツキヲササヘハ、足摺山ヲ往廻リテ海辺ヲ通り往ニ大事ノ難所多シトテ、皆是ヨリ七里往テ足摺山ヲ拝シテ、又七里帰テ一ノ瀬ヨリ寺山ヘ往ナリ。然バ荷俵ヲ一ノ瀬ニ置テ、足摺山ヘ行也。

とあって澄禅の時代に、すでに一（市）ノ瀬に荷物を置いて足摺山に行ったことが確認でき、真念庵の前身らしきものの存在が想起され興味深い。

四　真念の人物像

さて真念の人物像を考える時、寂本『霊場記』や真念『四国徧礼功徳記』（以下、『功徳記』）が参考となる。

まず『霊場記』序に「茲有。真念者抖擻之桑門也。四国遍礼者十数回」、また『功徳記』跋辞に中宜が「真念はもとより頭陀の身なり。麻の衣やうやく肩をかくして余長なく、一鉢しばしば空しく、ただ大師につかへ奉らんと深く誓ひ、遍礼する事二十余度に及べり」と記している。抖擻とは梵語の頭陀の訳で、行脚すること、つまり諸国を巡り歩いて修行することとあり、桑門とは沙門で僧侶の意味であることから真念は廻国修行者ともみられようが、その実像は明確ではない。ただ高野山に深く関わることから、いわゆる近世的な高野聖の範疇といえよう。

寺嶋という地

『道指南』の跋文に「本願主同所（大坂）寺嶋宥辯真念房」とあることから、真念は法名が宥辯、字が真念房で、大坂寺嶋を本拠としていたらしい。寺嶋という土地について、山本和加子氏[18]は「当時そこは大坂港の突端で、木津川、尻無川、岩崎運河の河口に位置し、諸国の船が通過してゆく三角州の島で低湿地だったと思われるが、それでも貞享のころは、家数四十軒近くあり、その日暮らしの船大工などが住み、船の修理などでほそぼそと生計をたてていた。定職を持たない真念の格好の住処であったろう。」と考えられている。日々の生活にも困窮する人々が暮らす集落のイメージである。はたしてそうであろうか。先記した真念型標石の施主に「大坂寺嶋□□□八右エ門、同権十郎」、「施主大坂西浜てらしま五良右衛門立之」、「施主大坂寺嶋阿波屋甚右衛門」とあり、寺嶋に住居する人物が複数みられる。標石一基を建立する費用は相当のものと考えられ、施主となるには豊かな経済力が必要であろう。現存数三十六基に対して三基の施主の数があり、全体で二百余基であることを考慮すれば、かなりの数が寺嶋の関係者であったと推察されよう。さらに『霊場記』の募縁記をみると

土州（巻五）

此一巻錂工傭貨施主大坂寺嶋阿波屋甚右衛門、同所塩飽屋小兵衛、同所淡路屋権右衛門与講中・・

予州下（巻七）

・・・寺嶋尼崎屋九左衛門・・・

とある。大坂寺嶋の阿波屋甚右衛門が再見されるなど寺嶋の商人が数多くみられる。このことから、真念の本拠地、寺嶋は経済的にかなり豊かな地であったのではなかろうか。新居正甫氏の研究では、大坂と全国各地を結ぶ廻船が頻繁に発着往来し活気ある地で、特に讃岐の塩飽島との関係が濃厚[19]であるという。

標石の施主や『霊場記』出版に際し、真念は本拠地寺嶋周辺の人々の大いなる援助を期待していたのである。寺嶋は貧しい村ではなく、信仰心に篤くしかも経済力のある村で、その寺嶋を本拠とし、それを背景に真念は勧進活動などが行われたと考えられよう[20]。真念は四国遍路を活動の中心としたことは間違いなかろうが、それ以外の地での宗教的な行為については、まったく記録にみえない。ただ高野山の寂本、洪卓、中宜などとの交流から高野山と深い関係にあったことは間違いない。特に洪卓との関係からみて、高野山奥院あたりで、なんらかの活動を行っていたことが考えられる。貞享四年版『道指南』の刊行前頃は、四国を二十回余り巡りながら、標石の建立、土佐の一（市）ノ瀬に遍路屋を設置したこと位しか分からないのが実情で、今後の新たな資料に期待したい。

真念の没年

真念の生涯と同様に没年もあまり明確にできないが、土佐・市野瀬の真念庵のすぐ前の石造地蔵菩薩がその解明の手がかりとなる。これには

（右）　為大法師真念追福造営焉

地　蔵　菩　薩　尊　像

（左）元禄五壬申歳六月廿三日終

とある。真念追福の為に元禄五年（一六九二）六月二十三日に造立したと読み取れる。また高松市牟礼町の洲崎寺には、卵塔型の墓で、次のような刻字がある。

元禄六歳　大坂寺嶋住僧　　立

（ア）大法師真念霊位

六月廿三日　施主　安治今竹　之

とあり、元禄六年であるが、六月二十三日は先と同様である。この二例や『功徳記』の「元禄三年正月、中宜」などから、浅井證善師[21]は真念は元禄四年六月二十三日に没したと結論づけられた。真念庵の地蔵菩薩は一周忌、洲崎寺の墓は三回忌に建立されたものと考えられている。

大法師とは

先記の供養塔に「大法師真念」と刻まれている。これについて浅井師[22]は「阿闍梨真念ではないから、真念は真言僧としての加行および伝法灌頂は受けていなかったものと思われ、まさに聖としての一生を過ごしたのである。」と解されておられる。では大法師とは、

真念の墓（香川・洲崎寺蔵）

どのような僧であったのだろうか。

これに関連するものとして拙寺（円明院）に江戸時代初期以降の過去帳が残されており、その中に次のような三人の大法師が記されている。

盛乗大法師　元禄二己巳歳壬正月十一日　当院弟子

秀誉大法師　元禄十五年壬午年七月十六日　当寺隆尖弟子

大法師圭瑞　寛延三午正月三日　当寺英俊兄

いずれも当院住職の弟子となっている。一方、同過去帳の歴代住職の記載は「阿闍梨〇〇、権大僧都法印〇〇」などとなっており明らかに相違する。元禄時代頃には、地方の寺院などに帰属して住職の指示のもとに、仏事や勧進活動などを行っていたのが大法師や法師という住職より、僧階の低い僧かと思われる。浅井師の云われるように、受戒・灌頂など受けない正式の真言僧とはみなされなかったのであろう。なお先記した秀誉大法師は「誉」の係字を持つことから、浄土宗系の僧の可能性もあろう。念仏信仰とも深く関わっていたのかも知れないが、当院墓地に真念と同型式の秀誉の卵塔が建立されている。

これについて六七番大興寺や七一番弥谷寺にも位牌や墓石に数多くの大法師が確認されるのは興味深い。江戸時代前期頃の四国の札所にも大法師あるいは法師と称する僧が数多く介在し、遍路に対応したり札所寺院の経営の一部を任されていたのかもしれないが、その実態を明かすことはなかなか難しい。真念も大坂寺嶋を本拠としながらも高野山へしばしば登り、幾度となく四国遍路を行いながら札所寺院と深い関係を持ち、さらに遍路の先達なども行っていたのかも知れない。憶測を逞しくすれば、『道指南』（『瀬戸内海歴史民俗資料館本』）の九丁目あたりの挿図（本書一七一頁）に五人の遍路者の先頭に立つ、僧侶姿の人物が真念その人ではなかったかと思うのである。

五　『四国辺路道指南』関連本の出版

先に貞享四年版の『道指南』（赤木文庫本）の内容を記したが、この『道指南』は四国遍路における初めてのガイドブックとして出版当初から人気を博したらしく、次々と改訂版が出された。そこには初めての事業のための単純な誤記などの修正や、さらに年を経るごとに、遍路道や宿泊所の形態などが変化し、それに対応したためであった見られている[23]。『道指南』関連本の異本やその増補大成の出版事情については、近藤喜博氏の『四国霊場記集、別冊、解説』などに詳しいが、近時、稲田道彦氏や新居正甫氏[24]の研究によって『道指南』関連の版行の全容が明確となった。ここでは両氏の御高論を元に記述したい。現在、知られる『道指南』関連の主な諸本は以下のとおりである。（書名は原文通り記載）

貞享四年十一月刊　・『四國邉路道指南序』（六行本）　赤木文庫本（所在不明）・瀬戸内海歴史民俗資料館本・岩村武勇氏本（序題）

貞享四年十一月刊　・『四國徧禮道指南序』（八行本）稲田氏本など（序題）

無年刊記　・『四國徧禮道指南増補大成』岩村氏本

明和四年正月再板　・『新板大字四国遍んろ道志るべ』・内題『四國徧禮道指南増補大成』

文化四年五月求板　・『新板大字四國遍路道志るべ全』・内題『四國徧禮道指南増補大成』

文化十一年求板本　・内題『四國徧禮道指南増補大成』

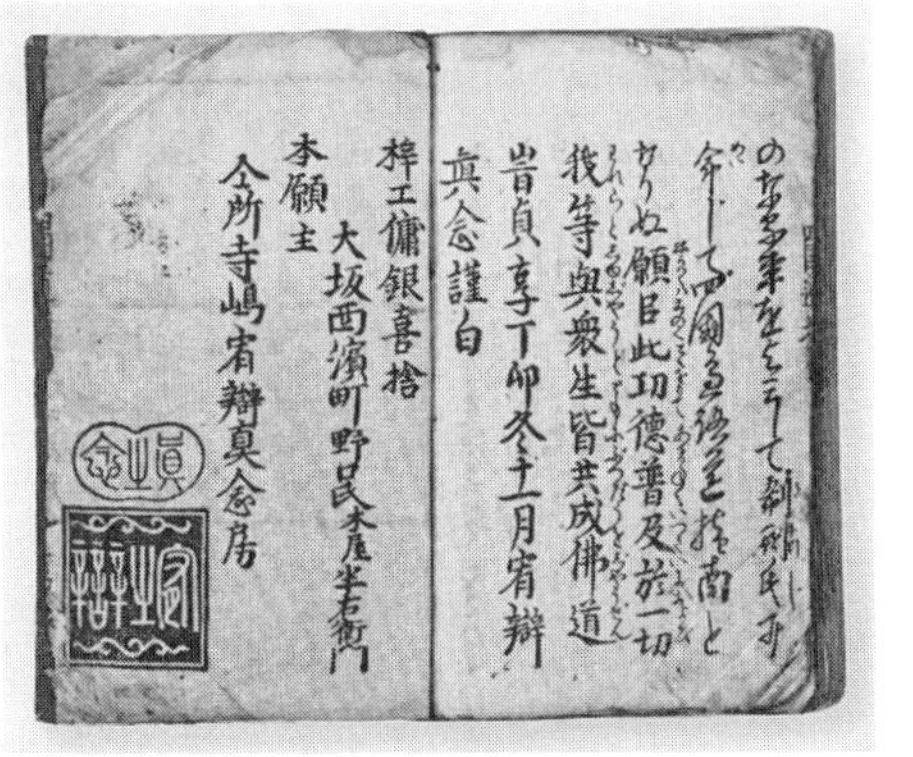

『四国辺路道指南』
（瀬戸内海歴史民俗資料館蔵）

文化十二年求板本・『新板大字四國遍路道志るべ全』・内題『四國偏禮道指南増補大成』

天保七年十二月再刻・『天保再刻四國遍路道しるべ全』・内題『四國偏禮道指南増補大成』

天保七年十二月再改正・『天保再刻四國遍路道志るべ全』内題『四國偏禮道指南増補大成』

などがあり、さらに『四國編路御詠歌道案内全』、『四國偏禮道案内』などが知られる。

このように貞享四年から江戸時代の終わりまで、増補版や簡易版として次々と出版されてきたことが分かる。

貞享四年版（六行本）

まず貞享四年版は当初のものは一丁片面（一頁）あたり六行を基本とし、現在確認されるものは数冊ほどである。これらを比較すると細かい点でかなりの相違があり、当初のものから必要に迫られ改訂を重ねたものとみられる。ただ版木全体を改訂するのではなく各丁を部分的に改刻、補刻挿入、削除、さらに丁全部の改刻が行われてきたと考えられている[25]。もっとも古いとみられるのが、先記したとおり近藤氏が用いた赤木文庫本であるが、残念ながらこの本は現在、所在不明で次いで古いのが瀬戸内海歴史民俗資料館本である。この本は保存もよく、史料的な価値は極めて高い。新居氏の研究[26]では、その後も版行が続いたという。そして貞享四年版（六行本）の版行順を次のように示された。

（1）赤木文庫本（貞享四年・所在不明）
（2）瀬戸内海歴史民俗資料館本（推定、貞享四年〜元禄元年）
（3）岩村武勇氏本（推定、元禄元年）
（4）天理大学本（推定、元禄三年）
（5）成簣堂文庫本（推定、元禄三年以後元禄四年六月まで）
（6）玉川大学・図書館本（推定、元禄三年以後元禄四年六月まで）

近藤喜博氏の研究[27]では赤木文庫本は第二版で、さらにその前に未見の初版本が存在すると考えられたが、新居氏[28]は赤木文庫本が初版本であるとする。その理由として一年足らずの間に四版も出版されることには無理が生じ、現実的でないという。新居氏の綿密な諸本の比較検討により、貞享四年版の出版状況が明確となったことは、真念『道指南』の展開を知るだけでなく、四国遍路の歴史を知る上でもまことに貴重な研究といえよう。

貞享四年版（八行本）

先記した六行本『道指南』に対して、各丁片面七〜八行の『道指南』が知られている。（片面の多くは八行であるので、ここでは八行本と称する。）この八行本の序題は「四國徧禮道指南序」（原文）とあり、瀬戸内海歴史民俗資料館本の「四國邉路道指南序」（原文）とは異なる。そして末尾に「貞享の板摩滅して文字ふ文明たりより今復梓をあらたむるもの也」とあることから貞享四年版の板木が摩滅したので、新たに版を刻むとしており、全面的な改訂版といえよう。新居氏によれば、江戸時代同一の版木では千部程刷ると版木の摩滅があり改版され、六行本『道指南』も最大千五百部くらい刷られたとみられ、全体的な改訂が必要となり、八行本が刊行され[29]たのではないかという。八行本『道指南』は現在、稲田道彦氏本、前山おへんろ交流サロン本などが知られているが、稲田氏[30]は自身所蔵の八行本『道指南』（以下、「稲田氏本」）と赤木文庫本を詳細に比較検討され、次のような結論を得ている。

赤木文庫本は各丁片面が六行であるが、稲田氏本は八行であることを指摘され、さらに丁付けの相違や赤木文庫本の記事では「四国徧礼霊場記全部四巻」とあるが稲田氏本では「四国徧礼霊場記七巻」とあることなどを理由に、赤木文庫本の方が稲田氏本よりも古いことを明らかにされた。また近藤氏の説である「六行本の省略本が八行本ではなく、六行を八行に変えることにより、本の厚さ（丁の減数）を薄くして運びやすくし、書かれている内容も巡礼に必要な知識は省略せず、より実践的ガイドブックを目指した出版物にした」と指摘されている。さらに八行本の作成には『道指南』を作成した真念と洪卓の意識、さらに学問僧寂本の考えが及び、遍路のためにさらにいいものにしたい、仏教の思想に従いたいという配慮が働き、真念がこの二冊の出版に関わり原稿の作成にも関わったと指摘されている。また貞享四年よりも後年（稲田氏は弘法大師ご遠忌から十年以内と想定されている。）に出版された八行本『道指南』が何故、貞享四年の年号を用いたのかについては「貞享四年（一六八七）が弘法大師八百五十年忌に当っていたので、そのメモリアルイヤーとして重用された」と考えられている。ただ八百五十年忌は実は貞享四年ではなく、貞享元年（一六八四）で、真念はその年の春に『道指南』発刊の発願を期したのである。このことは、同本の末尾に真念自らが記すところで、その後四年ほどを要し、貞享四年十一月に六行本『道指南』を出版したので、貞享四年を用いた背景は別にあるとみられよう。その理由のひとつとして六行本を踏襲した内容であることから、版元の意向によるものと思われる。

なお新居氏は八行本『四国徧礼道指南』を『貞享四年再刻版本』と称し、これには内容が異なる二種類が存在することを明示[31]された。二種の相違点の内、七丁表では、

（1）同所より讃州丸亀への渡海ハ立売堀丸亀屋又右衛門籐兵衛かたにて渡りやう可相尋之
（2）同所より讃州丸亀、志度、高松への渡海ハ北堀壱丁目田嶋屋伊兵衛かたにて渡りやう可相尋之

とあって、志度や高松が加わり、さらに渡海切手出しが丸亀屋から田嶋屋に代わっていることが分かる。比較すると（1）は貞享四年版を踏襲していることから、（1）よりも（2）の方が後年であることを指摘されている。さらに貞享四年再刻版（八行本）の刊行は元禄十一年以降で、元禄十年刊の寂本『四国遍礼手鑑』よりも後の刊行であるという。このことは真念没後七～八年も後の刊行であることから、八行本の貞享四年再刻版に真念が直接に関与したとは思われない。

結論的には新居氏[32]は六行本が実数百六十二枚であるのに対して、八行本は九十六枚となるが、これは行数の増と挿絵図などの省略によるものであるとし、元禄十一年（一六九八）～享保九年（一七二四）までの間に刊行されたと推定している。

次いで、無年刊記の『四国偏礼道指南増補大成』は貞享四年版『四国辺路道指南』を元にし、さらに寺の開基や由来などが追加されており、享保九年（一七二四）以後に版行されたが、それは貞享四年再刻版本などが火災で焼失し、新たに版下から作られたものという。また明和四年再版本は無年刊記本を引き継いだものとの指摘[33]がある。以上のように貞享四年に上梓された真念『道指南』が元となるガイドブックは江戸時代の末期、さらに明治時代になっても次々と内容を変えながら出版され、遍路者に大いに利用されたのである。

六　寂本『四国徧礼霊場記』の刊行

真念『道指南』から遅れること二年、寂本によって『霊場記』が元禄二年（一六八九）に上梓された。ただ、この出版計画は、『道指南』の中に「此道しるべの外、八十八ケ所の縁起宝物等、其住侶〳〵御方より事書を乞請、四国徧礼霊場記全部四巻、高野山雲石堂主本大和上の筆削をもて板行せしむるなり。」とあることから、『道指南』と同時並行的に進められていたものであろう。

『霊場記』序などをみると、まず真念が寂本に各霊場のことなどについて執筆を依頼したのだが、寂本はさらに詳しく寺の風景なども加えるよう再調査を求めた。そこで真念は奥院の洪卓とともに再度八十八ケ所を巡り、洪卓は各霊場の仮図を描いて寂本にみてもらい、さらに多くの資料の提供を受けて『霊場記』が寂本の手によって完成したのである。もちろん寂本自身が四国を巡った形跡はない。なお『霊場記』の出版が遅れた原因は真念、洪卓が寂本に促され、再度の札所に関する資料収集のため四国に赴いたからであろう。

内容は『道指南』が単に札所の本尊や詠歌などであったが『霊場記』では、札所寺院の歴史や宝物そして寺の景観図など、さらに詳しい情報が記されている。その編集方針は十項目にわたる凡例に「縁起などあれば、それによるが、多くは口伝えなどによるもので、あやしきことありと云えどもそのままに書く」とあり、真念や洪卓が入手したものを重用したとしている。しかし、実際には弘法大師に関わる霊験的なことや俗説的なものは除外し、後に出版される真念『四国徧礼功徳記』に掲載している。

さて、この『霊場記』で興味深いのは「四国徧礼霊場記」との記述である。これは貞享四年版『道指南』（瀬戸内海歴史民俗資料館蔵）に、すでに「四国徧礼霊場記全部四巻」と記され、「徧礼」は「へんろ」とルビが付されており、それまで「辺路」、「遍路」であったのが、ここに新たに「偏礼」が登場する。寂本は『霊場記』の中で、「偏礼」とともに「遍礼」も使用しており、「偏礼」は「遍礼」と同じ意味をもつものであろう。この「偏礼」については寂本の造語とされるが、はたして寂本はどのような意味合いで、これを造ったのであろうか。なお『道指南』に「四国偏礼霊場記四巻」とあり、四巻本の存在を思わすが、これは『霊場記』の出版が遅れ、さらに八十八ケ所以外の番外霊場も含めたことから、実際に編集すると七巻と成ったのであろう。

七　寂本の人物像

寂本（一六三一〜一七〇一）については高野山宝光院の学僧として著名で、また宝光院は二世を道範阿闍梨とする由緒正しい寺院としてよく知られている。寂本については『金剛峯寺諸院家析負輯』(34)に弟子の中宜が詳しく記しており、それを元に人物像をみてみたい。寂本は寛永八年（一六三一）に山城深草に生まれ、俗姓を長谷川氏で、後に運周坊、雲石堂とも称した。幼くして高野山に登り、宝光院の応盛の元で得度し、灌頂を受け、師の没後は快運に師事した。故あって万治三年（一六六〇）、高野山から越前に退き、やがて法印大和尚に叙される。寛文十二年（一六七二）快運の遺命により、高野山に帰り宝光院の住職となる。その後は大雲院や家原寺に住し、元禄十四年（一七〇一）に遷化した。碩学として知られ『野峯名徳伝』、『邪排仏教論』、『光明真言初重講述』など数多くの著作を残しており、当時の高野山を代表する高僧の一人として、その存在は大きい。また図画や彫刻にも優れ、数多くの仏画などを描いたという。なお真念や洪卓が札所寺院の仮図を元にした『霊場記』の寺院の境内図もそのひとつである。また詩文にも優れ『高野十八景』(35)が残されており、多才な学僧であるといえよう。

はたして頭陀真念がどのようにして寂本と関係を持つようになったのであろうか。寂本『霊場記』の序は智積院の運敞の筆であることから運敞と寂本は懇意であったらしいが、そのあたりに起因するのであろうか。謎は多いが、この頃の四国遍路の展開を考慮する上で無視できない問題といえよう。

八　『四国徧礼霊場記』と『玉藻集』

『霊場記』の寺社の記載内容については、同記叙にあるように真念と高野山奥院の洪卓が、四国において収集したものを基礎としたことが記されている。しかし、どのような資料を元にして『霊場記』が成立したのかについては、あまり論じられることはなかった。

これについては真野俊和氏[36]が七一番弥谷寺と八四番屋島寺について『霊場記』と讃岐の地誌『玉藻集』との間に深い関係を有していることを明らかにしている。これに続いて上野進氏[37]は讃岐国の札所全般を考察し、『霊場記』の多くは『玉藻集』であることを示された。ここでは上野氏の報告を元にして考察したい。

まず両本を比較してみると、『霊場記』巻一「讃岐上」の記載順は善通寺、出釈迦寺、曼荼羅寺、甲山寺、本山寺、観音寺、琴弾八幡宮、小松尾寺、雲辺寺、金毘羅。「讃岐下」では弥谷寺、金倉寺、道隆寺、崇徳天皇、国分寺、白峯寺、根香寺、一宮、屋島寺、洲崎堂、八栗寺、志度寺、長尾寺、大窪寺の順となり、かなり変則的である。これについては、先記のように『霊場記』の凡例で誕生院（善通寺）が大師出生地であり、遍礼もこれから起こったので、善通寺を起点とすることによる。

一方、『玉藻集』では八八番大窪寺から逆順に七六番金倉寺まで、次いで弥谷寺、出釈迦寺、曼荼羅寺、善通寺、観音寺、雲辺寺となり、その後、甲山寺、本山寺、大興寺が続き、ここでも変則的であるが、理由は分からない。両本の間で、かなり相違する二ケ所について比較してみよう。

『霊場記』の我拝師山出釈迦寺の記事は以下のとおりである。

①
此寺は曼荼羅寺の奥院となん。西行のかけるにも、まんたらしの行道所へのぼるは、よの大事にて、手を立てるやうなり、大師の御経書く埋ませおはしましたる山の峰なりと。俗是を世坂と号す。其道の程険岨にして参詣の人杖を拋岩を取て登臨す。南北はれて諸国目中にあり。大師此所に観念修行の間、緑の松の上白き雲の中釈迦如来影現ありしを大師拝み給ふによりて、ここを我拝師山と名け玉ふとなん。山家集に、その辺の人はわかはいしぞ申ならひたる、山もしをはすてて申さずといへり。むかしは塔ありときこへたり。西行の比まではその跡に塔の石すへありとなり。

②
是は善通寺の五岳の一つなり。むかしより堂もなかりきを、ちかき比宗善といふ入道のありけるが心さしありて。麓に寺を建立せりとなり。此山のけわしき所を捨身が岳といふ。大師幼なき時、求法利生の御こころみに、三宝に誓ひ捨身し玉ふを、天人下りてとりあげるといふ所なり。西行歌に「めぐりあはん事のちぎりぞたのもしききびしき山のちかいひみるにもむ」西行旧墟の水茎は万陀羅寺縁起に載といふへども此所にあり。

とある。前半部①は『玉藻集』とほぼ同じであるが、②の「是は善通寺の五岳の一つなり」以降は『玉藻集』以外の資料によるものと思われる。興味深いのは『玉藻集』には「曼荼羅寺・出釈迦寺と分かれ共一所也」とあり、出釈迦寺は曼荼羅寺の奥院で、一ケ所に数えると記されていることである。澄禅『四国辺路日記』には出釈迦山とあり、まだ寺名がない。そして『玉藻集』では「我拝師山出釈迦寺」として寺名が確認されるが、未だ曼荼羅寺と出釈迦寺は一つであったが、『道指南』では「此寺札打所十八町山上に有、しかれども由緒有て堂社なし。ゆへに近年ふもとに堂并に寺をたつ、爰にて札おさむ」とあり、この間の推移が分かる。

以上のように『霊場記』の多くは『玉藻集』からの引用で、それ以外は真念が現地において得た情報を追加したものとみられる。つまり②の部分である。

次に『霊場記』の巨鼇山雲辺寺千手院をみてみよう。

①此山峰巒崒嵂とけはしく、幽途岩齬とかたゝがにして、直にのぼる事五十町、堂宇雲につゝめり。雲辺の名むべきときこゆ。西は与州直下に見、北は中国の諸州一望し、東南は讃阿土の三州めぐれり、其蟠根四国にわたり、むかしは四国坊とて四ケ寺ありとかや。今は此一寺にて、阿州の城主より造立し給ひぬれど、讃州の札所に古来属せり。本尊千手観音坐像長三尺三寸、脇士不動・毘沙門、皆大師の御作なり。御影堂・千体仏堂・鎮守祠・伴社・鐘楼・二王門あり、境内高樹森々として絶塵也。

②此寺縁起あるよし予はいまだ見す。自然道人は見けるとてかけるに、いつの比とかや、閑成というますらお、一つの鹿を射て、血のながれぬる跡を留るに、此堂の中へいりぬ、閑成あやしみ、本尊を拝み奉れば、本尊に矢のあたれるとあり、閑成罪を悔て発心出家す、是そのをのこ朝夕殺生罪業作りけるを、仏あはれみて、化し玉はん御方便に、各なんありけるならし、中古回録の災あり、時本尊見へ給はざりしが、年を経て後、忽然として現し玉ふと也。

③（巨鼇とは、列子に、渤海の東に大壑あり、其中に蓬莱方壷の五山あり、（以下略）

とある。『玉藻集』と比較すると①の「…境内高樹森々として絶塵也」までは全同で、②の「此縁起あるよし…」以下が新たに加えられた部分である。おそらく雲辺寺に関する何らかの縁起を参考したのであろう。さらに③の

「巨鼇とは・・・」以下は寂本自身が山号について解説したもので、中国の『列子』を引用して難解な文言で綴られている。

二例をみたが『玉藻集』を元にして、出釈迦寺については、『玉藻集』成立の延宝五年（一六七七）以降、『霊場記』の成立までの間、およそ十年間の出来事を加えていることが分かる。また雲辺寺については、おそらく真念から入手した資料と寂本の学僧としての教養の高さを示す文言が加えられており、成立過程を知ることができる。他の寺院についてもほぼ同様のことが指摘できそうである。

以上、讃岐の札所についてみたが、残念ながら他の三ケ国については、明らかにできない。元禄時代以前の札所の地誌類や歴史書などの検討が期待される。

九　真念『四国偏礼功徳記』の刊行

『道指南』と『霊場記』の上梓は真念の労苦の結晶であり、長年の念願が叶った喜びは大きかったに違いない。しかし『道指南』はともかく『霊場記』については、いささかの不満があった。それは真念の意向とは異なり、数多くの霊験譚などが寂本によって削除されたからである。

寂本の叙

『功徳記』叙を書いた寂本は、このことを次のように記している。

（前略）往年頭陀真念企により、予四国霊場記を撰ず、其内大師の御事、寺々にかゝる事あれバしるし、よしなきハのする事あたはず、これによって大師の神徳おほくしれざる事を人うらみあへるとて、又大師の一世の事を述ぬる賛をいさゝか註述せり、然れども、賛の記三巻、霊場記七巻にて、人見るに日をわたり、ものうめる人もあり、又遍礼の功徳、奇瑞の入べき所なくしてのせざるもあり、又霊異といへども、鄙俗にわたる事とて取べきにあらざるもあり、これらミな真念遺憾なき事あたはず、ミづからその聞伝へし事を書、一巻として予が柴戸をたゝき、ふところより一巻を出して、これら俗人にしらしめば、信を起こすたよりとならんかしといへり、予この巻を見るに、庸俗の物がたりにて法教の義談にあらず、（以下略）

とある。そして文末には、「ともかく真念の遺憾に報い、また真念の大師を思う心浅からぬ様子をみて、この叙を書くに及んだが、決して本意ではない」と結んでいる。およそ、一冊の本の叙にしては、まことに手厳しい表現である。ここに真念と寂本の上下関係がわかるが、学僧としての寂本の頑固さを垣間みることができよう。

本文

本文は上巻七話、下巻二十話、合わせて二十七話で構成される。上巻の多くは四国遍路の中での出来事を弘法大師に結びつけたもので、大師の奇瑞を明確に示し、まさに遍路する人と弘法大師の密接な関係を記している。

なお第五話に、「紀州伊都郡東家村、中島理右衛門、太郎右衛門、同所の同行八人、貞享二年の夏四国偏礼し、・・・」とあり、高野山の近在の庶民が数多く四国遍路に参加していたことが分かるのも貴重な情報である。

下巻は弘法大師に対する熱心な信仰による病気平癒のことと共に、弘法大師に対して無礼があった報いから、食わず芋や食わず貝の話が続く。二十七話には遍路の人に悪しくすれば罰が当り、遍路を崇敬する人には幸福があるという。したがって遍路を崇敬すれば功徳が多いと結んでいる。興味深いのは、話の終わりに「石堂いはく」として、寂本のコメントのような記述が七ケ所みられることである。例えば二十四話の「右衛門三郎のこと」では石堂がいはく、右衛門三郎事を聞に、大師其名を書付、石を握らしめ給ふといへば、大師の御在世のやうにもあり、偏礼廿一反せしといふをきけバ、大師後の事なり。年久しくなりぬればあやしむへき事おほし。一説のはちをこひ給ふは大師にて、かれを化し玉ハん方便にて、八人の子を大師とりころし玉ふなどいふ事、なお是応ぜぬ義なり、所詮むつかしきゆへ、石手寺の記に略して書きたり。

とあって、寂本が史実と照らして問題があるとの異議を唱え、そして大師が八人の子を取り殺すなどとは応じることができないと強く反論しているのである。寂本の学僧としての面目躍如ということであろうか。大師信仰に対して真念と寂本の相違をみることができよう。なお十二話には「江戸の近所の里、此あたりはおほく真言宗にて、大師に帰服せり、延宝年中三人偏礼せしに、一人わかきおのこかたりけるに、」とあり、江戸から四国遍路に参加していたことが分かる。どれほどの数であったかは、わからないが、決して稀なことでなかったことは推測されよう。以上が真念による本文で、元禄二年十二月の記録である。

中宣の跋辞

本文の後に続く跋辞も真念の人となりや業績が記されており興味深い。「真念はもとより頭陀の身なり、麻の衣ようやく肩をかくして余長なく、一鉢しば〳〵空しく、ただ大師につかへ奉らんとふかく誓ひ、遍礼せる事二十余度におよべり・・」とある、そして遍路屋の設置、標石二百基余を建立したことが記され、「出せる所の道指南は、おほくの人にたよりし、霊場記・賛議補の企も円就して流行にいたれり、・・・」とあって、すでに上梓した『道指南』や『霊場記』、『讃議補』が流行し、多くの遍路に役立っているというのである。ここにいう『讃議補』とは『弘法大師讃議補』のことで、浅井證善師[38]によれば、『霊場記』で欠けていた大師の恩徳や事跡を補っているもので、大衆に分かり易くするため、絵が用いられているという。

十　寂本『四国遍礼手鑑』の刊行

元禄十年（一六九七）正月の刊記を有する『四国遍礼手鑑』は、編者が寂本である。内容的には札所の箇所は『霊場記』、その他は真念『道指南』を元にしたもので、本尊像や詠歌、さらに功徳譚が除かれるなど、かなり簡略化されたものである。序文に

頭陀真念というもの企により、雲石堂霊場記七巻作り、霊験をあらハし、真念先に道指南一巻を出し、遍礼の人にたよりせり、然れとも詮なき事おほく、私の事なとも書、紙墨を費し、又は遺失の事もあり、真念も是を悔て、石堂にこひて書なをしてんとねかいしに、身いたつき、ついにうせしより年月わたり、其間いかばかり人わつらハしとし、つつめり、此度四国の人しきりにいひつどいて、此編つづらしむ、遍礼の人是を見ば、寺々の由来、本尊の威様、道の遠近を、村々の次々、あきらかなる事、手にもてる鑑ならし、（以下、略）

とあり、真念の依頼によったことが分かる。先に出した『霊場記』や『道指南』は遍路の人達の大いに役立ったようだ。しかし「詮なきこと多く」とあり、また四国遍路の人々のために此本の出版[39]となったのである。真念に依頼されてから数年後のことであるが、出版時には、すでに真念は没していた。この本は現存するものが殆どなく、わずかに京都大学所蔵本のみであることから、それ程多くは出版されなかったのであろう。なお本書の刊行について、版行に関わった人物が本屋平兵衛、板木屋五郎右衛門から版元が池田屋（岡田）三郎右衛門に代わっていることが、大きな意味を持っていると新居正甫氏が指摘されている。（『真念「四国遍路道志るべ」の変遷』書誌研究　その二）。

十一　澄禅・運敞・真念・寂本の関係

前節までに真念、寂本などの著書について考察してきたが、寂本『霊場記』の序は智積院の運敞（一六一四～九三）が筆を執っていることに注目しなければならない。運敞は承応二年（一六五三）に智山の第一座となり、その後、寛文元年（一六六一）に智山第七世の能化となるなど江戸時代初期の智積院における重要な人物である。興味深いのは『四国辺路日記』を記した澄禅の師でもあることから真念と澄禅の関係が浮上するのである。各師が生きた時代をみると

	生没年
澄禅	慶長十八年～延宝八年（一六一三）～（一六八〇）
運敞	慶長十九年～元禄六年（一六一四）～（一六九三）
真念	？　～元禄四年　～（一六九一）
寂本	寛永八年～元禄十四年（一六三一）～（一七〇一）

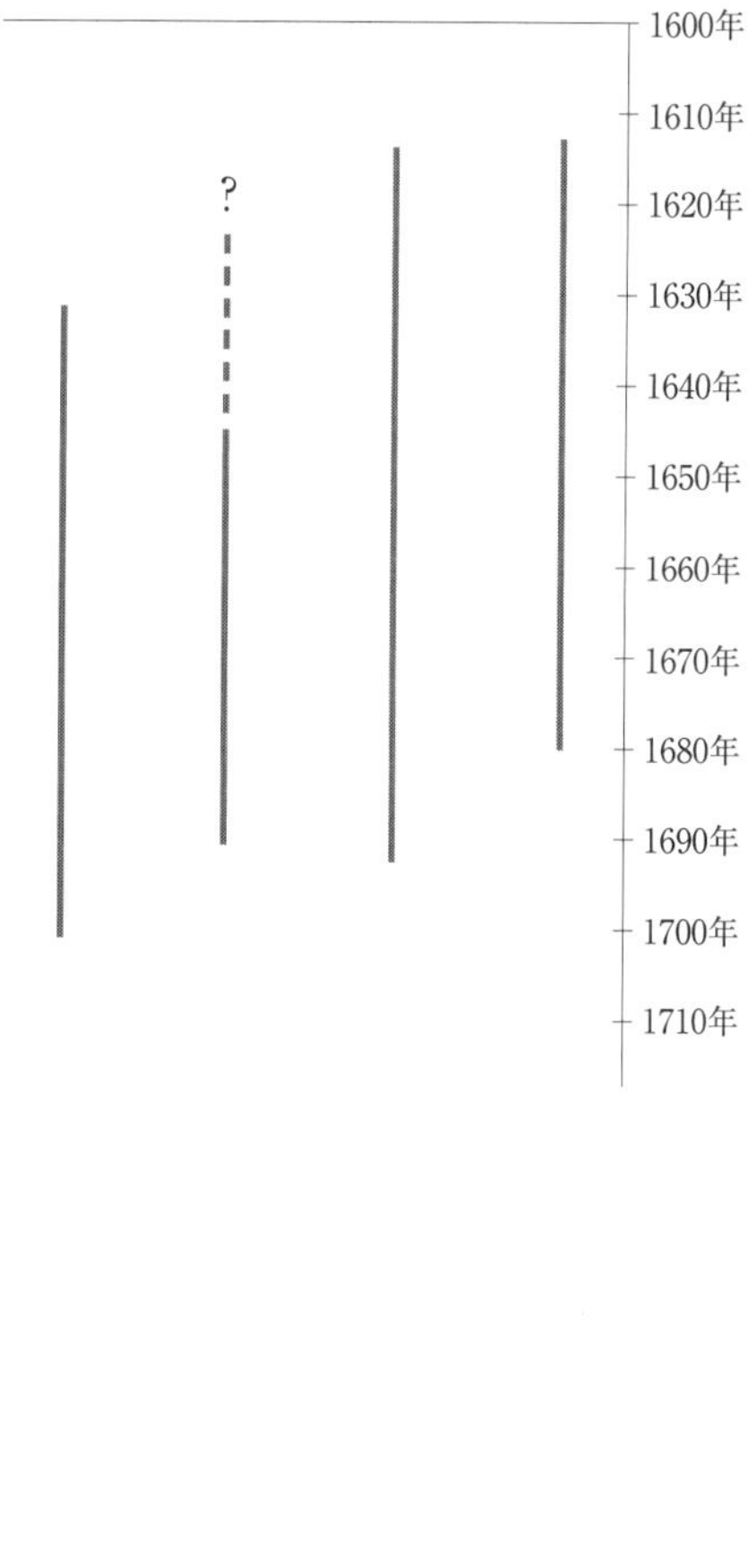

四師の間には、かなり長期にわたり重複することが分かる。運敞と澄禅は師弟の関係、真念と寂本は師弟に近い関係、運敞と寂本は智山と南山の碩学で交流があった。したがって澄禅と真念は師を通して、何らかの交流が

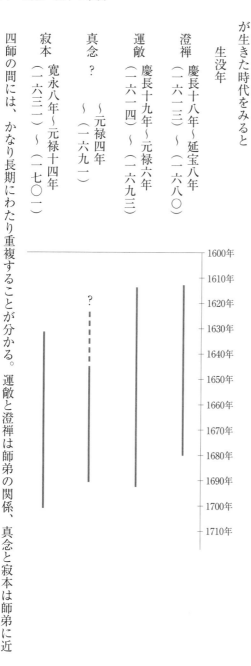

あったとみるのが自然であろう。澄禅『四国辺路日記』には、四国辺路に先立ち、澄禅は高野山に登っていることを記している。これはすでに四国遍路を行っていたであろう真念に、四国の事情を窺うためであったとする説(40)があるが、首肯されるものである。また同日記の記述から、澄禅は高野山の行人衆とは、かなり深い交流があったことは間違いない。だからといって真念を行人的な一面を持ち合わせていたのとすることには、やや躊躇されるが、その可能性については今後に期したい。

十二　「四国へんろ」の表記

現在、「四国へんろ」を表記する場合、「四国遍路」が一般的である。しかし過去に遡れば、「四国邉路」「四国邊路」、「四国遍路」、「四国徧禮」など様々に表記されてきた。まず、これらを時代順に列挙してみたい。

鎌倉時代	醍醐寺文書	四國邉（カ）路
室町時代	浄土寺本堂本尊厨子	四國邉路
元亀二年（一五七一）	土佐一之宮内陣	四國中邉路
永禄十年（一五六七）	石手寺刻板	四国邉路
天正十九年（一五九一）	土佐久礼・辺路成就碑	四國邉（または邊か）路
文禄二年（一五九三）	三角寺文殊菩薩胎内銘	四國邉路之供養
慶長三年（一五九八）	駅路寺文書（打越寺）	邉路の輩

右同	駅路寺文書（長善寺）	邊路の輩
元和四年（一六一八）	土佐大谷・遍路成就碑	遍路成就
承応年間（一六五二〜五四）	太山寺・札挟み	七ケ所邉路
明暦三年（一六五七）	太山寺・札挟み	七ケ所遍路
明暦四年（一六五八）	廻り手形	四國邉路
右同	右同	修行者遍路
延宝五年（一六七七）	大木食以空の由来記	四國中高祖遺跡遍路
貞享二年（一六八五）	大淀三千風書簡（大窪寺）	四州邉（カ）路
貞享二年（一六八五）	道標	遍ん路道
貞享四年（一六八七）	真念・道標	遍ん路道
貞享四年（一六八七）	真念『道指南』（六行本・版）	四國邉路道指南
右同	右同	四國偏礼霊場記
右同	右同	四國中邊路同行二人
右同	右同	四國中遍路同行二人
貞享四年	真念『道指南』（八行本・版）	四國偏禮道指南
右同	右同	偏禮四國中霊場同行二人
元禄元（一六八八）	『奉納四國中邉路之日記』（版）	四國中邉路之日記
元禄二年（一六八九）	『四国偏禮霊場記』（版）	四國偏禮

元禄三年（一六九〇）	『四国偏礼功徳記』（版）	四國偏礼
元禄十年（一六九七）	『四國遍礼手鑑』（版）	四國遍礼手鑑
右同	右同	偏礼四國中霊場同行二人
享保十四年（一七二九）	往来手形（香川大学蔵）	四國中邊路
延享四年（一七四七）	『四國邊路中万覚日記』	四國邊路
宝暦十三年（一七六三）	細田周英絵図（版）	四國偏禮
寛政四年（一七九二）	『志ん念道中記』（版）	四國遍路道中記
寛政十二年（一八〇〇）	『四国遍禮名所図会』	四國偏禮名所圖會
享和二年（一八〇二）	『四國邉路道中日記』	四國邉路
文化八年（一八一一）	納札（出釈迦寺蔵）	偏禮四國中霊場
文化十二年（一八一五）	『道指南増補大成』（版）	四國偏禮道指南増補大成
文政四年（一八二一）	『諸国道中金草鞋』（版）	四國偏礼略図
弘化元年（一八四四）	『四国遍路道中雑誌』（松浦武四郎）	四國遍路道中雑誌
安政四年（一八五七）	納経帳	偏禮四國霊場納帳

以上、筆者が注目したものをできるだけ記載したが、まず古くは土佐一之宮の落書などは「邉路」で鳥に「しんにゅう」である。これが文禄・慶長期、さらに元禄の『道指南』にまで長く続く。その途中の元和、明暦頃から「遍路」がみられるようになる。なお「邊路」も古例が知られる。その後、貞享・元禄の『道指南』などで「偏

礼」、「徧禮」が突如現れるが「遍路」・「邊路」も各所で確認される。江戸時代全期では版本の場合は細田周英の「四國徧禮絵図」の影響から絵図の場合は「徧禮」が多い。しかし日記類などの手書きの場合は「遍路」、「邊路」、「遍路」、「徧禮」など多様に展開している。明治時代には版本の場合は「徧禮」が引き続くが「遍路」が数おおくなる。その後は「遍路」が圧倒的に数を増し、現在では「遍路」に統一されたような経緯がある。興味深いのは「へん路」の「へん」が「遍」、「邊」から「遍」、さらに「徧」となったことであるが、それぞれの意味するところは何なのか筆者にはまだ明解な答えは出てこない。

ただ「邊・辺」は「あたり」、「きわ」、「辺境」、「辺地」など、場所を意味するが、「遍」は「あまねく」、「回数」などを意味しており明らかに異なる。このことは四国の辺地修行から弘法大師の「南無大師遍照金剛」の「遍」、つまり大師信仰の高まりからの変更を意味していると解釈することも可能であろう。[41]なお「徧」は「遍」と同意語である。ただ真念『四国辺路道指南』では「奉納四國中邊路同行二人」を「奉納四國中遍路同行二人」を併用しており、同様の意味を持つものとも解釈され、なお検討の余地がある。

注

（1）　近藤喜博『四国遍路研究』（三弥井書店、昭和五七年一〇月）二七二〜二八一頁。

（2）　新居正甫『真念「四国遍路道志るべ」の変遷・書誌研究　その一』（私家版、平成二六年八月）。

（3）　白井加寿志「四国遍路「八十八か所」起源考─付その奉唱歌起源考─」（『郷土文化サロン紀要』、高松市立図書館、昭和四九年一二月）。

（4）　武田和昭『四国辺路形成過程』（岩田書院、平成二四年一月）一四六〜一四八頁。

(5) 浅井證善『へんろ功徳記と巡拝習俗』（朱鷺書房、平成一六年一月）二〇六～二一三頁。
(6) 首藤修史『満願寺を訪ねて』（私家版、平成二二年四月八日）。
(7) 『宿毛市史資料』三『蕨岡家古文書・都築家古文書』（宿毛市教育委員会、平成五三年一二月）一二頁。
(8) 前掲注（6）『満願寺を訪ねて』四九～五五頁。
(9) 前掲注（6）『満願寺を訪ねて』四四頁。
(10) 喜代吉榮徳『道しるべ―付・茂兵衛日記』（海王舎、昭和五九年一〇月）。喜代吉榮徳『中務茂兵衛と真念法師のへんろ石並に金倉寺中務文書』（海王舎、昭和六〇年一〇月。喜代吉榮徳『四国辺路研究』第一一号（海王舎、平成九年五月）。喜代吉榮徳『四国辺路研究』第二八号参照。
(11) 松川和生『「真念道標」の探索追記』（私家版、平成二一年二月）。
(12) 喜代吉榮徳『四国辺路研究』第二三号（海王舎、平成一七年一月）。
(13) 喜代吉榮徳「辺路道標石史小稿」（『善通寺教学振興会・紀要』第二号、善通寺教学振興会、平成七年一二月）一九～三三頁。
(14) 同前。
(15) 喜代吉榮徳『四国の辺路石と道守り』（海王舎、平成三年一二月）。
(16) 前掲注（12）喜代吉榮徳『四国辺路研究』第二三号、三五頁。
(17) 前掲注（12）喜代吉榮徳『四国辺路研究』第二三号、三六頁。
(18) 山本和加子『四国遍路の民衆史』（新人物往来社、平成七年一一月）。
(19) 新居正甫『真念「四国遍路道志るべ」の変遷―書誌研究その二』（本上や、平成二六年九月）一～八頁。
(20) 同前。

(21) 前掲注（５）浅井證善『へんろ功徳記と巡拝習俗』七一～七九頁。

(22) 同前。

(23) 前掲注（２）新居正甫『真念「四国遍路道志るべ」の変遷・書誌研究その一』。

(24) 稲田道彦『四國徧禮道指南―読み下し文と解説』（美巧社、平成二五年三月）。前掲注（２）新居正甫『真念「四国遍路道志るべ」の変遷・書誌研究その一』、新居正甫『真念「四国遍路道志るべ」の変遷・書誌研究その二』（本上や、平成二六年九月）、新居正甫『真念「四国遍路道志るべ」の変遷・書誌研究その三』（本上や、平成二六年一一月）、新居正甫『真念「四国遍路道志るべ」の変遷・書誌研究その四』（本上や、平成二七年三月）。

(25) 前掲注（２）新居正甫『真念「四国遍路道志るべ」の変遷・書誌研究　その一』。

(26) 同前。

(27) 前掲注（１）近藤喜博『四国遍路研究』二七二～二八一頁。

(28) 前掲注（２）新居正甫『真念「四国遍路道志るべ」の変遷・書誌研究　その一』。

(29) 同前。

(30) 稲田道彦『四國徧禮道指南―読み下し文と解説』（美巧社、平成二五年三月）。

(31) 前掲注（19）、新居正甫『真念「四国遍路道志るべ」の変遷・書誌研究　その二』。

(32) 同前。

(33) 新居正甫『真念「四国遍路道志るべ」の変遷・書誌研究』その三（本上や、平成二六年一一月）。

(34) 『金剛峯寺諸院家析負輯』は『続真言宗全書』三四所収。

(35) 前掲注（５）浅井證善『へんろ功徳記と巡拝習俗』八一～八五頁。

(36) 真野俊和『日本遊行宗教論』(吉川弘文館、平成三年六月）一〇四頁。一七九頁。
(37) 平成二二年一〇月二四日の鳴門史学会研究大会で上野進氏が「『四国偏礼霊場記』にみる札所寺院」として口頭発表で『玉藻集』と『霊場記』の関係を示している。
(38) 前掲注（5）浅井證善『へんろ功徳記と巡拝習俗』一六七〜一七四頁。
(39) 前掲注（19）新居正甫『真念「四国遍路道志るべ」の変遷・書誌研究その二』に詳しい。
(40) 前掲注（1）近藤喜博『四国遍路研究』二五三〜二五四頁。頼富本宏・白木利幸『四国遍路の研究』八六頁。
(41)『空海と遍路文化展』図録（毎日新聞社、平成一四年九月）八八頁。白木利幸氏の解説。

第二章 『(ユ) 奉弘法大師御伝記』と『奉納四国中辺路之日記』

前章では、真念や寂本による『四国辺路道指南』などの三部作のことについて記したが、その頃(元禄時代)に別のグループによって、弘法大師や四国遍路に関わる伝記類や案内記が出版された。それが『(ユ)《梵字》奉弘法大師御伝記』と『奉納四国中辺路之日記』で、いずれも元禄元年(一六八八)の刊記を有している。これらは真念・寂本グループとは対立的な立場にある人物が関わったと考えられ、両者の関係がまことに興味深い。

一 『(ユ) 奉弘法大師御伝記』の概要

総本山善通寺に『(ユ) 奉弘法大師御伝記』[1](以下、『御伝記』)と題された版本(縦一三・八センチメートル横三一七・五センチメートル)の巻子本が所蔵されている。現状では刷りの悪さや版木そのものの磨滅などから文字そのものの判読が全体に亘り容易ではない。しかし、幸いなことに善通寺本と同様の版本からの写本が数本知られており、それを頼りに全容を判読できるのは有り難い。ここでは高木啓夫氏によって嘉永二年(一八四九)の写本から翻刻されたものを参考として、その概要について考察したい。

『(ユ) 奉弘法大師御伝記』の内容

巻首に向かって右下に合掌する弘法大師像、左上に獅子に乗った文殊菩薩像、その間に河らしきものが表現されている。そのあとに「(ユ) 奉弘法大師御伝記上」の表題があり、続いて一行に一四～六字で書かれる本文がある。（ユ）とは一般的に弥勒菩薩を表すが、ここでは弘法大師のことである。以下、本文の内容を要約する。

（出生と成長のこと）

四国讃州多度郡白方屏風浦に、とうしん太夫という漁師とあこやという女人がいた。あこやは唐の国から空船で流され、とうしん太夫に拾われ夫婦となる。あこやは四十二歳になったが、子供ができないので摂津の国、中山寺に祈願した。ある日、金の魚を呑み込む夢をみて懐妊し、宝亀五年六月十五日に男子を出生し金魚丸と名付けられた。ところが夜泣きが止まず周囲が迷惑するので、地頭の仰つけで、せんにょが原（仙遊ケ原）に捨てられる。その後、善通寺の徳道上人に拾われ善通寺で修行する。

（入唐のこと）

やがて唐に渡り、延暦二十三年に青龍寺の恵果和尚に会い弟子となり、修行する。数多くの弟子が卒塔婆を書けというので「阿字十方三世仏、弥字一切諸菩薩、陀字八万諸聖経、皆是阿弥陀仏」と書き、立派な文字に弟子たちは驚き、五筆和尚といわれ、一の弟子となる。

（天竺渡行のこと）

やがて天竺に行くが、途中で文殊菩薩に出会って、数々の問答を繰り返し、文殊の説法を受ける。

（帰朝のこと）

大同元年に帰朝し、嵯峨天皇に会い、そして京都の東寺を賜った。

（四国八十八ケ所を開創）

その後、弘法大師は四国八十八ケ所の札所を開いた。札所の数は八十八、坂の数四百八十八坂、川数四百八十八川、惣て四百八十八里である。そして大遍んろ七度、中へんろ二十一度、小遍んろ三十三度(2)を行った。また讃岐国のかゆう（香川）殿も一度の御供をし、それよって極楽浄土に往生すること疑いないという。また八坂の宮の右衛門三郎という大悪人は大師が宮で休んでいると、鉢を八つに割った。そのため右衛門三郎の八人の子供が次々と亡くなる。右衛門三郎は道心を起こして二十一度の遍路をし、さらに逆に七度遍路して弘法大師に出会い、河野の家に生まれ代わりたいとの願いを告げる。その後、三年を経て河野の子供は左手に一寸八分の石を持って生まれた。これが十二所権現（石手寺）の始まりとする。

（遍路の功徳）

「へんろ一度したる輩は、たとえ五逆十悪の罪があるとも、高野山へ三十三度参りたるに当る。へんろ一度したる輩は地獄に落ちるものなれば閻魔十王が我先に落ちて、あとより落ちるべしとの誓願があり、へんろに宿を三夜貸し、道を直に教え、馳走申す輩は極楽世界に成仏するものなり。」とあり、最後に「南無大師遍照金剛」と記されている。

（刊記）

末尾には「元禄元年（一六八八）土州一宮」とあり、さらにもう一行あるが、不鮮明で判読できない。

以上、長々と『御伝記』の内容を要約したが、第二篇第四章で詳述した『弘法大師空海根本縁起』と酷似していることに気付くであろう。ただ細部については全体に亘り相違があるものの大同小異で、その相違の中で特に重視すべきは、末尾に近い箇所で、『弘法大師空海根本縁起』では「此縁起を一度聴聞すれば高野山え一度参詣にあたる也。これを聴聞する輩は毎日南無大師遍照金剛と唱えれば、現世安穏後生善生（処）三世の師、七世の父母までも成仏する事無疑」とある。つまり、この縁起を聴聞する者ということから、『弘法大師空海根本縁起』は「語り物」の台本とみられる。一方、『御伝記』では、この「聴聞」の文言がみられない。これは、語り物の『弘法大師空海根本縁起』を元にして、版木に刻み版本とし、読み物としたので「聴聞」の部分が削除されたと考えられる。そして『御伝記』の刊記の部分の「元禄元年土州一宮」と次の不鮮明の部分に大きな関心が抱かれる。

二　『奉納四国中辺路之日記』の概要

次に内田九州男氏によって報告された『奉納四国中辺路之日記』[3]（愛媛大学法文学部蔵以下、『四国中辺路之日記』）について考察したい。現状は巻子状で縦一四・二センチメートル、横二四二センチメートルの版本である。四国辺路に関わる、この類のものはかつて報告されたことはなく、まったくの新出資料で四国辺路の研究にとって、極めて重要な意味を持っている。その後、同じく愛媛県伊方町の高嶋賢二氏によって、同日記の一部（後半部）が町見郷土館の所蔵品の中から見いだされ、さらに二点が知られ、現在では合わせて四点[4]が確認されている。ここでは内田氏の論文を元にして、その概要を記すことにする。

『奉納四国中辺路之日記』の内容

この日記の冒頭部分は、次のように記される。

弘法大師像
（ユ）　奉納四国中辺路之日記
阿州弐十三ケ所
りやうぜん寺
志やか　りやうせんのしゃかの

釈迦像　御前にめくりきて
萬のつミも
十八丁　きへうせにけり

あみだ　ごくらく寺
こくらくのみだのじょうどへ
阿弥陀像　ゆき度ハ
なむあミだぶを
三十五丁　口くせにせよ

三如来　こんせん寺
ごくらくのたからのいけを
釈迦像　おもへたた
こかねのいづミ
一里　たたえ□るかな

(以下、略)

以下、同様に阿波の札所が続き、次に区画線を設けて「土州十六ケ所」、「予州廿六ケ所」、「讃州廿三ケ所」の各札所があり、末尾は次のように締めくくられる。

やくし　大くほ寺
なむやくししや□やう
薬師像　なかれとくわん( )
参れる人□□くほ

五里　　　　　　　　　　　　　のてら
合八十八ケ所
道四百八十八里
河四百八十八川
坂四百八十八坂
空海　　　　御手判
元禄元年　土州一宮
長吉飛騨守藤原（以下不明）

以上のように、八十八ケ所の札所が国毎に明記されている。これらの内容については、内田氏が詳細に分析されているので、それを元にみてみたい。

札所名と札所順

『四国中辺路之日記』には札所番号が付されていないことが特徴[5]のひとつといえよう。札所名はひらかなや漢字で表記されるが、真念『四国辺路道指南』（以下、『道指南』）と比較すると四番大日寺が「くろたに寺」となっている。これは澄禅『四国辺路日記』には黒谷寺とあり、それを継承するもので、古い形態を踏襲している。三八番蹉跎山が「あしすり山」で、これも先と同様に澄禅は「あしすりやま」としている。七七番道隆寺が「どうりん寺」となっているが、これは単なる誤りとみられ、特に問題としない。

札所順

札所の順は阿波・土佐・讃岐は真念『道指南』と同様であるが、伊予の次の札所の順序が異なる。

『四国中辺路之日記』	真念『道指南』
一の宮	60番・横峰寺
こうおん寺	61番・香園寺
よこみね寺	62番・一之宮
石つち山	63番・吉祥寺
吉じやう寺	64番里前神寺

『四国中辺路之日記』の順は澄禅『四国辺路日記』の記事と同様であることは興味深い。これについては『道指南』では

いにしへハ一の宮、かうおんじ、よこミねと順に札おさめしかども、一の宮を新やしきむらへうつし奉るによりて、今ハ大明神がハらより右へ、よこみね、かうおん、一の宮と打。

とあり、一の宮が新屋敷に移ったことにより、道順が変更したと記しており、その理由が判明する。つまり『四国中辺路之日記』の方が『道指南』よりも、古い内容であることが分かる。なお澄禅『四国辺路日記』では石槌山から吉祥寺に進んで「夫ヨリ一里斗行テ前神寺トテ札所在り、是ハ石槌山の里坊也。」とあり、前神寺が石槌の里坊としている。

里程

各札所の本尊像の向かって左に札所間の里程が記されている。『道指南』と比較すると同一が四十一ケ所（内田氏論文末記載を除く）で、残りは相違し、その相違についても大小がみられる。許容範囲をどの程度にみるかであるが、大きく相違するものの一部を記す。

	札所間	『四国辺路日記』	『四国中辺路之日記』	『道指南』
1	23番平等寺～24番薬王寺	七里	五里	七里
2	47番八坂寺～48番西林寺	二五丁	二六丁	一里
3	72番曼荼羅寺～73番出釈迦寺	一八丁	一八丁	三丁

4	79番崇徳天皇〜80番国分寺	五〇丁	五〇丁	一里半

1、2については、よく分からない。3、曼荼羅寺から出釈迦寺に至る里程で『四国中辺路之日記』は十八丁、『道指南』は三丁である　これは『四国中辺路之日記』が出釈迦山（山上の禅定）までの距離で、『道指南』は麓の出釈迦寺までの距離としている。つまり『四国中辺路之日記』では、山上まで登っていたことが分かり、ここでも古いコースを示している。また4、崇徳天皇から国分寺までは『四国中辺路之日記』では五十丁、『道指南』は一里半である。澄禅『四国辺路日記』は五十丁としており、『四国中辺路之日記』は澄禅と同様である。以上のことから相違する部分は、澄禅『四国辺路日記』と同様としたものが多く、内田氏の指摘[6]のとおり『道指南』よりも古い形態を示している。

本尊像

各札所の本尊像の像容は、かなり粗い表現で如来・菩薩・明王などの区別ができる程度である。

釈迦如来―右手は肩前に置き施無畏印、左手は腹前で与願印。

阿弥陀如来―右手は肩前、左手は左膝上の来迎印。

大日如来―両手を胸前で智拳印。

薬師如来―右手は肩前で施無畏印、左手は腹前に置き薬壷か。

聖観音―右手は胸前で施無畏印、左手で蓮茎を持つ。

十一面観音―右手は胸前で施無畏印、左手で蓮茎を持つ。

千手観音―菩薩形で右手は胸前で施無畏印、左手は不明。

弥勒菩薩―両手を腹前に於て五輪塔を乗せる。
地蔵菩薩―右手に錫杖、左手に宝珠を持つ。
虚空蔵菩薩―右手に剣、左手に宝珠を持つ。
文殊菩薩―右手に剣、左手に経巻を持つ。
不動明王―右手に剣、左手に羂索を持つ。
馬頭観音―右手、左手とも胸前に置く。
毘沙門天―右手に宝棒、左手は不明。

いずれも各尊格の典型的な像容に合わせ、推測を交えて記した。留意すべきは千手観音は真手の二本のみで、千手としての多臂の特徴はみられないなど簡略が著しい。ここで『四国中辺路之日記』、澄禅『四国辺路日記』、『道指南』との本尊像の相違についてみてみよう。

まず『四国中辺路之日記』で興味深いのは、金泉寺と法輪寺の本尊を「三如来」としていることである。（内田氏は金泉寺は不明、法輪寺は釈迦と読まれている。）この三如来について澄禅『四国辺路日記』に

金泉寺　本堂南向、本尊三如来ト伝トモ釈迦ノ像斗在り。
法輪寺　本尊三如来。堂舎寺院悉退転シテ小キ草堂ノミ在り。
切幡寺　本堂南向、本尊三如来。

とあり、三ケ寺で三如来としているが、金泉寺で「本尊は三如来というが、釈迦だけである」と記している。これは澄禅が海部の大師堂で入手した「辺路札所の日記（世間流布の日記）」の情報を意味しているのであろう。なお『道指南』では金泉寺―釈迦如来、法輪寺―釈迦如来、切幡寺―千手観音で、切幡寺については『四国中辺

路之日記』は千手観音と確認できることから、澄禅の記事には注意される。ここでも『道指南』とは異なる記事で古い形態をみせている。なお「三如来」とは何を意味しているのであろうか。おそらく釈迦・阿弥陀・薬師などの如来を含んでいるとみられるが、本尊形式としては例がほとんど無い。このことは「世間流布の日記」が成立した頃、寺が荒廃し、いずれが本尊であったのかが不明であったための記載であろうか。

次に三島社は『四国中辺路之日記』では大日如来とするが、『道指南』には記載がなく、『四国偏礼霊場記』(以下、『霊場記』)では本尊大通智勝仏となっている。『道指南』については不審としなければならないが、その後の『四国偏礼道指南増補大成』では大通智勝仏となっている。さて澄禅『四国辺路日記』をみると、「三島之宮・本地大日ト在ドモ大通智勝仏ナリ」とあり、澄禅は大日如来と思っていたが、実は大通智勝仏であったと記している。この情報は先記した「辺路札所の日記」の記事によったものか、あるいは澄禅自身の判断なのかは分からない。なお雲辺寺は『四国中辺路之日記』では千手観音、澄禅『四国辺路日記』も千手観音である。ただ『道指南』は十一面観音で相違するが『霊場記』では千手観音であるので、これは真念の誤記であろう。

出釈迦寺は『四国中辺路之日記』は尊名が不鮮明で明確にできないが、尊像をみると菩薩形で右手に剣を持つことから虚空蔵菩薩と推定して判読すると「こくうぞう」と読めそうである。澄禅『四国辺路日記』は「出釈迦山。・・・釈迦如来、石像文殊、弥勒ノ石像ナド在。・・・」とあり、山の頂上には堂跡のみで本尊のことは記されていない。『道指南』では「本尊釈迦」とあるが、「ほかに虚空蔵尊います」とも記していることから、『四国中辺路之日記』では虚空蔵菩薩とみて間違いなかろう。『霊場記』には本尊のことは記していない。ここで問題となるのが『四国中辺路之日記』と『道指南』の関係である。時代的には『道指南』が貞享四年(一六八七)、『四国中辺路之日記』が元禄元年(一六八八)で『道指南』が古いが、内容は『四国中辺路之日記』は古い要素をもっており、何を典拠としたのかが興味深い。

詠歌

詠歌は元来、その寺の本尊を称える歌で、西国三十三所観音では特に尊ばれる。四国遍路では、澄禅『四国辺路日記』には、詠歌については、何も記されていないが、『道指南』では八十八ケ所の全てに確認される。『四国中辺路之日記』と『道指南』とは二ケ所の相違がみられる。

七七番・道隆寺

『四国中辺路之日記』―此寺へよく□よいつつ、きやう□とへ、□のふしき、きとくある也

『道指南』―――ねがひをば仏道隆に入はててぼだいひの月をみまくほしさよ

八七番・長尾寺

『四国中辺路之日記』―あし引のやまとりの尾のなかをてらみのり□こえを□□に□れつつ

『道指南』―――足曳の山鳥のをのなが尾梵秋の夜すがらミだをとなえよ

大きく異なるのは道隆寺であるが、この相違の原因についてはよく分からない。ただ三二番禅師峯寺には、『四国中辺路之日記』では、「おしなへて、じようどじょうどのせんしふじ、〔　〕てらす、月をこそみれ」とあるが、『道指南』では、「しずかなる、わがみなもとのぜんじぶじ、うかぶこころハ、のりのはやぶね」と「をしなべて、浄土〳〵のぜんじぶじ、くもえてらす月をこそ見れ」の二つを記載しており、寺により詠歌が複数存在したことが考えられる。道隆寺も複数存在した詠歌の、いずれかを記した可能性があろう。なお『道指南』の詠歌については先記したように、白井加寿志氏(8)は真念や真念達の創作、またはいくつかあったものを八十八に整備したとされている。

『四国辺路日記』の「世間流布の日記」との関係

先に澄禅『四国辺路日記』中の「辺路札所の日記」のことを記したが、この日記については、澄禅は興味深い記事を数ケ所残[9]している。

曼荼羅寺の項に

夫ヨリ元ノ坂ヲ下テ曼荼羅寺ニ至ル。是ヨリ八町往テ甲山寺ニ至ル。日記ニハ善通寺ヨリ□町、善通寺ヨリ甲山寺ニ□町ト有り、夫ハ出釈迦ノ東ノ坂ヲ下テ善通寺ニ直ニ行タル道次ナルベシ。

とあり、日記の記事は出釈迦山から東の坂道を下って直接、善通寺に向かい、その後、善通寺から甲山寺の道筋を記している。このコースが、かつての遍路道であった可能性があり、興味深い。

また崇徳天皇の項には

世間流布ノ日記ニハ如此ナレドモ、大師御定ノ札所は彼金山ノ薬師也

とあり、「世間流布の日記」、つまり澄禅が海部の大師堂で入手した「辺路札所の日記の板有り、各買之也」で、入手した日記には崇徳天皇としているが、大師御定めの札所は金山薬師であるという。金山薬師は崇徳天皇から西に約一・二キロメートルの山上にあったらしいが、現在は金山神社や小さな祠があるのみで、かつての面影は現在ではまった窺えない。なお「大師御定の札所」とは、澄禅の時代よりも、かなり古い時代、つまり戦国時代以前頃のことと思われる。

次に末尾をみると「世間流布ノ日記、札所八十八ケ所、道四百八十八里、河四百八十八瀬、坂四百八十八坂」とあり、河の部分が『四国中辺路之日記』では川となり、相違はあるが数値は全同である。

以上のことから澄禅が入手した「世間流布の日記」と『四国中辺路之日記』は共通する個所が数多くみられ留

意される。つまり『四国中辺路之日記』は真念『道指南』よりも古い要素が含まれており、内田氏の指摘[10]のとおり、「世間流布の日記」を踏襲したものとみられよう。

三　『御伝記』と『四国中辺路之日記』の関係

末尾の刊記

『四国中辺路之日記』の末尾にみられる大きな二文字の上は「空」と読めるが下は直ちに判断できない。しかし四国辺路との関連からいえば「海」と考えられ、「空海」として問題はなかろう。そして、その下部の渦巻文も容易に判断しがたい。この空海と渦巻文（空海の御手判という）の組み合わせについては、第二篇第三章で詳しく論じたように、真言宗や浄土宗寺院で数多くの作例がみられる。それは六字名号や高野山奥院銘の版本大黒天像などの傍らにみられ、弘法大師信仰と念仏信仰の混淆したもので、高野山僧に関わるものであることを指摘した。広義に解釈す

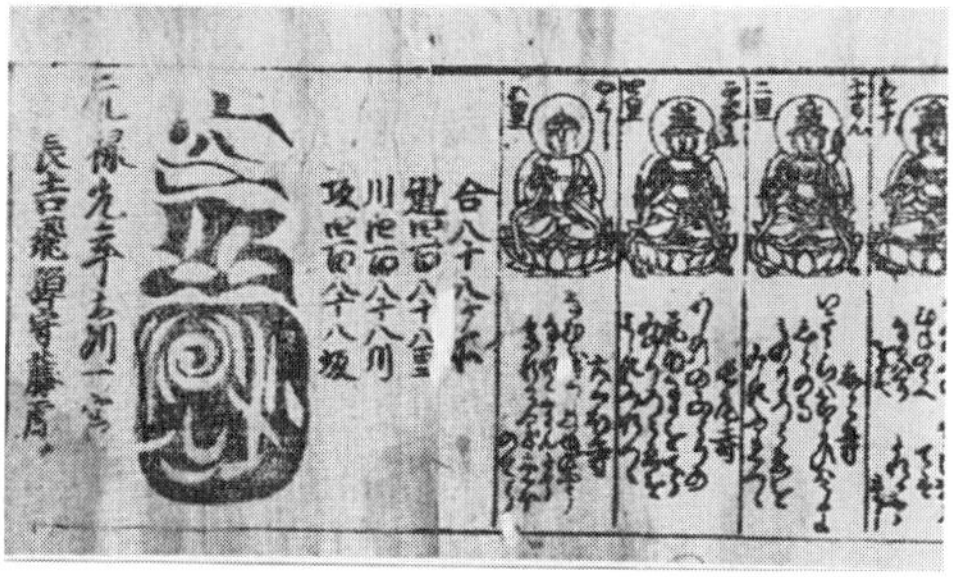

『四国中辺路之日記』末尾
（愛媛大学法文学部蔵）

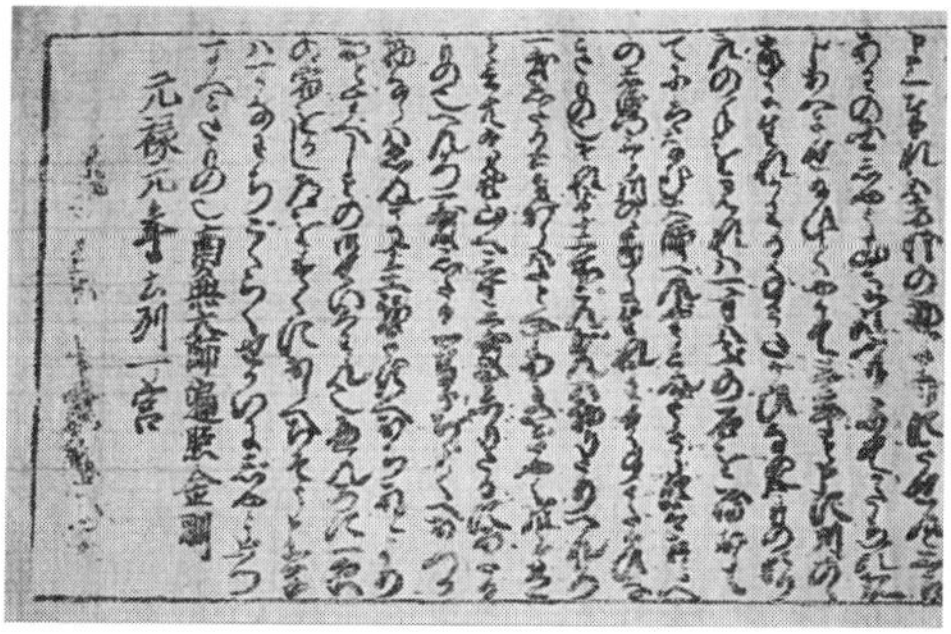

『御伝記』末尾（善通寺蔵）

れば、いわゆる時衆系高野聖の範疇とされよう。したがって『四国中辺路之日記』も時衆系高野聖などとの関連が想定される。さらに末尾の刊記は『御伝記』には「元禄元年土州一ノ宮（次行は判読不明）」、『四国中辺路之日記』には「元禄元年土州一宮」と「長吉飛騨守藤原□□」とあり、元禄元年（一六八八）に土佐一宮の長吉飛騨守によるとみられる。土佐一ノ宮は四国辺路の札所であるが、長吉飛騨守ついて詳しいことは判明しないが、別の資料から「長吉飛騨守藤原□□」の不明の部分は「次宗」[11]であることが確認される。先記した『御伝記』の不明の末尾は版木を削り取ったとみられるが、その部分は「長吉飛騨守藤原次宗」とみて間違いなかろう。なお末尾の文言[12]には留意すべき点があり、今後の検討課題であるが、「元禄元年土州一ノ宮」の書体から、この両者がセットとして、作成され用いられたものと思われる。

真念・寂本の三部作刊行の目的

真念『四国徧礼功徳記』（以下、『功徳記』という）の付録は寂本が記したものであるが、その中に

然るに世にしれ者ありて、大師の父は藤新太夫といひ、母ハあこや御前といふなど、つくりごとをもて人を售。四国にはその伝記板に鋟、流行すときゆ、これは諸伝記をも見ざる愚俗のわざならん、若愚にしてしるものハ、むかしよりいへるごとく、ふかくにくむべきにあらず、ただあわれむべし、・・

とある。つまり弘法大師の父はとうしん太夫、母はあこや御前という、正史とは異なる奇異な大師伝が作られ、それが版本となって四国で流行しているが、まことに愚かなことだと寂本は厳しく批判している。すでに記してきたように、この奇異な大師伝の類本には説経『苅萱』「高野巻」や『弘法大師空海根本縁起』が知られるが、先記した『功徳記』付録にいう版本とは、総本山善通寺に所蔵されている『御伝記』とみられる。このことについては、すでに高木啓夫氏が『土佐民俗』四八号で「弘法大師御伝記―弘法大師とその呪術・その二」で嘉永二

年五月一日の写本を翻刻され、ここで『功徳記』のことも指摘されておられる。高木氏は「いざなぎ流」との関係を詳しく論じられたが、残念ながら四国遍路との関係には深く言及されていない。そのため、この『御伝記』は四国遍路の重要な資料ではあるが、高木氏以降、殆ど論じられることはなかった。

一方、『四国中辺路之日記』は真念『道指南』とともに四国遍路のガイドブックとしての役割があったとみられよう。そして、末尾の刊記から、『御伝記』とセットとして存在したことが考えられる。

さて室町時代末期~江戸時代初期制作とみられる『弘法大師空海根本縁起』中の香川氏の項に「日記、縁起、えんまぐうの秘密の御はんを請取り、中辺路を廿一度成就し給」、また右衛門三郎の項にも「日記、縁起、えん魔帝釈の秘密の御はんを認め、彼右衛門三郎は是を請取り、廿一度辺路を成就し、阿波のやけ山寺の麓にて形を消しけるか」とあり、古くは日記、縁起、秘密の御判の三点を持って四国辺路をするのが、決まりであったとみられる。ここに云う日記と縁起は、まさに『(ユ）奉弘法大師御伝記』と『奉納四国中辺路之日記』に該当するであろう。ただ秘密の御判についてはよく分からない。ともかく、元禄時代以前は、この伝記と日記を持参して四国遍路を行ったことが考えられる。そして澄禅の日記から推察して、すでに『四国中辺路之日記』に先行する「世間流布の日記」の存在が知られることから、『御伝記』に先行する版本の縁起の存在も推測されよう。

先記したように、この伝記はとうしん太夫やあこや御前など、奇異な弘法大師伝であったが、その内容は時に面白おかしく、さらにインドや中国の話など想像をかきたてる庶民受けするものであった。皮肉なことだが、正史とは大きく異なる、この伝記により四国遍路が大いに隆盛になったと考えられる。

その頃に高野山に関わる真念や学僧寂本が出て『道指南』、『功徳記』、『霊場記』が矢継ぎばやに刊行されたが、『霊場記』には「八十八番の次第、いずれの世、誰の人の定めあへる、さだかならず、今は其番次よらず、誕生院ハ大師出生の霊跡にして、遍礼のことも是より起これるかし、故に今は此院を始めとす」とある。さらに真念『功徳記』贅録には「遍礼所八十八ケ所とさだめぬる事、いづれの時、たれの人といふ事さだかならず。」とあって、八十八ケ所の札所を誰が定めたのかは不明であるとしている。

真念は四国遍路に精通しており、様々の情報を得ていたに違いない。おそらく奇異な弘法大師伝のことや四国遍路が弘法大師によって開創されたとする話のことも知り得ていた筈である。しかし、それがあまりにも荒唐無稽なため、真念や寂本は敢えて、それを払拭するために『霊場記』や『功徳記』に記したのであろう。つまり『御伝記』、『四国中辺路之日記』を推進したグループと真念・寂本グループとの対立関係が生じていたと推測されるのである。そこに真念、寂本の三部作の発刊の意図[13]があったのではなかろうか。やがて後者が優勢となり、前者の存在は江戸時代には、殆ど姿を消すことになる。しかし高木氏が紹介した江戸時代末期の写本など、いくつかの『御伝記』の写本が確認され、なんらかの形で引き継がれていたものと思われる。やがて明治十六年になり『御伝記』は『四国八十八ケ所山開き』として形を変えて再現されるのである。（第四篇第二章で詳述）

注

（1）　版本『(ユ)　奉弘法大師御伝記』の存在については胡光氏からご教示頂いた。写本には左記のものを確認している。
享保一五年（一七三〇）写『奉弘法大師御伝記』（個人蔵）
寛政七年（一七九五）写『弘法大師縁起』（香川県立図書館蔵）
享和三年（一八〇三）写『弘法大師御伝記』（架蔵）
嘉永二年（一八四九）写高木啓夫氏紹介本（『土佐民俗』四八、土佐民俗学会）

嘉永七年（一八五四）写（内題）『弘法大師御伝記』（架蔵）
文久四年（一八六四）写高木啓夫氏紹介本（『土佐民俗』四六号、土佐民俗学会）など。

（2）大へんろ、中へんろ、小へんろについては『御伝記』にしか確認できない。おそらく『弘法大師空海根本縁起』を元に『御伝記』を制作する際、制作者が創り出したものとみられる。なお胡光「四国八十八ケ所霊場成立試論─大辺路・中辺路・小辺路の考察を中心として─」（愛媛大学「四国遍路と世界の巡礼」研究会編『巡礼の歴史と現在』、岩田書院、平成二五年一〇月）によれば、中辺路は八十八ケ所、大辺路はそれよりも多くの霊場を巡るもの。小辺路は七ケ所参りなどの規模の小さなものとの見解を示している。

（3）『四国中辺路之日記』は内田九州男「資料紹介・『奉納四国中辺路之日記』」（「四国遍路と世界の巡礼研究」プロジェクト、平成二〇年三月）。

（4）高嶋賢二氏および新居正甫氏のご教示による。

（5）『四国中辺路之日記』は「阿州弐十三ケ所」、「土州十六ケ所」、「与州廿六ケ所」、讃州廿三ケ所」とあるのみで、札所番号はみられない。

（6）前掲注（3）『四国中辺路之日記』は内田九州男「資料紹介・『奉納四国中辺路之日記』」参照。

（7）柴谷宗叔「澄禅著『四国辺路日記』を読み解く─札所の様子を中心に─」（『高野山大学密教文化研究所紀要』第二四号、平成二三年二月。）五五頁。

（8）白井加寿志「四国遍路「八十八か所」起源考─付その奉唱歌起源考─」（『郷土文化サロン紀要』一、高松市立図書館、昭和四九年一二月）。

（9）前掲注（3）内田九州男「資料紹介・『奉納四国中辺路之日記』」参照。

(10) 同前。

(11) 新居正甫氏からご教示いただいた。なお善通寺蔵版本『(ユ) 奉弘法大師御伝記』の享保一二年(一七二七)写本(個人蔵)の末尾に「長吉飛騨守藤原次宗」とあり、善通寺本にも、かつて同様の文言が存在したことが考えられる。

(12) 善通寺蔵『(ユ) 奉弘法大師御伝記』の包紙には「此縁起土州一宮ト有レトモ実ハ海岸寺ヨリ出ス近来一宮ノ字ヲ削リ与州石手寺辺ニテ売とキコユ」とあり留意される。

(13) 武田和昭「澄禅『四国辺路日記』から分かること」(『善通寺教学振興会　紀要』一四号(善通寺教学振興会、平成二〇年三月)九四〜九五頁。

第三章　四国遍路絵図の成立と展開

真念・寂本の三部作の刊行、さらにそれと対立するグループの『(ユ) 奉弘法大師御伝記』、『奉納四国中辺路之日記』の刊行などもあり、庶民的な四国遍路が盛んに行われてきたことは前章で詳しく論じた。そして真念の時代から、およそ六十年後の宝暦十三年（一七六三）、細田周英により『四国徧礼絵図　全』が刊行され、またこの頃に四国遍路独自の納経帳も作られるようになる。さらに明和四年（一七六七）には『四国辺路道指南』の増補版が刊行されるなど、宝暦～明和（一七五一～七二）という時代は四国遍路にとって、大きな画期とみられる。つまり遍路の数が大きく増加したのではないかと思う。周英の「四国徧礼絵図　全」の刊行も、いわば時代の要請でもあったといえよう。『四国辺路道指南』や『(ユ) 奉納四国中辺路之日記』がガイドブックの役割とすれば、絵図はまさにガイドマップとして活用された。

現存する四国遍路絵図の最古のものは先記した細田周英敬豊（以下、周英という）による宝暦十三年（一七六三）の刊記を有する版本である。その後、この絵図は文化四年（一八〇七）刊記本も知られ、合わせて現在十点余が確認されている。四国遍路絵図については松尾剛次氏や田中智彦氏[1]などの研究があるが、ここでは両氏の論考を元に遍路絵図の成立や展開を考察する。

一　細田周英『四国徧礼絵図　全』の成立

周英の人物像

まず周英の人物像をみてみよう。図中に「但陰細田周英敬豊」とあることから、周英は山陰の但馬の出身であることが分かるが、それ以上のことは、これまで確かでなかった。幸いに筆者が大坂の狩野派の絵師である吉村周山のことを調べる中で、周山の弟子であることが判明し、これが契機となり、但馬美含竹野村轟（現兵庫県豊岡市竹野町轟）の出身であることが分かった[2]。

細田家は元々は摂津住吉神社の祠官として永田姓を名乗り、江戸時代初期、元和の頃に現在地の竹野に移り住んだ。三代目の時に妻の実家の細田家が廃絶の危機にあった際、細田・永田両家の繁栄を期して、細田家の名を継ぐことになる。屋号は住吉屋で酒造業を営み、四代目の時に大庄屋となった。そして五代目が周英敬豊である。享保十年（一七二五）に生まれ、寛政八年（一七九六）に七十二歳で没した。本名は平四郎、号として大年、画号を周英と称したという。この画号は絵画の師匠である吉村周山の一字を戴いたものであろう。書（静馬流）をよくし、傍ら彫刻も上手で、獅子頭を制作している。また書画骨董を好み数多く所蔵していたらしい。画の師匠である周山や、その門人の周圭が、しばしば竹野に来遊し細田家に逗留したという。さらに興味深いのは当時、書家として著名な趙陶斎が細田家によく訪れ、長きに渡り交流が続いたことである。

また慈善事業も盛んに行ったが、宝暦年中（一七五一～六四）に竹野浜が大火となり、三百戸が焼失した際には、家ごとに米一俵を配り、村人に喜ばれたことは長く伝えられている。さらに神社の鳥居や菩提寺の蓮花寺の鐘や鐘楼なども盛んに寄付したことが知られ、そして毎年春になると諸国を歴遊し、富士山にも二度登山したと

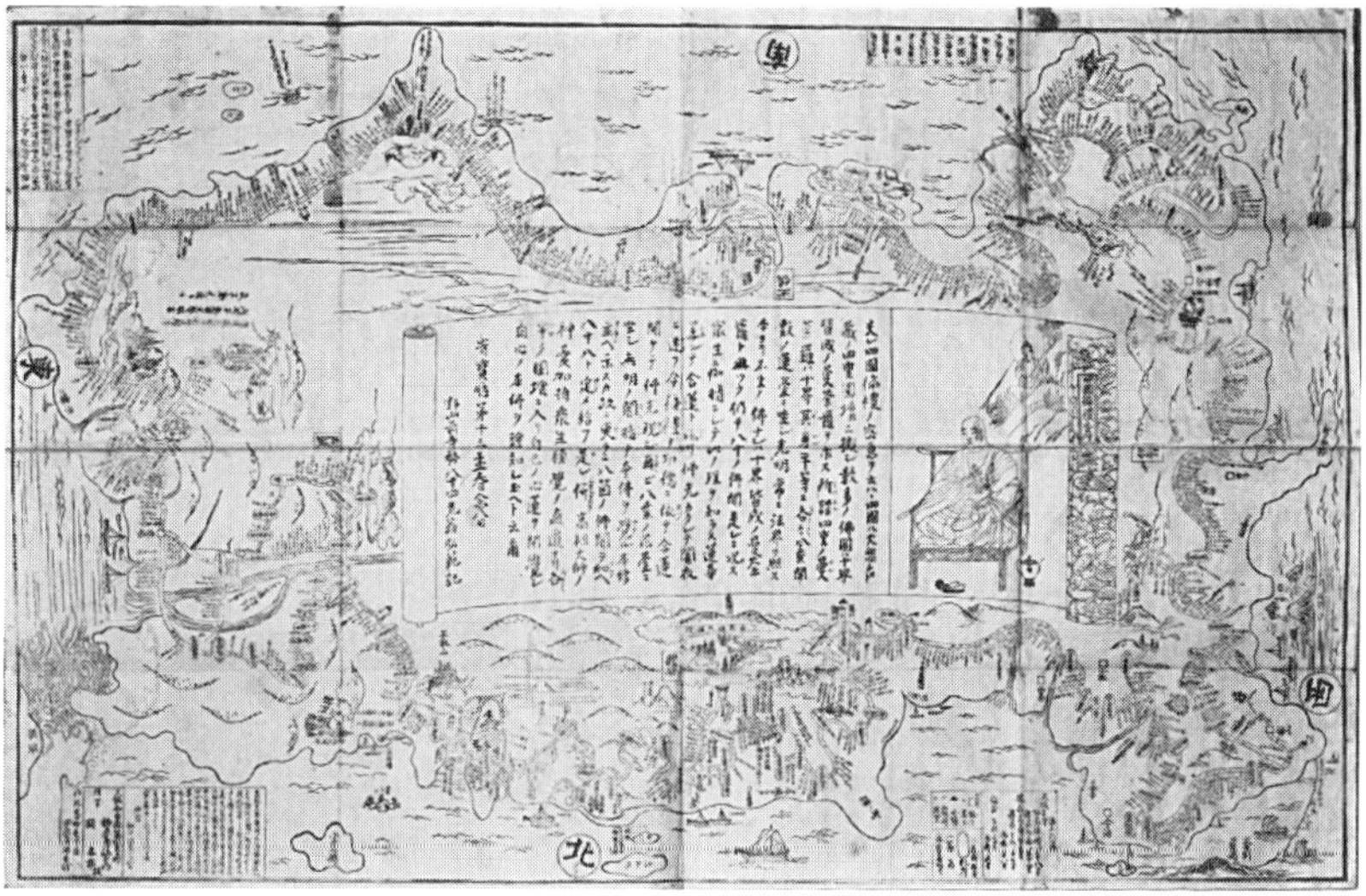

細田周英『四国偏礼絵図　全』（個人蔵）

いう。また明和五年（一七六八）三月二十二日から六月二十九日まで、約三ケ月間に及ぶ奥州へ旅したが、その際に『南始奥の細道道中記』を残している。さらに西国三十三所巡礼、四国八十八ケ所遍路も精力的に行われたことは、周英の仏教への信仰の深さを表しているといえよう。

版本『四国偏礼絵図　全』の分析

周英作の版本『四国偏礼絵図　全』[3]は、現在、宝暦十三年刊記本が数点、文化四年刊記本が数点確認されている。ここでは個人蔵本を元にして考察する。

大きさは縦六〇・五センチメートル、横九五・〇センチメートル、版本で現状では縦、横ともに四折りとし、表紙には「四国順拝大絵図　全」の貼紙がある。南を上、北を下にした構図で、中央に巻物を広げたようにして、そこに弘法大師像と高野山の前寺務検校弘範の序文が大きく表される。上下辺の四ケ所に区画を設けて刊行のいきさつなどの短文が記されている。

弘法大師像

この絵図では中央の弘法大師像と長い序文が目に付く。

おそらくこの絵図を広げた遍路達は、四国八十八ケ所を巡ることによって、弘法大師の恩徳にあずかることを意識するであろう。弘法大師像は向かって右上に五岳山から現れる釈迦如来があり、通常の大師像とは異なる。この図様は道範『南海流浪記』に記されているように、平安時代から善通寺の二重宝塔の中に安置されていたものに基づく。意味するところは、大師が入唐するに際して、母の為に描いた自画像との伝承を持っている。この種の図様の大師像は室町時代になり、讃岐の増吽僧正が盛んに用いて大師信仰を広めたことは、すでに第一篇第四章で詳しく論じた。江戸時代には、この大師像は「出釈迦大師」、「瞬目大師」と呼ばれ、善通寺御影堂本尊として重視された(4)。この出釈迦大師像を用いたことは善通寺との関連を強く示すものだが、一方で四国では、この図像が当時としては一般的なものであったのかもしれない。いずれにしろ弘法大師信仰を前面に押し出す意図とみられよう。

序文

次に四国遍路の意義を説く序文に目が留まるであろう。序の全文を記す。（／は改行）

夫レ四国偏礼ノ密意ヲ云ハバ、四国ハ大悲台／蔵ノ四重円壇に擬シ、数多ノ仏閣ハ十界／皆成ノ曼荼羅ヲ示ス、所謂四重ノ曼荼羅ハ十界其身平等ニ各々八葉開／敷ノ蓮台ニ坐シ、光明常ニ法界ヲ照ス／本ヨリ不生ノ仏ナレバ十界皆成ノ曼荼／羅ト冊ツク、仍テ八十ノ仏閣是レニ況ス／衆生痴暗ニシテ此ノ理ヲ知ラス、蓮華／萎ンテ、合蓮ト成リ、仏光カクレテ闇夜／ニ迷フ、今偏礼ノ功徳ニ依テ、合蓮／開ケテ仏光現シ、再ビ八葉ノ花臺／ニ坐シ無明ノ闇晴テ本仏ヲ覚ル、本修／並べ示スガ故ニ更ラニ八箇ノ仏閣ヲ加へ／八十八ト定メ給フ、是レ併高祖大師ノ／神変加持衆生頓覚ノ直道ナリ各／早ク円壇ニ入リ自己ノ心蓮ヲ開覚シ／自心ノ本仏ヲ證知シ玉ヘト云爾

旹宝暦第十三孟春念八日
野山前寺務八十四老翁弘範記

とあり、四国遍路の成立の意義が説かれるが、それは胎蔵界曼荼羅を基本としている。つまり「四重の曼荼羅は十界皆成の曼荼羅となし、八葉が開いて八十の仏閣となる。この理を知らない衆生のため蓮華が萎んで闇夜となるが、遍路する功徳により、花開いて八箇の仏閣を加えて八十八と定める。衆生各々速やかに円壇に入り、覚りを得るべきである」と解されよう。換言すれば四国遍路することにより、衆生も覚りを得ることができるという意味を持つものであろう。ここにいう十界とは仏教世界の地獄・餓鬼・畜生・修羅・人・天の六道と声聞・縁覚・菩薩・如来の四界を合わせたものである。四国遍路と胎蔵界曼荼羅との関係を説く思想は、おそらく弘範独自のものと考えられ、四国遍路者や札所寺院の僧に広く知られたものではなかったであろう。

制作の動機

図面向かって左下部に次のような短文がみられる。（／改行）

高野大師讃州に御降誕在し／より讃阿土予一洲の四國に／法化の著しき事非情の木石／にも餘れり周英延享四年の／春真念の道しるべを手鏡として／大師の遺蹟を拜礼セしに西国／卅三所順礼には絵図あれとも／四国偏礼にはなきことを惜んで／略図となし覚峰闍梨の偏／礼にかたらひ改めて一々歩の／細見図となし普く偏礼の／手引にもなかれかしと願ふものぞかし

宝暦十三ひつしの春
但陰
細田周英敬豊

（これより以下は貼紙）

とあって、制作のいきさつを知ることができる。つまり周英が真念『四国辺路道指南』を片手に、延享四年（一七四七）、初めて四国遍路を行って略図を作り、さらに覚峰阿闍梨とかたらい細見図を作ったことが分かる貴重な一文である。この中で、讃・阿・土・予とあるように、讃岐から四国遍路を開始したことが分かり、絵図も大坂や播磨から徳島・丸亀に到着する構図である。このことは絵図右下部に

海上道法

大坂よ里

阿州徳嶋へ三十八里

讃州丸亀へ五十里

播州志かま津よ里

讃州高松へ廿七里

丸亀へ廿八里

備前　下村よ里

丸亀へ五里

とあることからも首肯されよう。つまり大坂や西国三十三所の播磨書写山から連なることを意図した絵図である。

二　細田周英筆「四国偏礼図」の作成

先記した絵図中の文から、周英が四国遍路して、まず略図を作り、その後に細見図としたと記しているように、版本として刊行される以前に何らかの絵図の存在があった。細田家の所蔵品の中に、それと思わす絵図が存在していたのには驚いた。版本よりも少し小さいが、手書きの四国八十八ケ所の絵図（縦六七・二センチメートル、横九六・〇センチメートル）で、折りたたまれ、その題簽には「四國偏□圖但州轟邑細田周英」とある。□の箇所は不鮮明で、よく見ずらいが、禮とみて間違いない。絵図をみると各札所は「○○番○○寺」と書かれ、札所と札所の間は朱線を引き、その間にはカタカナで村・川・坂などが克明に記されており、四国八十八ケ所の絵図とみて間違いない。つまり版本「四国偏礼絵図　全」と酷似していることが判明するが両者の主な相違点は次のとおりである。（『四国辺路の形成過程』参照）

1、版本は札所寺院名を楕円形で囲むが、筆写本にはそれがない。

2、版本には札所寺院と札所を結ぶ道を約三ミリメートル

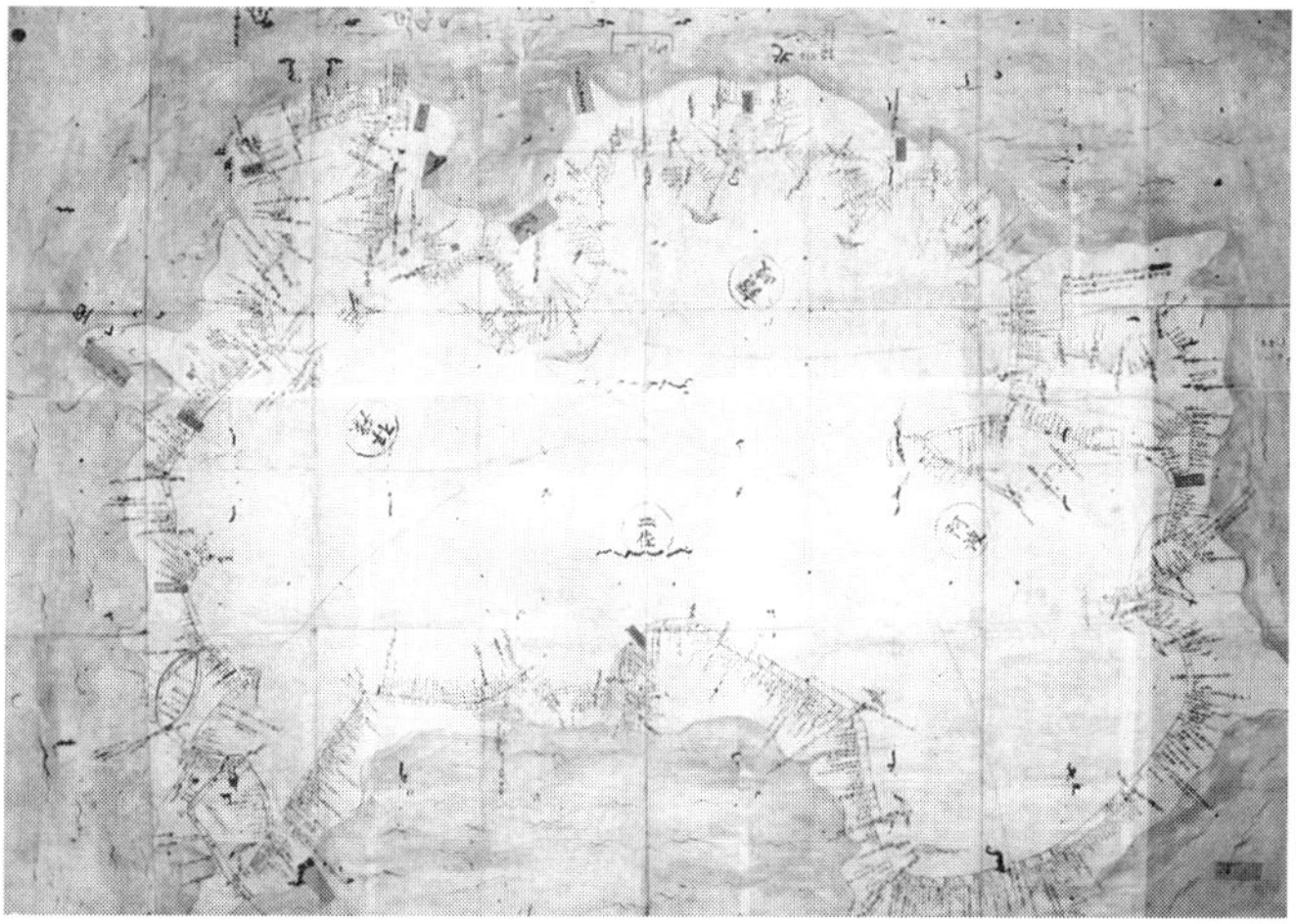

周英筆『四国偏礼図』（個人蔵）

の幅で表すが、筆写本は細い墨線で結ぶ。

3、版本には村名に○印を付け、川や坂にはそれがなく区別するが、筆写本はいずれにも○印を付けない。

4、札所近辺の名所旧跡などが版本の方がより詳しく記されている。例えば六九番観音寺の東南に位置する植田神照密寺は、筆写本は小さく鳥居・松・建物が表されるのみであるが、版本は「神照密寺、助鼎松高サ三丈大サ一丈五尺廻リ東西枝廿六ケン南北廿ケンヨ」とあり、鳥居・松・建物が明瞭に大きく表されている。これと同様に金毘羅大権現や屋島なども明確に表現されている。

5、版本には「イイノ山　サヌキフジト云」とあり、大きく山がみられるが、筆写本には、それがない。

以上、讃岐を中心に比較したが、筆写本よりも版本の方がより詳しいことが判明する。さらに筆写本には朱色で札所間の道筋を引き、札所名を記しているが、中には墨書の位置とは異なっているものがある。例えば白峯寺と墨書したすぐ近くに朱色で「根香」とある。これは根香寺の位置を変更したものと推察される。このように筆写本には札所の位置を変更したものがみられる。例えば一番霊山寺、二番極楽寺、一二番焼山寺など少なからず確認される。

手控えの存在

周英が実際に四国遍路を行い『四国徧礼図』（原図）を作る過程を示す手控え(5)（縦一四、五センチメートル、横一八二、○センチメートル）の存在が最近、今村賢司氏により周英関連資料の中から見出された。これは丸亀城下から金毘羅金光院〜七五番善通寺〜七四番甲山寺〜七二番万荼羅寺〜七三番出釈迦寺〜七一番弥谷寺〜七六番金倉寺（以下、略）から八五番八栗寺までの里程、各札所本尊、札所間の村名などを墨書したものである。これと筆写本とほぼ一致することから、この手控えを参考にしたことが分かる。現在確認されているものは、全体の中の一部であろうが、丸亀から金毘羅大権現に向かったことが判明し、道中の村名が詳しく記され、筆写本とほぼ同様である。なお金毘羅宮のことが詳しく書かれていることから、あるいは宿泊したのかもしれない。その後は札所順に関わりなく進むが、特に七一番弥谷寺から直に七六番金倉寺に向かっていることは四国遍路の勝手が分かっていたのであろう。その後は札所順に進むが、札所以外の仏生山法然寺にも詳しく、この時期の遍路の形態を表している。ともかくこの手控えは『四国徧礼絵図　全』に関わる絵図作成過程の資料として貴重なものである。これまでの考察から周英が筆写した『四国徧礼図』は、宝暦十三年版『四国徧礼絵図　全』の草稿本（原図）ではなかろうかと思われる。そして、この『四国徧礼図』を元に弘範などの文が組み込まれたものと推察される。

趙陶斎の存在

但馬竹野轟の大庄屋である周英が四国遍路して苦心の末に作り上げた絵図に、なぜ高野山の高僧である前寺務検校の弘範が序文を寄せたのであろうか。このことについては様々のことが想定される。先に書家趙陶斎について記したが、細田家には趙陶斎と取り交わした手紙がいくつか残されているが、その中に四国図や大坂の本屋のことなども記されており、まことに興味深い。おそらく『四国徧礼絵図　全』の出版については、趙陶斎の関与があったものと思われる。そして弘範の序文もあるいは趙陶斎が何らかの関与があったのではなかろうかと推察している。それは趙陶斎が周英に宛てた手紙の中に趙陶斎が高野山に、しばしば登山していた形跡がみられるからである。当時、すでに書家として著名であった趙陶斎が高野山の高僧と関わりをもっていた可能性があるが、それを弘範とすることを証明するものは現在のところ確認できていないが、その可能性は高い。

序文の意義

さて山陰但馬という一地方の大庄屋が作った絵図に高野山の弘範の序文が、組み込まれた意義はどのようなものであったのであろうか。

これについて松尾剛次氏[6]は、真念『道指南』には番数と順次札所が説明されているにも関わらず、寂本『霊場記』には、それを無視して弘法大師の誕生地の善通寺から札始めし、九十三ケ所もの札所があげられていることから、真念の説は必ずしも権威あるものによって公認され、確定されたものでなかった、としている。そして「弘法大師の法燈を継ぐ高野山の最高責任者のそうした「お墨付き」こそは決定的に重要であったと考えられる。そうした権威こそ、八十八札所の成立に大きな役割を果たした高野聖真念にはそれが欠けていたものであったのである。（中略）換言すれば、四国八十八札所が高野山の前寺務によって密教的な意義つけをされ、ようするに高野山のお墨付きを与えられたのであり、いわば確立されたのである。」そして「高野聖真念の『四国遍路道指南』は四国遍路八十八札所の確定に大きな意味を持ったが、高野山の高僧寂本によって、言わば無視されたように、決して、それによって確定したわけではなかった。[7]」とする。つまり弘範の序文が掲載された周英の「四国偏礼絵図　全」によって四国八十八札所が確立したというのである。はたしてそうであろうか。そもそも四国遍路が高野山の中枢部と深い関係があったものとは思われない。確かに寂本など高野山の高僧が関与したかもしれないが、それは真念との個人的な関係であろう。また弘範が高野山の最高責任者というが、絵図作成時には現職ではなく、すでに前の寺務検校なのである。弘範の序文は高野山の中枢部の権威あるものを反映したものではなく、弘範の個人的な見解とみられ、また周英と弘範との関係も趙陶斎あるいは版元が関与した個人的なものであろう。ただ周英にしてみれば、弘範の一文はこの絵図を大いに権威付けるものと感じていたことは間違いないだろうが、それを遍路の人達やその周辺の人達が認識していたとは思えない。例えば、天保四年（一八三三）に四国遍路した新延氏の『四国順礼道中記録』には、各地でお摂待があり、善根宿の有り難さなどが細かく記されているが、弘範の難しい四国遍路の意義付けなどのことは全くみられず、多くの遍路者には無関係である。これは現在の四国遍路においても同様で、弘法大師信仰を基盤とするが、松尾氏のいわれるような意義付けなどを感じている遍路は殆どいないのである。およそ高野山の総本山金剛峯寺の影響は現在の四国八十八ケ所には、まったく感じられず過去もそうであったといえよう。また松尾氏のいわれる、寂本の『霊場記』については、その成立過程をみると真念・洪卓が苦労して集めてきた四国霊場の歴史や景観などの資料を元に作られたものである。おそらく真念・洪卓は八十八ケ所以外の周辺の弘法大師に関わる霊場の資料も集めてきたのであろう。その資料を無駄にすることなく作られたのが『霊場記』で、当初は四巻のつもりであったが、八十八ケ所以外も掲載したため七巻となったとみられる。また善通寺を始めとしたことについては、『道指南』に記すように、一番霊山寺からの札はじめは大師御巡行だが、大坂から徳島上陸の場合は井戸寺、大坂から丸亀上陸の場合は道場寺でもよいとある。江戸時代から明治時代の徒歩遍路は上陸地あるいは居住地の直近の札所から始めるのが習わしで、現在のように一番霊山寺にわざわざ赴き、札始めすることは殆ど無いと云っていいだろう。例えば延享四年（一七四七）に四国遍路した讃岐の佐伯藤兵衛は近くの六八番琴弾八幡からはじめ、その旅日記『四国辺路万覚日記』の八八番大窪寺の記載も淡々としてものである。そして周英『四国偏礼絵図　全』の出版以前の宝暦三年（一七五四）の松山屋清兵衛の納経帳も先記した佐伯藤兵衛と同じく真念『道指南』の順通りに行われている。『道指南』は初版が出版されてから、誤字や事実誤認などが修正され、何度も改正出版しながら完成するのである。ここに一番霊山寺から八八番大窪寺の八十八ケ所と道筋が明示され、詠歌・光明真言の読誦なども整備して弘法大師一尊化が確立するのである。以後はこの『道指南』にしたがって四国遍路が行われるようになった。つまり四国遍路の実質的な確立は真念『道指南』によったものとみて間違いない。何より周英自身が『道指南』を手にして四国遍路を行っている。中世の修行的な辺路から展開した元禄時代の庶民化された四国遍路には権威など必要無いのである。

なお、この絵図の出版状況については新居正甫氏[8]の研究がある。それによれば、この絵図中の「宝暦十三ひつしの春」から、宝暦十三年春の刊行と考えられてきたが『大坂本屋仲間記録』（大阪府立中之島図書館蔵）の記録を考察された結果、実際に刊行され市中に弘められたのは宝暦十四年五月以後であることが明らかにされた。

三　四国遍路絵図の変遷

四国遍路に関わる絵図は、宝暦十三年版の細田周英の「四国徧礼絵図　全」が最古であることは前節で述べたが、この絵図は文化四年（一八〇七）に再版された。興味深いのはその版元が柏原屋清右衛門から佐々井治郎右衛門に変わっていることであるが、図そのものは殆ど改変は行われていない[9]という。

さて、この周英「四国徧礼絵図　全」以後、四国遍路に関わる絵図が次々と出版された。これについては松尾剛次氏が詳しく分析され、周英「四国徧礼絵図　全」を含め次のように大きく六分類されている。

A型―周英「四国徧礼絵図　全」。中央に区画を設け弘法大師像と弘範の四国遍路の密意文を作る。南方（土佐）を上にしている。

B型―中央部にA型にある弘法大師像や弘範の四国遍路の密意文がない。南方（土佐）を上にしている。

C型―中央部に区画を設け弘法大師像がみられるが、弘範の四国遍路の密意文がない。東方（阿波）を上にしている。

D型―中央部に区画を設け弘法大師像、弘範の四国遍路の密意文の代わりに十三仏真言、修行大師がみられる。西方（伊予）を上にしている。

E型―中央部に区画を設け天蓋の下に弘法大師像のみつくる。東方（阿波）を上にしている。

F型―中央に区画を設け弘法大師像と『四国辺路道指南』の「用意の事」の文言が、そのまま記されている。西方（伊予）を上にしている。

以上のように、分類されているがA型の周英「四国徧礼絵図　全」を除けば、殆ど実用的ではなく、土産物として出版されたものとみられるが、その多くは作者名・刊行年・版元などが不明である。出版刊記年がわかるものは周英「四国徧礼絵図　全」の宝暦十三年を最古として、寛政二年（一七九〇）、寛政七年（一七九五）など八点ほど[10]に過ぎない。なお興味深いのは松尾氏の示されるA型の変形であるA′型の中に版元が確認できる[11]ものがいくつかある。

◎「伊予宇和島領颪部村虎屋喜代助」

◎「伊予松山高井　四十八番西林寺　森下表具師板」

◎「伊予宇和島城下より北十二丁中間村ひやうぐ屋□七[12]」

三点が知られるが、いずれも伊予で内二点は宇和島領である。なお、この他にも松尾氏のいうE型に属するものの中に「明石寺茶堂[13]」とあり、ここでも宇和島領内であることから、南予地域における出版の活発なことに関心がもたれる。現に愛南町教育委員会所蔵になる「四国徧礼絵図」の版木が残されており貴重な資料となっている。

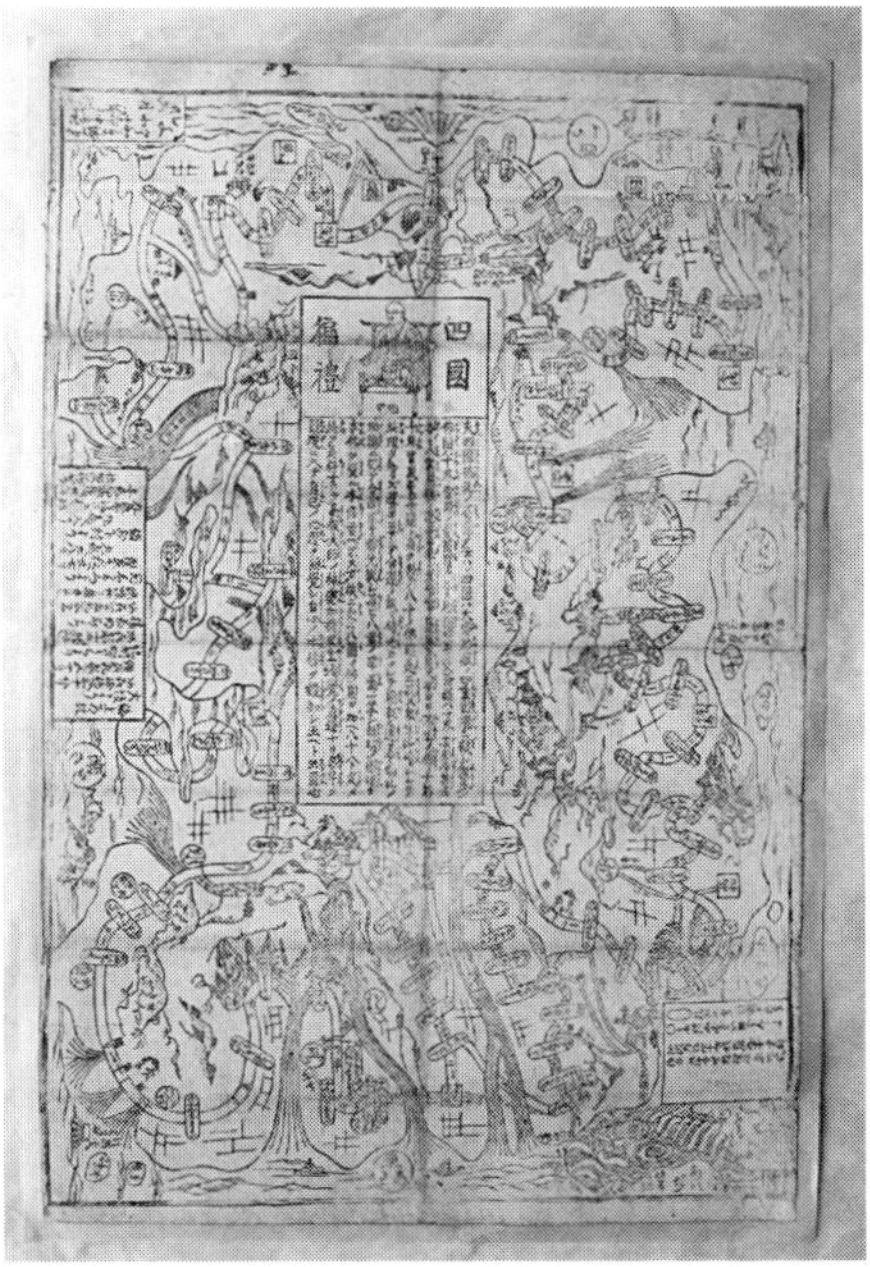

四国徧礼絵図（個人蔵）
〈伊予・中間村・表具屋□七刊〉

また「象頭山参詣道四国寺社名勝八十八番」と表題のある金毘羅大権現を中心に据え、その周囲に八十八ケ所札所、さらに宮島、若山（和歌山）などを加えた絵図が「金毘羅美玉堂」から出されているが、金毘羅参りの土産物として売られていたのであろう。

注

（１）松尾剛次「四国遍路八十八札所の成立—四国遍路絵図を手がかりとして—」（『宗教研究』三三三、日本宗教学会、平成一四年九月）、松尾剛次「四国遍路の成立と四国遍路絵図」（『日本仏教総合研究』三、平成一六年五月）、田中智彦『聖地を巡る人と道』（岩田書院、平成一六年三月）、小松勝記「細田周英『四國邊路日記并四国國順拜大繪圖』（岩本寺、平成二二年一〇月）。

（２）武田和昭『四国辺路の形成過程』（岩田書院、平成二四年一月）二九九〜三二〇頁。

（３）同前。

（４）武田和昭『増吽僧正』（総本山善通寺、平成一七年一一月）五九頁。

（５）愛媛県歴史文化博物館編『四国遍路と巡礼』（愛媛県歴史文化博物館指定管理者イヨテツケーターサービス株式会社　平成二

七年一〇月。）八五頁。今村賢司氏にご教示いただいた。
（6）前掲注（1）松尾剛次「四国遍路八十八札所の成立―四国遍路絵図を手がかりとして」一二六頁。
（7）同前一三〇頁。
（8）新居正甫『「四國偏禮圖」について―「大坂本屋仲間記録」にみる書誌学的考察』（私家版、平成二四年九月）。
（9）今村賢司「四国遍路絵図をめぐる諸問題―細田図と偏禮図を素材として―」（愛媛県立美術館編『空海の足音　四国へんろ展・愛媛編』図録、平成二六年九月）一八三〜一九〇頁。
（10）同前。
（11）同前。
（12）個人蔵。縦五四・五センチメートル、横三六・六センチメートル。
（13）喜代吉榮徳「いわゆる『四国偏禮』絵図について」（『四国辺路研究』第四号、平成六年八月）。

第四章　四国遍路納経帳の成立と変遷

四国遍路に出た遍路者達は札所に着くと、まず手水で手を洗い口をすすぎ、本堂に向かいお経を唱える。続いて大師堂に移り、そこでもお経を唱え、その後、納経所で掛軸や納経帳に本尊名や札所名を墨書してもらい朱印が押される。これが現在、行われている札所での一般的な作法である。しかし江戸時代前期、元禄時代の真念『四国辺路道指南』（以下、『道指南』）では納経帳のことについて、まったく記されていない。ここでは江戸時代の四国遍路の中で、どのようにして納経帳が出来上がったのかを考察する。

一　六十六部の納経帳

霊地・霊山・霊場の社寺参詣に伴い、経典を奉納する行為は古くから存在するが、納経行為に対して何らかの請け取り状を渡すことが行われるようになったのは、鎌倉時代末期ころとみられている。それは日本の六十六ケ国の一国毎に特定の場所が決められ、そこに奉納する、いわゆる六十六部が始まりという。

現存する納経請取状の古例は南北朝時代にまで遡るが、小嶋博巳氏[1]の研究によれば、承応二年（一六五三）から四年にかけて廻国した元秀は、四国内の納経は四ケ所、元禄十六年（一七〇三）から宝永二年（一七〇五）に廻国した奈良三郎兵衛は五ケ所である。やがて江戸時代の中期以降になると、六十六部は極めて数多くの霊場を巡り、納経して納経請取状が作り出されるようになるが、それがいわゆる納経帳である。現存する六十六部の納経帳をみると西国、秩父、板東の三十三観音の合わせて百ケ所、さらに四国八十八ケ所、各国の国分寺、一の宮、著名な八幡神社などが含まれ、合計すると数百ケ所に及ぶものもある。これは特別な例としても百ケ所以上に及ぶものは、決して稀ではない。さて、その内、四国八十八ケの札所が、ほぼ網羅されている六十六部の納経帳の現存最古クラスとみられるのが空性法師に関わるものである。

空性法師の納経帳

宝永七年（一七一〇）から正徳元年（一七一一）にかけて四国を巡った空性法師の納経帳[2]は淡路の一ノ宮、淡路国分寺がみられることから、おそらく西国三十三所の札所を経由し、淡路から渭津（徳島）に到着したものと思われる。四国では、まず一七番妙照寺（井戸寺）を始めとして、吉野川の南岸の札所を進み、南下して二三番薬王寺で阿波の札所分（吉野川北分を残す）を終える。その後、土佐の十六ケ所を終えると伊予に入り、四十番観自在寺から始めるが、四国山中に所在する伊予の四四番大宝寺、四五番岩屋寺の納経がみられない。ただ金山出石寺がみられるのは興味深い。つまり、かつての四国遍路の札納め所であったかも知れないからである。次いで松山・今治周辺の札所は全て納経し、東予では六五番三角寺が除かれるが、その奥院仙龍寺には納経が行われている。讃岐は七五番善通寺を除き全ての札所に納経し、八八番大窪寺から阿波の一〇番切幡寺に向かい、そこから吉野川を下り一番霊山寺で終了している。この納経帳で気の付くことを上げると

◎納経の経名が「普門品」または「大乗妙典」としており、『法華経』に基づくことが分かる。

◎八十八ケ所のルートから大きく外れる四四番大宝寺・四五番岩屋寺、六五番三角寺などには納経しない。ここにも八十八ケ所全てに納経するという概念がない。ただし、別の納経帳が存在した可能性がある。

◎六四番前神寺では「回国行者　空性法師」とあり、請取り手の寺院側は四国遍路者ではなく、六十六部廻国行

者と認識していた。

◎札所番号が「四国第一番札所」として一番霊山寺しか記されておらず、四国八十八ケ所巡りというい う概念が請取り手側に無かった。つまり請け取り手側が六十六部とみていた可能性がある。つまり一般の四国遍路とは区別されていた。

以上のように、空性法師は四国八十八ケ所のみを巡る遍路ではなく、六十六部を基本とする廻国行者であることが分かる。また札所外の霊場をみると浄土宗寺院の大林寺、安芸法然寺、光明三昧院、祥雲寺、讃岐法然寺に納経しており、浄土（念仏）系の六十六部であったと推察される。なお空性法師の出身地など、人物像は確認できない。

丹下弥右衛門の納経帳

丹下弥右衛門は備後国甲奴郡水永村（現広島県上下町）の庄屋の出身である。現存する納経帳は二冊あり、いずれも宝永八年（一七一一）正月吉祥日で一冊には「四国秩父西国板東納張（帳）」、他方には「大乗妙典納張（帳）」とあり、この二冊には合わせて二百六十三箇所に納経したことが分かる。（『上下町の石造遺品』）四国八十八ケ所に関係する部分をみてみたい。

正徳五年（一七一五）五月二十三日に六五番三角寺から始まり、讃岐に属する六六番雲辺寺から順次進み、八八番大窪寺まで欠けることなく納経が行われている。ただ七五番善通寺が別の箇所に納経されているのは不審である。なぜ六五番三角寺から始めたのかは憶測を交えて推測するしかないが、帰路のことを考えて、尾道あたりから船で川之江付近に到着したものであろうか。

次いで阿波は一〇番切幡寺から吉野川北岸を下り一番霊山寺まで進む。この間の納経帳には四国八十八ケ所の札所番号が記されないが、霊山寺のみ「四国第一番札所」とある。これは先の空性法師も同様であり、何らかの意味があると思うがよく分からない。その後、一七番妙照寺（井戸寺）から阿波南部二三番の薬王寺まで進む。

土佐は二四番最御崎寺から三九番延光寺まで進むが、三六番青龍寺と三八番金剛福寺が欠けている。伊予は四
○番観自在寺から順次納経が行われ、正徳五年七月十九日に今治の五五番南光坊で終わるが、四五番岩屋寺が欠けている。およそ六十日を要しているが、今治辺りから自宅の備後に向かったのであろう。この納経帳で気付くことを記す。
◎奉納経の経典名は「普門品」が六十六ケ所、「大乗妙典」が三ケ所で、先記の空性法師と同様の傾向を示している。
◎今治付近の五六番泰山寺から六四番前神寺までの九ケ所や三六番青龍寺、三八番金剛福寺が欠けており、八十八ケ所の全てを回るという意識がない。
◎四国八十八ケ所の多くに納経するが、それ以外の霊場には納経していない。
これらのことから弥右衛門は四国遍路として八十八ケ所の全てを巡るという意識はなく、廻国行者として、より多くの霊場に納経することの意識が強い。実際に『普門品』や『法華経』の経典を奉納したかどうかは明確ではないが、これらの経典からみて六十六部であったとみられる。さらに実家の墓地には、享保二年（一七一七）二月の弥右衛門の廻国供養塔があり、そこには「奉納大乗妙典日本回国供養」とあり、また「奉納大乗妙典六十六部日本回国」と刻まれた版木も残されており、弥右衛門が六十六部廻国行者であったことは間違いないであろう。

以上、二例の納経帳から空性法師、丹下弥右衛門がともに六十六部日本廻国行者であったことが分かる。現在

のところ、この二冊の納経帳が四国八十八ケ所霊場を数多く納める古例である。ただ何度もいうように、六十六部廻国行者は数多くの納経を目的とするもので、四国遍路独自のものではなく、四国八十八ケ所霊場がそのうちに含まれるという概念である。なお空性法師は大宝寺と岩屋寺、弥右衛門は岩屋寺に納経が行われていない。澄禅『四国辺路日記』には大宝寺の項に「当山は六十六部回国ノ経奉納所也」とあり、大宝寺が六十六部の奉納経所であったらしい。岩屋寺は大宝寺の奥院であることから、あるいは六十六部にとって特別の寺であった可能性があり、納経帳が別にあったとの見方もできよう。

二　四国遍路納経帳の成立

先記のように真念『道指南』には、札納めのことはあるが、納経帳についてはまったく記されていない。ではいつ頃、四国遍路独自、つまり八十八ケ所霊場を意識した納経帳ができたのであろうか。現存する納経帳を探索すると、宝暦三年（一七五三）の伊予国越智郡大三島井之口村の松山屋清兵衛の納経帳が興味深い。

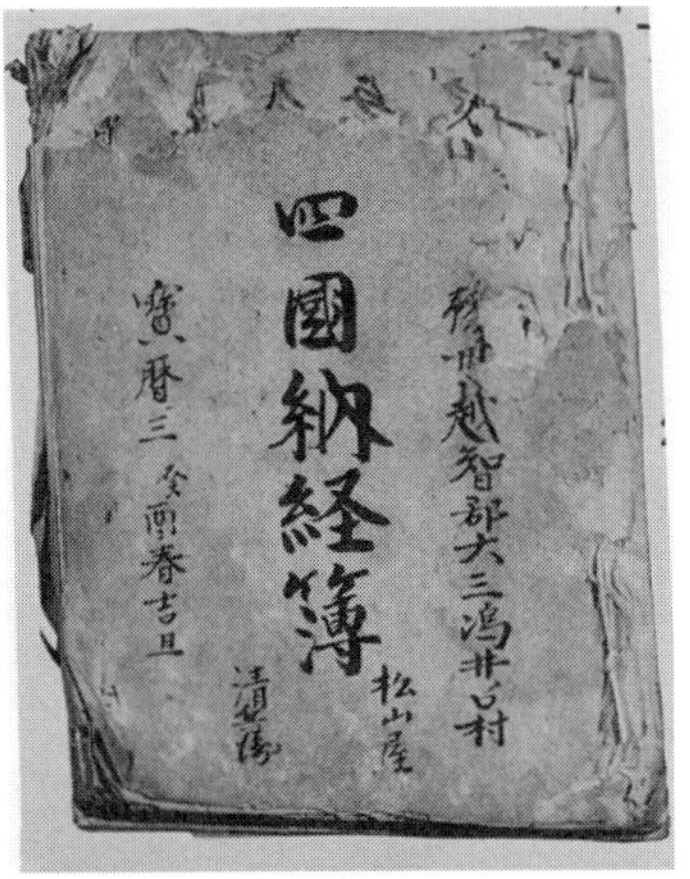
松山屋清兵衛納経帳（個人蔵）

松山屋清兵衛の納経帳

この納経帳の表紙には「四国納経簿[3]」とあり、四国遍路に関わるものであることが分かる。まず実家に近い大山積大明神の参拝から始め、船で今治に渡り五五番南光坊で納経している。大三島の三島宮（大山積大明神）は古くは四国辺路の札納め所であったが、後に今治の三島宮（別当南光坊）に札所が移された。この両方に納経したのは地元という土地柄であろう。五四番円明寺、五六番太（泰）山寺、五七番乗泉寺（栄福寺）と今治周辺の札所から六五番三角寺と奥院仙龍寺に納経する。讃岐は六六番雲辺寺から八八番大窪寺まで順次進むが、どうしたことか六七番大興寺が二枚ある。よくみると始めのは「松山屋清右衛門殿」となっており、間違いに気付き二枚目を書いたものかと思われる。ただ書体が異なるので別の理由かもしれない。八八番大窪寺からは阿波の一〇番切幡寺に向かい、吉野川を下り一番霊山寺に至る。次に吉野川を越え南岸に至り一七番井戸寺から一六番観音寺、一一番藤井寺などを済ませ二三番薬王寺で阿波を終える。土佐は二四番最御崎寺から始め、三八番金剛福寺・三九番延光寺で終わるが、三七番仁井田五社（岩本寺）の納経がみられないのは不審である。その後、伊予は四〇番観自在寺から始め、順次進んで四四番大宝寺、四十五番岩屋寺から松山平野の札所を進み、最後は五三番円明寺でこの納経帳は終了する。その後は今治に行き、大三島の実家に帰ったとみられる。先記の二例と比較すると

◎奉納経名が「普門品」よりも「大乗妙典」とするものが多くなる。

◎札所番号を記すものが二十五ケ所となり、数多くなるが、これは四国遍路としての札所意識の高まりといよう。

◎一ケ所（仁井田五社）を除き八十八ケ所のすべてに納経する。札所外の霊場には立ち寄らないことは四国遍路のみの四国八十八ケ所霊場巡りである。

佐伯宣由（明和三年）の納経帳

讃岐国豊田郡井関村の庄屋、佐伯宣由の明和三年（一七六六）納経帳(4)である。佐伯家は代々、井関村の庄屋として同地の名家である。宣由の先代である佐伯藤兵衛は延享四年（一七四七）二月に四国遍路を行い『四国辺路

中万覚日記』を残している。この日記には当時の札納めや宿泊、米代などのことが細かく記されており、当時の遍路の様子が分かる貴重な日記である。藤兵衛から十九年後に宣由も四国遍路を行ったのである。

まず井関村に近い六八番観音寺から始まり、順打ちで八八番大窪寺には七日間を要している。次に阿波に入るが、先記した空性法師、丹下弥右衛門、松山屋清兵衛とも、阿波には讃岐山脈を越えて一〇番切幡寺に入るコースをとっているが、宣由は一番霊山寺から始めている。どのようなコースを取ったのかは分からないが三日を要していることから、おそらく大坂峠を越えたのであろう。一番から二三番薬王寺まで順に進む。その後は土佐一国十六ケ所を無事に終え、伊予は四〇番観自在寺から六五番三角寺と奥院仙龍寺を済ませ、讃岐分の六六番雲辺寺、そして実家に近い六七番大興寺で終わる、要した日数は三十四日で極めて早い遍路旅である。先記した先代藤兵衛の日記には、納経料のことについては、まったく記載がないことから、藤兵衛の時代には納経帳が一般的でなかったと見られる。宣由の納経帳の表紙には「奉納経四国八拾八ケ所」とあり、四国遍路のみの納経帳であることは明白である。

四国遍路納経帳の成立

以上二冊の納経帳をみてきた。まず松山屋清兵衛の納経帳は「四国納経簿」とあり、さらに出発地と帰着地が明確に判明し、他の霊場に立ち寄った形跡がないことから、四国遍路独自の納経帳である。

佐伯宣由の納経帳は「奉納四国八拾八ケ所」とあり、しかも出発地と帰着地が清兵衛と同様、明確で他に立ち寄った記録は見られないので、やはり四国遍路のみを目的とした納経帳といえよう。これにより六十六部の納経帳と比較してみると、この二冊の納経帳が四国遍路の独自の納経帳として古例に属するのである。先記とも合わせ整理すると次のようになる。

◎真念の頃、元禄時代にはすでにかなりの数の遍路が八十八ケ所を巡っていたが、札所で納経が行われず、納札が主流であった。一方、その頃に六十六部廻国行者も四国の札所を巡っていたが納経する札所はごく限られていた。（数多くの札所に納経していたとの説もある）。
◎宝永年間（一七〇四～一一）頃から六十六部廻国行者も八十八ケ所の多くに納経するようになる。（空性法師の例）
◎やがて四国遍路のみ行う者が、廻国行者との交流の中で宝暦年間前後頃（一八世紀中期）から納経帳を作り始める（松山屋清兵衛の例）。ただし六七番大興寺周辺には、享保年間には、すでに六十六部と遍路との交流が明確に確認できることから十八世紀前半期まで範囲を広げておきたい。

では何故、遍路達が六十六部の納経帳に関心を抱いたのであろうか。小嶋博巳氏[5]の説を参照すれば、六十六部の納経帳には、日本各地の神社の神々や寺院の本尊名が大きく墨書され、そして朱印が押されており、単なる書類綴りとは異なっている。それは諸国の神仏を一つに集めた神名帳の意味を持ち、まことに神々しく感じられ、納経帳自体が神聖なものと考えられていたのである。その神聖性に四国の遍路達が関心を持ち得たとすることは、ごく自然のことであろう。宿泊所や道中で遍路者と六十六部の交流があり、納経帳の存在を知った遍路者が四国遍路独自の納経帳を作成したのではなかろうか。

三　六十六部岡田丹蔵の納経帳

先記した空性法師や丹下弥右衛門の納経帳は六十六部が廻国途中に四国遍路した事例であるが、その頃はまだ

岡田丹蔵廻国塔
（香川・三豊市）

四国遍路独自の納経帳は作られていない。その後のことについて、現存する六十六部の納経帳がいくつか確認できるが、天明七年（一七八六）～八年にかけて六十六部として廻国した岡田丹蔵の納経帳[6]をみてみたい。

丹蔵は讃岐国三野郡荘内村の住人で、生年は不明、没年は弘化四年（一八四七）十二月七日である。納経帳は丹蔵の子孫の所有として現存し、そして有り難いことに、岡田家の墓地に丹蔵が廻国を終えた直後の建立銘を持つ、次のような廻国供養塔が現存している。

（向右面）天明八歳戊申七月吉日
　　行者　岡田丹蔵
（正面）　奉納大乗妙典六十六部日本廻国
（裏面）　南無阿弥陀仏

本例のように、廻国納経帳と廻国供養塔との両方が現存する例は全国的にも珍しい[7]とされる。まず納経帳に従いながら足跡を辿ってみよう。一丁目の表紙には何も記されていない。二丁目表に「奉納御室御所伽藍　明和七年八月十九日」とあり、次には「八月三日和州片岡山達磨寺」とあることから、四国を出て御室御所に行く途中で、奈良に立ち寄ったのであろう。六十六部の納経帳の最初に「御室御所伽藍」の墨書がしばしばみられ、六十六部と御室御所（仁和寺）との深い関係が考えられるが未だ明らかではない。その後は大峰山→吉野→和州→伊賀→伊勢→志摩→熊野三山→紀州→泉州→高野山→河内→摂津→播州→作州→備前そして備中長谷山法泉禅寺が三月五日であるが、ここで一旦、讃岐の実家に帰ったらしい。

次の廻国は同八年五月十日、実家に近い琴弾八幡宮から始め、本山寺→大興寺→雲辺寺→奥院仙龍寺→三角寺→前神寺と進んでおり、いわゆる逆打ちである。

その後は伊予→土佐→阿波の八十八ケ所の札所を漏れなく進むが、一番霊山寺を終えたあとに紀伊の「慶徳山長保寺」に行く。紀伊路を歩む際に漏れていたのか、また何かの新たな情報を得たのか理由はよく分からない。

讃岐は白鳥大神宮から八八番大窪寺を経て札所のすべてに納経し七月五日頃、七一番弥谷寺に納経して帰宅したものとみられる。

前期は天明七年八月三日から翌八年三月五日まで約七ケ月余、二百十二日で、後期は天明八年五月十日から七月五日まで約二ケ月弱、五十五日である。合わせると二百六十七日であるが、和州達磨寺などの日数を含めると九ケ月余、奉納数は百九十六ケ所に及ぶ。

納経した社寺をみると西国三十三所の内、一番から七番までと二二番から二七番の合わせて十三ケ所で、四国八十八ケ所は善通寺以外は全て納経されている。各国の一之宮、国分寺、さらに主な八幡宮が含まれている。このような納経形態は、十八世紀前半～中期以降の六十六部の間で一般化したという指摘[8]に合致している。また空性法師や丹下弥右衛門に比べて、四国遍路のほとんどに納経しており、この頃以降になると六十六部の納経も四国遍路札所のすべてに納経するようになる。

なお江戸時代中～後期頃に讃岐国三野郡では笠岡村の馬淵和蔵、比地村の繁蔵、吉津村の国蔵など「蔵」に係字を持つ六十六部が確認され、丹蔵とともに師弟関係、ネットワークが想定され興味深い。（平成二十六年・瀬戸内海歴史民俗資料館テーマ展資料、田井静明『巡る人々、巡る信仰』参照）。

四　納経帳の記載事項の変遷

宝暦三年（一七五四）の松山屋清兵衛の納経帳や佐伯宣由の納経帳のように、一般的に向かって右側に「奉納大乗妙典」、「奉納経」、「奉納」などが書かれ、次に本尊名を大きく書く。そして奉納の年月日と札所の社寺名が書かれ、寺社名の印が押されているが、それぞれ比較すると少し相違していることが分かる。ここでは納経帳の記載事項の変遷について考察する。

次表は奉納経名と宛名について江戸時代前期から末期の十四冊の納経帳を分析したものである。これに従って江戸時代全般の変遷を追ってみたい。

奉納経名

まず奉納経名は大きく「奉納普門品」、「奉納大乗妙典」、「奉納」、「奉納経」の四種類に分けられる。「奉納普門品」は宝永八年（一七一一）納経帳～享保四年（一七一九）納経帳では、全体の約八割を占め、残りは「奉納大乗妙典」である。ところが享保四年納経帳、元文二年（一七三七）納経帳では、それが逆転して「奉納大乗妙典」が数多くなる。『普門品』とは『観音経』のことで小部の経典で、『大乗妙典』とは『法華経』で大部の経典に変化している。実際に経典が納められたのかどうかが問題となるが、実態は分からない。

そして天明六年（一七八六）には「奉納普門品」はまったく記されない。それとともに単に「奉納」、「奉納経」

が増加してくる。

以上のように「奉納普門品」→「奉納大乗妙典」→「奉納」→「奉納・奉納経」→「奉納・奉納経・記載なし」という変遷となる。ここで問題となるのが、六十六部廻国供養塔で宝永年間（一七〇四～一一）～享保年間（一七一六～三六）ころに建立された廻国供養塔には「奉納大乗妙典」と刻まれるものが殆どである。先記のように、この時期の納経帳は「奉納普門品」が多くみられ矛盾する。理由はよく分からないが、宝永～享保年間以降の廻国供養塔も「奉納大乗妙典」とするものが多い。なお先記したように、空性法師、丹下弥右衛門には別に納経帳が存在した可能性が高い。

宛名

次に奉納者に対して、請取り側の宛名の名称についてみてみよう。

宝永～正徳年間の空性法師の納経帳の宛名は空性法師・空性房・空性坊・空性乞士・晦者空性房・空性信士・空性丈・空性法印・空性道者・空性老衲・空性子・空性師などと様々で、請取り手側に統一性がみられない。ただ、その多くは空性法師または空性房である。

正徳五年（一七一五）納経帳の丹下弥右衛門では、弥右衛門殿・日或行脚弥右衛門殿・弥右衛門尉・弥右衛門丈・弥右衛門骨士と表記される。ただ弥右衛門殿が五十六ケ所で全体の約六十パーセントを占めている。空性法師とは、ほぼ同時期であるが相違していることが興味深い。おそらく空性法師は明らかな修行僧であり、弥右衛門は俗人名の六十六部であったからとみられる。

宝暦三年（一七五三）納経帳の松山屋清兵衛では、行者清兵衛殿・清兵衛殿が五十一ケ所、行者清兵衛丈・清兵衛丈が二十三ケ所、行者丈が十ケ所などとなり、清兵衛丈や行者丈など「〇〇丈」が増加している。「丈」

明和３年(1766)	安永７年(1778)	天明６年(1786)	天明７年(1787)	寛政５年(1793)	文化12年(1815)	文政10年(1827)	嘉永５年(1852)
佐伯宣由(四国辺路)	佐伯民治(四国辺路)	佐伯□年・女(四国辺路)	岡田丹蔵(六十六部)	郡屋甚助(四国辺路)	不明(西国・四国)	喜兵衛(四国辺路)	喜平(四国辺路)
7	3	0	0	0	0	0	0
39	10	9	40	4	9	6	5
17	35	24	12	36	23	28	30
15	34	44	27	41	43	37	35
10	3	4	5	3	2	7	1
0	3	2	3	1	7	10	17
0	0	5	1	3	4	0	0
88	88	88	88	88	88	88	88

0	0	0	0	0	0	0	0
2	0	0	0	0	0	0	0
6	1	0	0	0	0	0	0
55	58	49	67	50	11	5	0
11	11	4	4	4	5	1	0
8	6	3	6	4	0	0	0
6	11	25	10	30	68	82	88
0	1	7	1	0	4	0	0
88	88	88	88	88	88	88	88

3	6	6	5	10	41	46	53

・安永７年納経帳—香川県立ミュージアム（佐伯家文書）。
・天明６年納経帳—同上。
・天明７年納経帳—個人蔵。
・寛政５年納経帳—稲田道彦『景観としての遍路道と遍路の行程の変化』（香川大学）。
・文化12年納経帳—個人蔵。
・文政10年納経帳—個人蔵。
・嘉永５年納経帳—個人蔵。

（『四国辺路の形成過程』から引用）

奉納経名と宛名一覧

	宝永８年（1711）	正徳５年（1715）	享保４年（1719）	元文２年（1737）	宝暦３年（1753）	宝暦10年（1760）
	空性法師（六十六部）	丹下弥右衛門（六十六部）	無休法師（六十六部）	与兵衛（六十六部）	松山屋清兵衛（四国辺路）	馬場徳右衛門（六十六部か）
奉納普門品	72	66	72	29	10	9
奉納大乗妙典	9	3	11	34	60	27
奉納	0	0	0	0	5	30
奉納経	0	0	0	0	4	5
その他	2	0	4	0	8	15
記載なし	0	3	0	0	0	2
納経なし	5	16	1	25	1	0
計	88	88	88	88	88	88

（宛名）

□□法師・坊	73	0	65	不明	0	0
□□殿	1	56	0	不明	51	0
□□尉・丈	0	12	1	不明	23	0
行者丈	0	0	0	不明	10	57
行者	0	0	0	不明	2	17
その他	9	4	18	不明	1	5
記載なし	5	3	3	不明	0	9
納経なし	0	13	1	不明	1	0
計	88	88	88	不明	88	88

版木押し

計	0	3	2	不明	1	3

・宝永８年納経帳—小松勝記・岡村庄造『四国辺路研究叢書　第３号』。
・正徳５年納経帳—同上。
・享保４年納経帳—藤田定興「六部行者の納経所について」（『研究紀要』13、福島県歴史資料館）。
・元文２年納経帳—三浦秀宥「六十六部聖」（萩原龍夫『仏教民俗学大系』２）。
・宝暦３年納経帳—小松勝記・岡村庄造『四国辺路研究叢書　第４号』。
・宝暦10年納経帳—個人蔵。
・明和３年納経帳—香川県立ミュージアム（佐伯家文書）。

とは尊称語で「殿」の同義語である。

宝暦十年（一七六〇）納経帳では、行者が十七ケ所、行者丈が五十七ケ所、その他が五ケ所となって、特定の個人名を書くものが少なくなるのが目立つとともに、宛名を記載しないものが九ケ所となる。明和三年（一七六六）納経帳、安永七年（一七七八）納経帳も同様の傾向を示している。この頃に四国遍路に何らかの変化が生じていたと考えられる。天明六年（一七八六）納経帳、寛政五年（一七九三）納経帳になると、宛名を記載しないものが二十五ケ所となり、簡略化がみられる。換言すれば納経する人の数が増加したのであろうか。

文化十二年（一八一五）納経帳では宛名を記載しないものが六十八ケ所、文政十年（一八二七）になると八十二ケ所となる。それ以降では、宛名を記すことは殆ど無くなる。

版木押し

納経帳に版木押しがみられるようになるのは、正徳五年（一七一五）の弥右衛門納経帳では三ケ所が確認される。それ以前には版木押しはみられない。宝暦十年（一七六〇）も三ケ所、安永七年（一七七八）では六ケ所、天明七年（一七八七）では六ケ所、寛政五年（一七九三）には十ケ所と徐々に増加傾向を示す。その後、文化文政年間（一八〇四〜三〇）になると約半数が版木押しとなり、幕末期の嘉永二年（一八四九）納経帳では五十三ケ所となる。文化・文政期頃を境に明確に変化がみられる。このことは納経をする者が増加したとみられるが、それはまた遍路の絶対数も増加したことを意味していよう。

以上、宝永期から文政期まで、およそ百年間の納経帳の変遷をみてきたが、これを四期に分けてみた[9]。

納経帳の変遷

一期は六十六部廻国行者の納経帳、二期は六十六部廻国行者の影響を受けた四国遍路の初期の納経帳、三期は納経する遍路が徐々に増加する期の納経帳、四期は納経する遍路が増大した期の納経帳とする。

宝暦三年の松山屋清兵衛の納経帳はまさに第一期から二期への過渡的な要素を示しており、四国遍路独自の納経帳の初発的なものといえよう。

最後に検討課題を記しておきたい。まず西国・秩父・板東の観音霊場は四国遍路よりも古い歴史をもっており、これらの霊場の納経帳も多く残されている。現在のところ、松山屋清兵衛よりも古い納経帳は筆者は確認していないが、それより古例があるかもしれない。その際には直接的、間接的な影響を考慮しなければならないであろう。

納経帳の変遷区分

	年代	奉納経名	宛名
一期	宝永〜享保年間（十八世紀初頭）	奉納普門品	○○法師・房　○○殿
二期	宝暦〜明和年間（十八世紀中期）	奉納大乗妙典　奉納	行者丈　行者
三期	安永〜天明年間（十八世紀後半）	奉納経　奉納	行者丈　記載なし
四期	文化〜文政年間（十九世紀）	奉納経　奉納	記載なし

注

（1）小嶋博巳「近世の廻国納経帳」（ノートルダム清心女子大学生活文化研究所『生活文化研究所年報』一二、平成一一年三月）八二〜八三頁。

（2）小松勝記・岡村庄造『四国辺路研究叢書、第三号　資料集寳永〜正徳年間の納経帳』（四国辺路研究会、平成一六年四月）。

（3）小松勝記・岡村庄造『四国辺路研究叢書、第四号　資料集寳暦年間の納経帳と四国徧禮繪圖』（四国辺路研究会、平成一六年八月)。

(4) 明和三年納経帳は香川県立ミュージアム蔵、佐伯家文書を参照。前掲注(1)小島博巳「近世の廻国納経帳」八九頁。

(5) 前掲注(1)小嶋博巳「近世の廻国納経帳」八九頁。

(6) 岡田丹蔵の納経帳は個人蔵。武田和昭『四国辺路の形成過程』(岩田書院、平成二四年一月)二六四頁。

(7) 小嶋博巳「廻国供養塔にともなう埋納・収納者について」(ノートルダム清心女子大学生活文化研究所『生活文化研究所年報』一一、平成九年一二月)。

(8) 前掲注(1)小嶋博巳「近世の廻国納経帳」。

(9) 前掲注(6)武田和昭『四国辺路の形成過程』二九二頁。

第五章　往来手形と番所

江戸時代には他国に出かける際、往来手形という身分証明書が必要であった。発行者は主に菩提寺であるが、時には庄屋が署名する場合もある。その内容は手形所有者の住所と名前、宗旨名と檀那寺、さらに旅行の目的、途中で行き暮れた場合や病死した時には、その所の作法でお願いしたいとの文言である。宛名は国々御関所・番所御役人となっている。四国遍路においても当然ながら、数多くの国々の番所を通過する。ここでは四国遍路の中で行われた往来手形(1)や番所の実態を記すことにする。

一　往来手形

廻り手形

澄禅『四国辺路日記』をみると次のように記されている。

持明院　願成寺トテ真言ノ本寺也。予ハ高野山宝亀院ノ状ヲ持テ持明院ニ着ク。依是持明院ヨリ四国辺路ノ廻リ手形ヲ請取テ、廿五日ニ発足ス。

とあるように澄禅は高野山宝亀院の状を携え、徳島の持明院で四国遍路の「廻り手形」を請けたのである。この持明院は徳島の寺町に所在した大寺であるが札所寺院ではない。なぜ持明院が発行所となっていたのかよく分からないが、おそらく徳島渭津付近に札所がないことに起因するのであろう。宝亀院の状とは紹介状のようなものと推察される。次に「廻り手形」であるが、幸いに、ほぼ同時代のものが残されている。（個人蔵・縦二七・三センチメートル、横三五・五センチメートル）

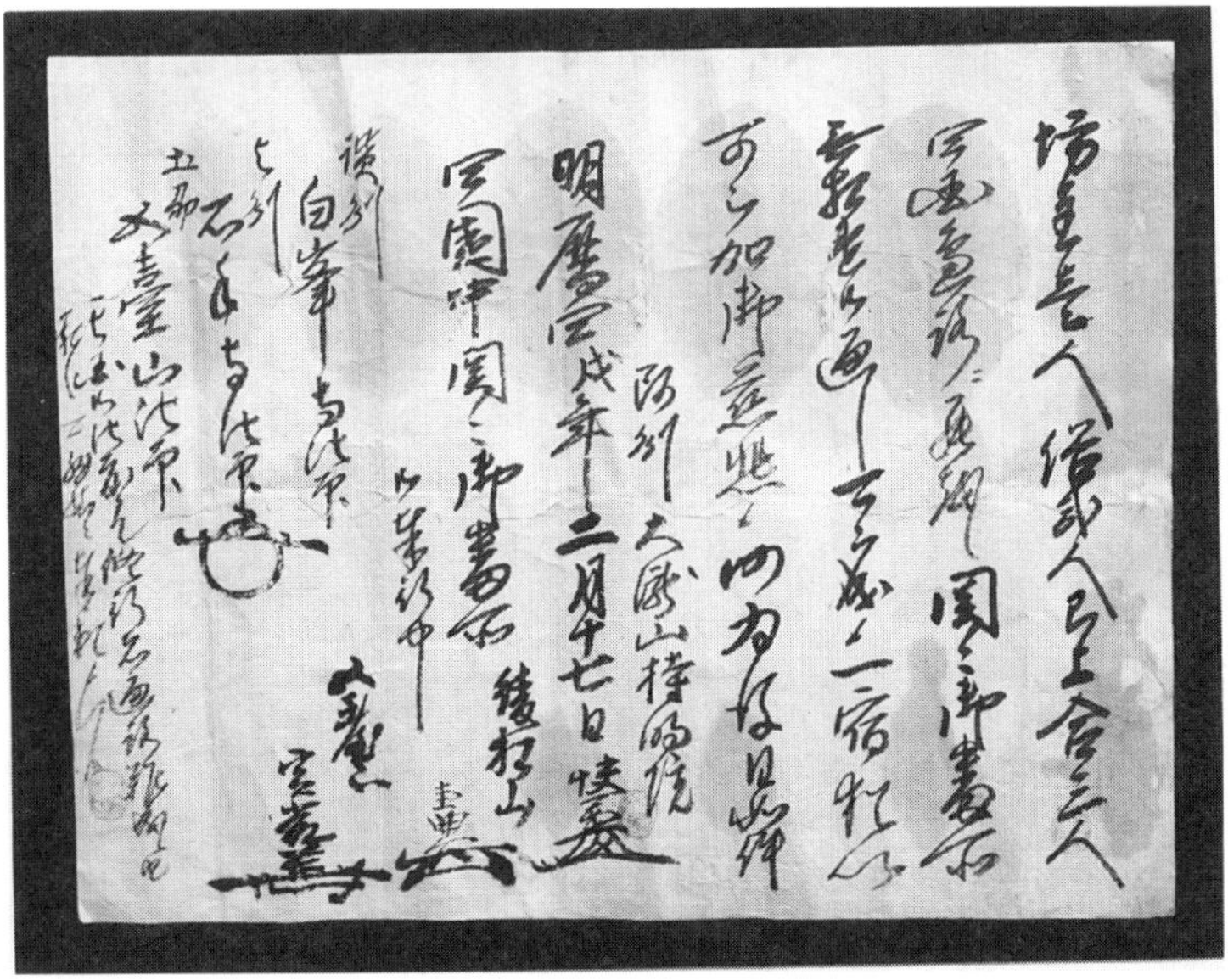

明暦四年の廻り手形（個人蔵）

坊主壱人俗弐人巳上合三人
四国辺路ニ罷越し関々御番所
無相違御通し可被成候一宿猶以
可被加御慈悲候仍為後日如件　（A）
明暦四戌年二月十七日
　阿州大滝山持明院
　　快義（花押）
四国中関々御番所
　御奉行中

　綾松山
　　圭典（花押）
　五臺山
　　宥厳（花押）　（B）

讃州
　白峯寺法印
与州
　石手寺法印（花押）
土州
　五臺山法印　（C）

其国御法度にて修行者遍路難成候由
承候可然情々奉願申上候　（D）

この書状は明暦四年（一六五八）の「廻り手形」で澄禅より遅れること五年後で、まさしく持明院の快義が発行したものである。その内容をみると坊主一人、俗二人とある。坊主とは先達的な役割の僧侶、おそらく山伏とみられるが、俗人の人物像は不明である。この三人が四国辺路を行うので関所番所を問題無く通して頂き、一宿の慈悲をお願いするというもので、宛名は四国中の関所番所である。次に札所の寺院の署名がみられ、讃岐は白峯寺圭典、伊予は石手寺、土佐は五台山宥厳が確認できる。（A）、（D）ゾーンは持明院快義が書いたものであることは間違いないが、よくみると（C）ゾーンも快義とみられる。つまり前もって快義が三ケ寺の「法印」を書いておいたのである。そして石手寺法印はそこに花押を書き、他の二人は（B）ゾーンに署名と花押を記したとみられる。つまり、この四ケ寺が四国辺路を保証するというものであろう。

本書状により、澄禅『四国辺路日記』の記事が証明できたこと、さらに明暦頃には、この四ケ寺が四国のそれぞれの国を代表していた札所寺院であったことが判明するのも貴重である。さて澄禅の『四国辺路日記』には阿波と土佐の国境の関所で、次のように記されている。

右鹿喰ノ河ノ山ギワニ関所在、土佐ノ太守ヨリ番衆被指置也。爰ニテ各廻リ手形ヲ指出シ判形を見セ理ヲ云テ通ル也。

「廻り手形」を指し出し判形を見せたと記している。判形とは、どのようなものかよく分からないが廻り手形に書かれている花押（判形）のことであるのか、また別に書状があったのかは分からないが、前者の可能性が高い。

次に町田哲氏(2)によって明らかにされた手形（写し）である。

一、此辺路生国薩摩鹿児島之住居ニて、

佐竹源左衛門上下之五人之内壱人ハ山伏、真言宗四国海陸道筋御番所宿等無疑通為被申、各御判形被遊可
被下候、以上

延宝四年辰ノ卯月十七日
与州石手寺（印影）
雲龍（花押影）
讃州善通寺
宥謙（花押影）
讃州白峯寺（印影）
圭典（花押影）
阿州地蔵寺
同州太龍寺
土州東寺
同州五台山
同州足摺山

この書状は阿波の五番札所地蔵寺に所蔵されているが、元々は石手寺が発行したものの写しであるという。延宝四年（一六七六）に薩摩の佐竹源左衛門など五人の四国辺路に際してのもので、ここに記される山伏とは先達とみてよかろう。この時代の四国辺路には、まだ先達が必要であったことがわかるが、山伏が先達を務めたことは前代の熊野参詣に伴う、熊野先達を想起させ興味深い。

伊予の石手寺から始まり、讃岐、阿波、土佐の順に寺名がみられるが、この遍路者達が薩摩から舟で、宇和島か松山辺りに上陸し、そこから順に四国遍路したものと思われる。次に八ケ寺の連名がみられるが、伊予は石手寺、讃岐は善通寺と白峯寺、阿波は地蔵寺と太龍寺、土佐は東寺、五台山と足摺山である。まず石手寺がこの書状を発行するが、その際には残りの七ケ寺の寺名も記している。つまり各寺が署判を与えながら遍路道中と宿泊を保証していくが、この時期には、この八ケ寺が四国遍路を保証していたわけである。書状からみて白峯寺までは各寺の住職が署名花押していることから、地蔵寺でこの手形を写したものとみられている。佐竹源左衛門一行はこの後、阿波の札所を進み太龍寺で署判をし、土佐に向かったであろう。先の明暦四年から十八年後のことであるが持明院が確認できない。その理由として、この一行が伊予に上陸したからなのか、また持明院が札所寺院では無かったことから、意図的に除外されたのかなどが想定されようが、よく分からない。また讃岐に上陸した場合はどこが手形を発行するのかなど不明なことも多い。今後の新たな資料の出現を待ちたい。以上は江戸時代初期頃の四国辺路に伴う「廻り手形」の例として貴重な資料といえよう。

往来手形の変遷

次に正徳二年（一七一二）の手形(3)をみてみよう。

往来手形之事

一、予州松山領野間郡波止町、治右衛門喜兵衛門九郎右衛門と申者以上三人、今度四国辺路ニ罷出候、宗旨之儀三人共ニ代々禅宗、寺者同町瑞光寺檀紛無御座候、所々御番所無相違通可被下候、尤行暮申候節者宿之儀被仰付可被下候、若同行之内病死仕候ハヽ、早速御取置被仰付可下候、為其往来証文如件

正徳二年辰年六月十七日　予州野間郡波止町

古川七三郎
同村庄屋長野半蔵
御国々御番所

ここでは「往来手形之事」とあり、庄屋が発行したものである。内容的には住居地、名前、旅の目的、宗旨と檀那寺があり、そして宿の便宜と病死した時には取置かれて欲しいとの文意である。

次に寛政九年（一七九七）（個人蔵）の往来手形(4)をみてみよう。

往来手形之事
一信州筑摩郡北小野村裕右衛門
代々拙寺旦那ニ紛無御座候此度
四国順拝ニ罷出候間国々
御番所無相違御越過可被下候
若行暮候節ハ其處ニ而一宿
頼入申候萬一途中ニ而
病死等仕事候ハハ其地之御世話ニ而

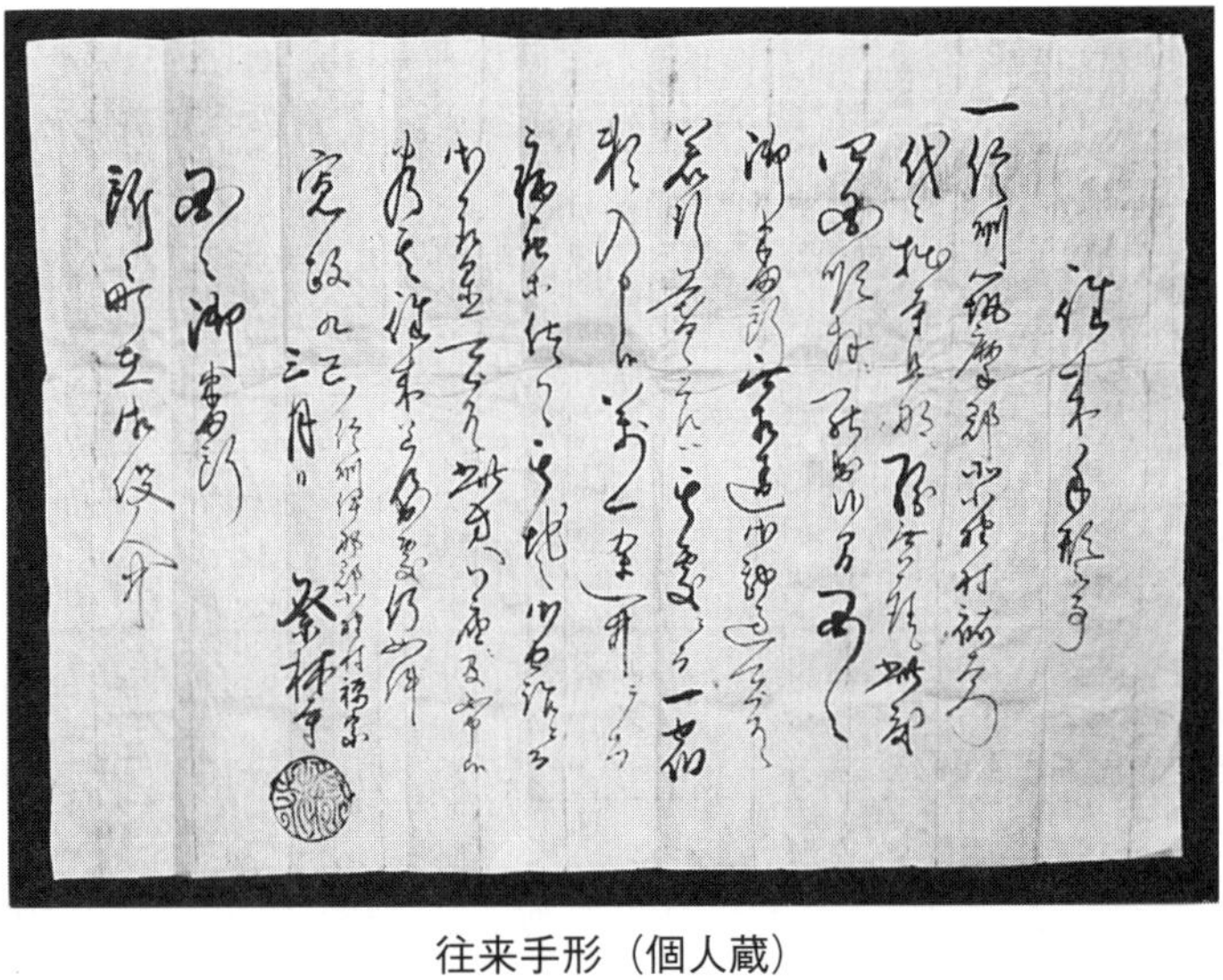
往来手形（個人蔵）

御取置可被下候此方へ御届ニ及不申候
為其往来差出處仍如件
信州伊那郡小野村禅宗
祭林寺
寛政九巳ノ
三月日
国々御番所様
所々町在御役人中

とある。正徳二年の時よりも、後半部の部分がより詳しく、国元へ届なくてもよいとの文言が加わる。江戸中期以降の往来手形は、ほぼ同様の内容であるが、こうした往来手形は明治初期の関所・番所制度の廃止とともに必要では無くなった。

二　番所と切手

往来手形

往来手形を持ち、いよいよ四国遍路の修行に出るが、各国の国境には番所があり、往来手形を見せ入国許可を得なければならない。その具体的な例を天保七年（一八三六）に四国遍路した武蔵国野中彦兵衛の『四国遍路中并摂待附萬覚帳』からみてみたい。この記録については喜代吉榮徳師の詳しい論考[5]があり、その多くを参考とする。まず往来手形をみてみよう。

一札之事

武州旗羅郡中奈良村

重蔵

彦兵衛

右両人之者心願御座候ニ付、今般四国八拾八ケ所霊場順拝罷出申候間、国々御関所無相違御通し可被下候、若行暮難渋候節ハ止宿奉願上候、万一於道中ニ病死等仕候得者其御所之御作法ニ御取埋可被下候、其節本国江届ケニ及不申候為後日寺送り依而一札如件

天保七年

申三月

武州旗羅郡中奈良村

真言宗　長慶寺印

国々

御関所

御役人衆中

船揚り切手

さて四国在住の人物が遍路に出る際には、往来手形のみでよいが、四国以外からは港に着くと、まず船揚り切手が必要となる。野中彦兵衛の場合、おそらく大坂から丸亀に上陸したのであろう。往来手形とは別に船揚り切手が必要で、丸亀港で次のような切手が発行される。

覚

一、武州旗羅郡中奈良村重蔵同行弐人右当地着船仕、往来手形所持見届ケ船揚申處相違無御座候　已上

天保七年　　　讃州丸亀
　　丙申　　　　吉岡惣八
三月七日より百五十（日）之内
四ケ国
　　御番所衆中

先記した往来手形の所持を確認して、四国内に百五十日間の滞在許可が得られるのである。一人当りの世話料は百五文である。なお『丸亀城下御定目』[6]の中に

一、船ニ而来候ハヽ、川口ニおいて往来手形出させ、見届相違無之候ハヽ、番所江其段相断、船より可揚、出船之節茂右同様ニ可相心得事。

とあって、上陸については往来手形の確認が厳重に行われていたことが分かる。丸亀に到着した後、まず七八番郷照寺から遍路が始まり、八八番大窪寺まで進む。次いで阿波に入ることになるが、現存する四国遍路の日記や納経帳からみて、江戸時代前期から中期頃には、八八番大窪寺から讃岐山脈を越えて一〇番切幡寺に向かうのが主要なコースであったとみられる。その国境には澄禅『四国辺路日記』に関所の存在が記されている。また真念『四国辺路道指南』にも「ひかいだに村、番所、切手あらたむ」とあり、番所のことがみられる。ところが江戸時代後期頃には八八番大窪寺から讃岐平野に降り、白鳥神宮を経て大坂峠を越えて一番霊山寺へ向かうコースが主要となる。重蔵・彦兵衛の場合は何故か志度寺の次に白鳥神宮から大坂峠に向かったのか長尾寺と大窪寺の記録がない。ともかく大坂峠から阿波入国であるが、その際に国境の大坂口に松平阿波守御役所で、往来手形と「丸亀上り切手」（船揚り切手）を見せて、次のような「覚」を発行してもらう。

覚

御印

男弐人　武州旗羅郡中奈良村

重蔵

彦兵衛

申三月九日改メ

大坂口

御番所

この「覚」は阿波国のみの切手で、阿波出国の際に返却することになる。阿波の札所は一番から一〇番までは十里十ケ所といわれるように、健脚であれば一日のコースである。その後は一二番焼山寺を除けば比較的楽に進める。さて二三番薬王寺から約十里で阿波と土佐の国境に至る。阿波の番所は宍喰にあり古目番所という。ここで大坂口で発行された阿波国分の切手を渡す。次に土佐入国となるが、往来手形とともに丸亀港で発行された舟揚り切手の提示となるが、享和二年（一八〇二）に四国遍路した平野作左衛門の『四国辺路道中日記』[7]に「宍喰町土佐屋与兵衛宿、舟揚りの切手無き者ハ此所ニ而鳥目弐三拾文出して人を頼ミ書てもらふなり、切手なき者ハ土佐の国へ入かたし」とあって、切手を持たない者は、ここで舟揚り切手を書いてもらうというのである。古目番所から約半里で土佐の甲浦の東股番所で、次のような切手が発行される。

印　切手

武州旗羅郡中奈良村
一、遍路弐人　彦兵衛
重蔵
但し、三月十四日甲ノ浦東股於御番所ニ相改今日より日数三十日限り松尾坂江さんちゃく之筈
右之通委細申含メ候条、於村々ニ猶又念入相改メ可申候、尤札所順路之義者御法度之旨申聞候也
申ノ三月十四日
和田惣右衛門（判）

土佐での滞在日数は三十日以内に限られ、村々で念入りに改めがあり、遍路道以外には入らぬようとの決まりである。東股番所から少し行くと伏越番所があり、そこで切手に裏書きが行われるが、これは宿泊地毎に次々と裏書き(8)が行われる。

覚
右弐人　三月十四日
伏越御番所口入也
北川逸平　印
入切手弐□也
右弐人　三月十五日
出申候　佐貴濱

佐貴ノ濱村　同庄屋寺田房五郎
（中略）
右弐人同十六日出申候　田野浦
田ノ浦村　同庄屋橋爪伊太郎
右弐人同十七日出申候　佐古□
（中略―この間に四日間の宿泊が記されている。）
右弐人　同廿二日出足　狼内村
年寄喜代助

この切手は土佐と伊予の国境にある土佐の松尾坂番所で差し出すことになるが、東股番所から松尾坂までの間の日々の行動を明確にしなければならない。これは土佐藩特有のもので、滞在日数は三十日に限られるが、延長の場合は、特別の許可が必要であった。なお高知城下に入る際にも往来手形の改めがあり、『道指南』に次のように記される。

かうち城下町入口に橋あり、山田橋といふ。次番所有。往来手形改、もし町にとまる時は、番所より庄屋へさしづにて、やどをかる。

とある。土佐の最後は深浦の松尾番所で松尾坂を下ると伊予には小山村に宇和島藩の小山番所があり、そこでも往来手形と船揚り切手を見せ、次のような切手が発行される。

辺路弐人　脇道無用　通行七日切
小山番所　　印

中三月廿二日

東多田御番所

脇道無用と宇和島藩領には七日間の期限が定められ、さらに宇和島城下に入る際には入口に番所があり、そこで切手が改められ、城下を出る際にも番所がある。このことは『道指南』にも記されている。その後、東多田番所で先の切手を差し出し、大州藩領に入るが、ここには番所のことが記されていない。しかし鳥坂番所があったらしいが詳しくは判明しないものの、『道指南』には「とさか村、ここはうわ島と大ず領とのさかい。過ぎて戸坂ざか二里有」とあって、国境であった。

次に大洲藩から松山藩の境は鴇田峠が国境であるが、『道指南』には、この番所のことは記されていない。ただ『海南四州紀行』（文化元年―一八〇四）には「坂ヲ越テ二名ニ至り出店、即チ改役所ヲ兼ヌ」とあって、切手改めのことがみられるが、出店を間借りしているような状態であった。

次に伊予・六五番三角寺から六六番雲辺寺には一旦阿波に入り、その後に讃岐に入るのが遍路道である。ここには佐野口番所があるが、『道指南』には「さの村、爰に地蔵堂并阿州番所有、往来切手あらたむ。」と記されている。

以上、四国における番所の実態について記してきたが、とりわけ土佐藩の遍路に対する対応は、次の文言からもその特徴[9]がよく分かる。

一、辺路は其身之国手形見届札所順路ニ候条、甲ノ浦口・宿毛口より入可申事。其外之通口よりハ堅可指止右東西弐ケ所番所より添へ手形を出し、出国之節番人受取置通可申事

右元禄三年午三月晦日

（『憲章簿』遍路の部）

とあるように土佐には東の甲ノ浦（東股番所）と西の宿毛（松尾坂番所）の二ケ所以外からの遍路の入国を禁止し、さらに、通過する村名を示し、遍路道を特定するなど、遍路に対して規制が極めて厳格であった。なお宇和島藩では九州から船で渡海して上陸する遍路に対し、上陸してからの遍路道や領内の出入口が指定されるなどの規制[10]が敷かれた。

注

（1）四国遍路と往来手形については喜代吉榮徳「往来手形の事」（『四国辺路研究』第一七号、海王舎、平成一三年七月）、内田九州男「近世の巡礼者たち―往来手形と身分―」（『四国遍路と世界の巡礼』国際シンポジウム実行委員会事務局編『四国遍路と世界の巡礼』国際シンポジウム・プロシーディングズ』（平成一七年三月）を参照。武田和昭『四国辺路の形成過程』（岩田書院、平成二四年一月）四〇一～四一六頁。

（2）町田哲「札所寺院の文化財調査―五番札所地蔵寺と四国遍路―」（『遍路文化を活かした地域人間力の育成』、鳴門教育大学、平成二二年三月）九七～一〇五頁。鳴門教育大学・町田哲氏から多大のご教示・ご高配をいただいた。

（3）前掲注（1）喜代吉榮徳「往来手形の事」。

（4）寛政九年往来手形の翻刻については喜代吉榮徳師にご教示いただいた。

（5）喜代吉榮徳「四國遍路中并摂待附萬覚帳」（『四国辺路研究』第四号、海王舎、平成六年八月）一～一三頁。

（6）『新編丸亀市史・4・史料編』（丸亀市、平成六年一月）三五九頁。

（7）『四国辺路道中日記』は小野祐平「資料紹介・四国遍路道中日記」（『調査研究報告』第六号、香川県立ミュージアム、平成二七年三月）八〇～九一頁。

（8）前掲注（4）喜代吉榮徳「四國遍路中弁摂待附萬覚帳」及び喜代吉榮徳「四國順禮道中記録」（『四国辺路研究』第三号、海王舍、平成六年四月）一六～一九頁。

（9）愛媛県生涯学習センター『四国遍路の歩み』（愛媛県生涯学習センター、平成一三年三月）八五頁。

（10）内田九州男「近世における四国諸藩の遍路統制」（『第一回四国地域史研究大会―四国遍路研究前進のために―公開シンポジウム・研究集会報告書』平成二一年三月）。

第六章　安政の南海地震と三ケ国遍路

江戸時代前期、元禄時代頃になり真念や寂本による三部作の上梓により、修行的な四国遍路から庶民的な遍路への道が大きく開けた。また細田周英のガイドマップの作成は、さらに多くの人々を四国遍路への関心を誘うことになる。文化・文政年間には、各地から数多くの遍路が四国を訪れたことが、残されている納経帳や遍路が記した日記から、おおよそ、その当時のことが推察される。

さて江戸時代末期の嘉永七年（一八五四）十一月五日、紀伊半島沖から土佐の沖で巨大な地震、いわゆる安政の南海地震が発生し、大津波が土佐や伊予南部の海岸沿いを襲った。海沿いの遍路道も当然ながら大被害を受けたのである。これに対応して土佐藩では、遍路の入国を禁止する措置が取られた。その後、宇和島藩でも同様に遍路の入国が禁止され、土佐・宇和島領の札所に参詣することが難しくなったのである。しかし札所の関係者や遍路達は八十八ケ所という数にこだわり、様々の工夫をして、八十八の数の完結を願い遍路行を実行した。それが三ケ国遍路である。

一　三ケ国遍路の研究史

土佐・宇和島領を除く三ケ国遍路の研究[1]は意外に早く、昭和五十六年三月刊行の『おへんろさん』（松山市文化財協会発行）で森正史氏が初めて論じられた。森氏は文久三年（一八六三）納経帳に土佐・宇和島領の札所の納経がみられないことから、土佐藩がしばしば遍路の入国を禁止し、さらに宇和島藩も入ることができなかったと考えられた。ただ、その原因を安政の南海地震とは解釈されていない。次いで板東章氏や喜代吉榮徳師が詳しく研究されたが、特に喜代吉師は、『同行新聞』第三一〇号（昭和六二年三月）で、その理由が南海地震であることを明らかにされたことは貴重な提言であり、その後も喜代吉氏は三ケ国遍路のことについて積極的に取り組まれ、多くのことを明らかにしている。

この三ケ国遍路の概略を記すと嘉永七年（一八五四）十一月四日に土佐沖で大地震が発生し土佐の主要道路が破損したため、外来者を受け入れることができなかったことが原因である。地震発生から十日後の安政元年十一月十四日付けで、此度の地震で往還筋が大破し、遍路共の順路が難しくなり、入り込みの遍路は村継ぎにより送り出すようにとの「覚」[2]が出された。これにより、土佐国に滞留していた辺路は国外に退去を余儀なくされるとともに、新たに土佐に入ることができなくなった。したがって遍路達は二三番薬王寺で引き返すことになる。さらに土佐藩だけでなく、宇和島藩も同様の措置[3]がとられたため、宇和島への入国もできなくなった。そこで関係の札所などが苦心の末、考え出したのが「土州十七ケ所」、「宇和島四ケ所」の遥拝所の設置である。つまり二三番薬王寺で「土佐の十七ケ所の札所」、また四四番大宝寺辺りで「宇和島の四ケ所の札所」を遥かに拝み、八十八ケ所を完結させたのである。ただ宇和島四ケ所の遥拝所は大宝寺とは別に複数の遥拝所の例がみられ一定していない。なお土佐は通常、十六ケ所の札所であるが、これに番外の月山が含まれ十七ケ所となる。以上については主に喜代吉師の研究の成果である。

その後、平成十三年に稲田道彦氏は安政四年の吉岡氏無量居士夫妻の納経帳[4]を用いて、土佐・宇和島領除外の三ケ国遍路について詳細な考察を行い、さらに安政四年（一八五七）から明治四年までの納経帳を探索され、二十六冊の存在を報告されている。その内「土州十七ケ所遥拝所」と記されたものが十四冊、「宇和島四ケ所遥拝所」と記されたものが六冊で、両方が記されたものは五冊であることを明示された。そして「土州十七ケ所遥拝所」は約半数に及び、「宇和島四ケ所」は四分の一で、圧倒的に「宇和島四ケ所」が少ない。なお稲田氏論文中の『安政四年納経帳』は八十八ケ所のすべてに墨書押印があるが、これは何らかの作為的なものがあり、実際には土佐と宇和島には入国していないという。また文久二年（一八六二）納経帳は宇和島領の三ケ所の納経がみられるが、これは宇和島藩領の人物の納経帳であるとされている。

次いで慶応四年（一八六八）納経帳は土佐・宇和島藩領では四ケ所、他は五回の押印があり、都合五回の遍路で、一回目の時には土佐藩と宇和島藩領には入国せず、明治五年以降に土佐・宇和島藩入国の際に押印したと解釈されている。

以上のことから稲田氏は「納経帳から考察して明治五年まで一部ではそれ以降まで、この禁令に遍路がしたがったことが推測される。そして約二十年間、この禁令は有効であり納経帳の記述では、ごく少数の例外事例を除いて、厳格に守られ、約二十年の間、四国遍路は巡礼路の一部が欠けたままで四国遍路が行われた」と考えられている。そして納経ができなかった土佐・宇和島領の札所を補完するため、遥拝所の存在を明示され、さらに土佐・宇和島領の札所に納経できない穴埋めとして、番外札所に数多く納経する傾向がみられることを指摘している。

二　納経帳の分析

すでに記したように稲田氏によって二十六例の納経帳が提示されているので、ここでは筆者が被見した、それ以外の納経帳を用いて、この時期の三ケ国遍路をみてみたい。この時期のもっとも古い納経帳は安政三年の土居由之助及び満佐のものであるが、これは特異なものであるので、別に詳述する。

『安政七年納経帳』（香川県立ミュージアム蔵）

本納経帳は表紙に「奉納経四国記　安政七申年三月吉日　願主土居由之助」とある。始めに「奉納経　本尊聖観音　讃州一宮寺」とあり、朱印が二個押されているので、二度行われた納経帳で、一回目は安政七年（一八六〇）申年で二回目は戌の年が二〇番鶴林寺や二三番薬王寺にみられるので文久二年（一八六二）と推察される。

まず四月四日に実家に近い八三番一宮寺からはじまり、八二番根香寺、八一番白峯寺と逆に七六番金倉寺まで進むが、突然に一〇番切幡寺の納経である。続いて九番法輪寺から一番霊山寺まで吉野川を下り、次には一八番恩山寺、一九番立江寺などを進み、四月二十八日に二三番薬王寺に着く。再びとって返して一七番妙照寺や一二番焼山寺など徳島周辺の寺院を五月七日に終える。次には五月十六日に箸蔵寺から六六番雲辺寺に行く。その後十日間ほどあるが、その間の消息は不明である。続いて仙龍寺、六五番三角寺から逆打ちに伊予の札所を五月二十七日に約十間をかけて四四番大宝寺を終える。その後、讃岐の六七番小松尾寺から順に進み、残りの札所を進み、八八番大窪寺で終わる。末尾に「奉納経　土州十七ケ所戌三月二十三日　阿州於薬王寺ニ而　遥拝處」とある。これは二回目の時、文久二年の納経である。極めて複雑な経路の三ケ国遍路である。この納経帳で重要なことは「土州十七ケ所」の遥拝所が薬王寺であることは、一応推測はされていたが、この墨書によって明確となったことである。

『文久四年納経帳』（個人蔵）

本納経帳は表紙に「奉納経　西讃京極佐渡守　文久四甲子二月吉祥日　三野郡庄内家野浦於仙女」とあり、讃岐三野郡の住人である。まず二月二十五日頃、六四番前神寺から始まり、逆打ちで六二番宝寿寺まで行き、次いで四五番岩屋寺、四四番大宝寺に進む。そこから松山平野に下りて四六番浄瑠璃寺から順に今治周辺の国分寺まで進む。その後は六五番三角寺と六六番雲辺寺に行き、次はいきなり阿波の一二番焼山寺である。雲辺寺から焼山寺に行くには山道が多くなかなかの難コースである。そこから一一番藤井寺などを経て、一三番薬王寺に行き、引き返して一九番立江寺さらに徳島周辺を終え、吉野川を渡り一番霊山寺に着く。そこから順に一〇番切幡寺から讃岐に入り、八八番大窪寺から逆に七一番弥谷寺、さらに西讃の札所を終えて三月二十五日頃に帰宅したとみられる。この納経帳も先の土居由之助と同様に、極めて複雑なコースを歩んでいる。

『明治三年納経帳』（個人蔵）

本納経帳は「奉納四國八十八ケ所霊場帳、明治三庚午年三月吉祥日、讃州三野郡荘内郷、寂年坊妙貞智實道観敬白」とあり、讃岐三野郡のものである。まず実家に近い七一番弥谷寺から始め八八番大窪寺まで進む。次いで一〇番切幡寺から吉野川を下り一番霊山寺に着く。その後は一八番恩山寺、一九番立江寺から二三番薬王寺に三月二十二日である。その次に「奉納経、土州十七ケ所、午三月廿三日、遥拝所」とある。

次は一七番井戸寺から始まり、徳島周辺と一二番焼山寺を終えて箸蔵寺に納経し、六六番雲辺寺、六五番三角寺から西に向かい今治の五九番国分寺まで行く。今治周辺の札所から松山に入り、五三番円明寺、五二番太山寺から四六番浄瑠璃寺まで逆順である。その後、四五番岩屋寺、四四番大宝寺に行くが、「宇和島四ケ所」の納経はない。

次いで六一番香園寺から順に進むが、六〇番は横峰寺が廃寺のため清楽寺の納経である。その後はすでに終えている三角寺と雲辺寺を除いて六八番神恵院まで進み、この納経帳は終了している。この納経帳には日付が少なく、日程を読み解くのは難しいが、やはり複雑なコースを辿っている。

『明治四年納経帳』(個人蔵)

本納経帳は表紙に「四國八拾八箇處納経、明治四年未二月吉日、与州今治□□郡大□村、安治、□一、又治」とあり、明治四年（一八七一）、伊予今治の住人のものである。

実家に近い五六番泰山寺から始め、五七番栄福寺、五八番仙遊寺と逆打ちで六五番三角寺まで進み伊予を終え、続いて讃岐は六六番雲辺寺から八八番大窪寺まで行く。そこから阿波は一〇番切幡寺から一番霊山寺まで逆打ちで進み、ついで二〇番鶴林寺に行き、二一番太龍寺、二二番平等寺、二三番薬王寺に着く。次いで「奉納土佐国十七ケ所　遥拝處」が確認される。その後は立ち帰り一九番立江寺から逆打ちで一二番焼山寺に行く。そこから箸蔵寺、六六番雲辺寺を経て四四番大宝寺、四五番岩屋寺に向かう。その後は松山平野に出て四四番浄瑠璃寺から四九番浄土寺へ順打つ。次には

奉納

宇和島四ケ所

四拾番　本尊薬師如来　観自在寺

四拾壱番　本尊地蔵菩薩　荷　寺

四拾弐番　本尊大日如来　佛木寺

四拾参番　本尊千手観音　あげ石寺

三月吉日

とあり、五〇番繁多寺から五四番延命寺まで納経がみられる。ここまでが明治四年までで、その後に土佐の札所や宇和島領の四ケ所の納経があるが、明治五年以降と思われる。

以上、四例を示したが、いずれも土佐・宇和島領には入国していない。稲田氏の二十六例と合わせてみても、いずれも土佐・宇和島領に入っていないことが判明した。

さて「土州十七ケ所遥拝所」、「宇和島四ケ所遥拝處」の遥拝所が、どこであるかについては「土州十七ケ所遥拝所」は先記したとおり二三番薬王寺であることは間違いない。ただ「宇和島四ケ所遥拝處」については、四四番大宝寺、四五番岩屋寺、四七番八坂寺と四八番西林寺の間の寺院、さらにまったく別の寺院が代務していたなど定まった寺院がなかったと考えられている(5)。

なお個人蔵の安政三年納経帳に興味深いことが記されている(6)。

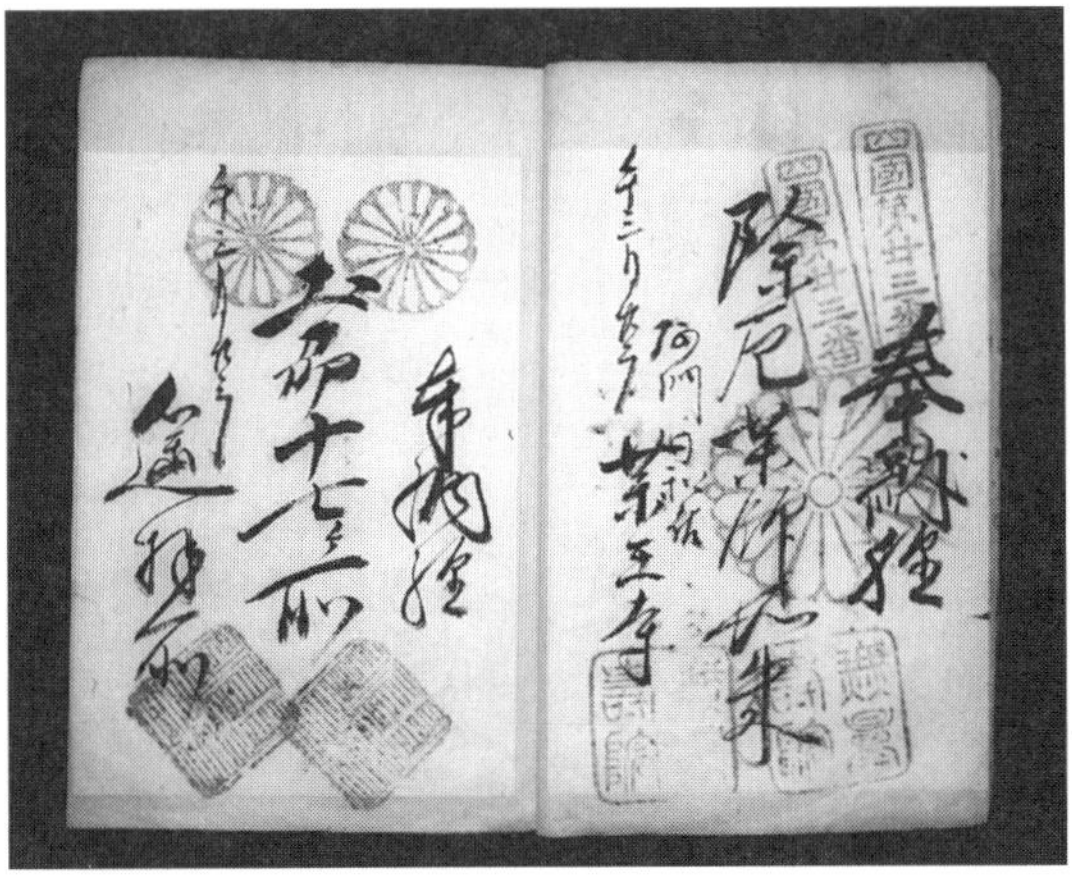

土州十七ケ所遥拝所・明治三年納経帳（個人蔵）

五十一文

奉納

土州十七ケ所

辰　三月六日　遥拝處

十二文
　奉納
　宇　和　嶋　四　ケ　所
　辰三月廿九日　　遥拝處

右上の五十一文は、「土州十七ケ所遥拝所」の薬王寺に一ケ所三文の十七ケ所、合わせて五十一文の納経料を支払っているらしい。また「宇和島四ケ所遥拝處」では三文の四ケ所で十二文を支払っていることが分かる。ここで気付くことは薬王寺などの遥拝所における収入の多さであろう。ただ、どれだけの数の遍路者が納経していたか不明である。

三　『安政三年納経帳』の分析

稲田氏の論文や先記した筆者の考察から、嘉永七年から明治四年までの十八年間は土佐・宇和島藩領に入らなかったことが、ほぼ確実視されていた。ところが、これを否定する納経帳が確認されたのである。それは現在、香川県立ミュージアム蔵の安政三年（一八五六）の土居由之助・満佐の納経帳である。詳しく検討しよう。

安政三年納経帳は二冊あり、一冊目の表紙には「讃州土居由之助」のみ、他方は「（ユ）奉納経四国記　安政三辰年五月吉良日　願主土居満佐女」とある。おそらく二人は夫婦とみてよかろう。由之助の納経帳の日付には辰年と申年の二度の納経がみられるが、辰年は安政三年とみて間違いない。申年の分には土佐・宇和島領の納経

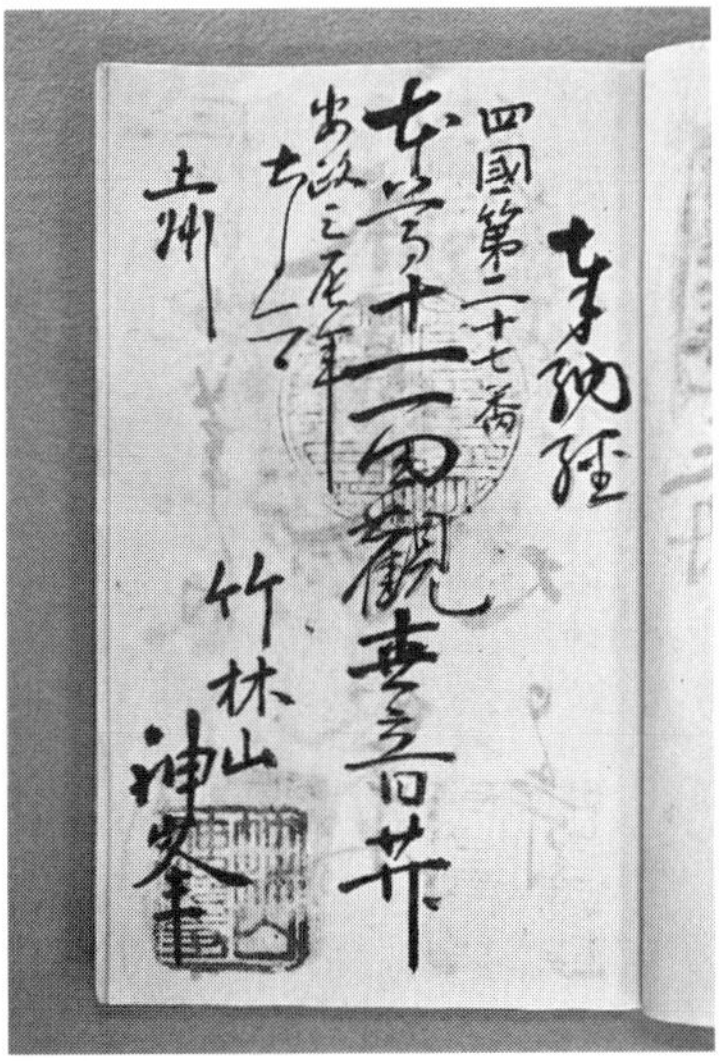

安政三年納経帳
（香川県立ミュージアム蔵）

がないことから、庚申年の安政七年とみられる。一方の満佐は安政三年の一度の納経である。

五月二十四日、実家に近い一宮寺から出立し、八八番大窪寺には六月六日である。十日程要しており、かなり遅い遍路行といえよう。その後、白鳥大神宮があるので、大坂越え、あるいは船で鳴門に上陸したのかもしれないが、一番霊山寺にいたり、そこから阿波が始まる。順に進み四番大日寺には六月十一日である。その後も順に進み、六月二十五日に二三番薬王寺に到着する。約一ケ月を要しており、かなりゆっくりとした遍路である。ついで土佐の二四番最御崎寺には六月三十日で、飛び石はね石の難所は五日間をかけており、通常の倍近い日数である。その後は土佐の札所を順に進み、七月二十一日に三九番延光寺を終える。伊予は四〇番観自在寺を七月二十二日に始め八月七日に六〇番横峰寺を経て、八月十日頃に六五番三角寺を終える。

讃岐は雲辺寺から始まり、六九番観音寺には八月十一日、そして最後の八二番根香寺には八月十五日である。合わせて二ケ月半の長旅であるが、ようやく八十八ケ所の全てを巡ったのである。

さて、先記のように嘉永七年（安政元年）以降、この時期には土佐・宇和島領に入らなかったのに、何故この二人は可能であったのか。稲田氏論文の安政四年納経帳（資料番号三）にみられるように、納経帳所持者が土佐・宇和島領の札所に入らずに自ら墨書押印をした特殊な例のようにも見られない。そして、地震発生前の嘉永五年の納経帳と比較しても、墨書、押印もまったく問題とするところはない。二人は間違いなく土佐・宇和島領に入り、札所で納経しているのである。二人はいかなる手段で、入国したのかは、明確な資料に欠ける。三十例以上もある中で、わずかにこの二人の二冊の納経帳しか確認できない。『隠見雑日記』[7]の安政三年二月十七日には「此節より辺路も国入御免となる」という記事を信じるなら、土佐国に入国は可能であったが、では他の人物はなぜ入国しなかったのであろうか。謎は解けぬままである。今後の新出資料に期待したい。

注

（1）三ケ国遍路の研究史については喜代吉榮徳「辺路札所、称呼の変容・跋扈について」（『善通寺教学振興会・紀要』第一六号、平成二三年三月、善通寺教学振興会）一八～二一頁に詳しい。

（2）喜代吉榮徳「納経帳—安丸家の三冊」（『四国辺路研究』第一四号、海王舎、平成一〇年三月）四一頁。稲田道彦「幕末期の四国遍路の変更」『香川大学経済論叢』八四巻二号、平成二三年九月）。

（3）宇和島藩の入国禁止については稲田道彦「納経帳から見た、幕末から明治初期の遍路道の変更」（『四国遍路と世界の巡礼』編集委員会編『「四国遍路と世界の巡礼」国内シンポジューム・プロシーディングス』（平成一六年二月）によれば、次の通りである。

（前略）安政二年八月二十二日、（中略）去冬之地震後、四国辺路ノ土州領内、通行ヲ禁シタル旨、通達アリシヲ以テ、当領御境目御番所ニ於イテ、同様禁止シタル、往々、禁ヲ犯シテ、紛レ込ミ、横行スル者モ、有ルヤノ風聞アルニ付、愈御沙汰有ル迄ハ、右躰之者、見當リ次第、村送リニシテ、直ニ領内ヲ放逐セシム可シト、郡奉行ニ命ジ、御番所支配ヘ通達セシメラル（『御手留日記』）。

とあって、安政二年（一八五五）に宇和島入国禁止の令が知られる。

（4）稲田道彦「江戸時代末期と明治初期の二家族の四国遍路の旅」（『香川大学経済論叢』第七四巻、平成一三年。稲田道彦「景観としての遍路道と遍路の行程の変化」（香川大学、平成一三年二月）。前掲注（2）稲田道彦「幕末期の四国遍路の巡礼路の変更」（『香川大学経済論叢』八四巻二号、平成二三年）、稲田道彦、「四国遍路の幕末期における巡礼路の変更」（愛媛大学「四国遍路と世界の巡礼」研究会『巡礼の歴史と現在』、岩田書院、平成二五年一〇月）を参照。

（5）前掲注（1）喜代吉榮徳「辺路札所、称呼の変容・跋扈について」。

（6）小松勝記『四國邊路日記并四國順拜大繪圖』（岩本寺、平成二二年一〇月）二七頁。

（7）小松勝記氏からご教示いただいた。小松勝記「札所の変遷」（『へんろ』第三二九号、伊予鉄不動産株式会社「へんろ」、平成二三年八月）。

第七章　近世四国遍路の種々相

前章までは、江戸時代の四国遍路の歴史的な展開の重要と思われる事項について、項目別に考察した。本章ではそれらに付随する事項などについて検討を加え、四国遍路の展開を側面からみてみたい。

一　四国遍路と廻国行者

第三篇第四章で四国遍路の納経帳の成立について、六十六部廻国行者の影響を指摘したが、ここでは讃岐西部の観音寺市粟井地区周辺の遍路道を通して、六十六部を含めた廻国行者と四国遍路の関係をみることにする。讃岐国豊田郡粟井（現香川県観音寺市粟井）は六六番雲辺寺から六七番大興寺の途中に位置する。この辺りには六十六部や廻国行者が建立した石碑が数多くあり、さらに遍路が宿泊に利用した大師堂も残されており、廻国行者と四国遍路の接点が窺え、四国の遍路道の中でも興味深い地域[1]である。

標高約一〇〇〇mほどに位置する六六番雲辺寺から急な坂道を一気に下ると、かつての白藤大師堂の跡がある。そこからさらに下れば民家が点在し、新池という大きな池のほとりに現在の白藤大師堂がある。そこを過ぎて北に下れば岩鍋池があり、池の近くの三叉路に出て、西に行けば観音寺の街に進む。遍路道はそのまま北東に進めば大興寺へと向かうが、この三叉路に土仏観音があり、境内には真念の道標が建立され、遍路道であることを再認識する。さらに進み小さな坂を越えると大興寺に着く。

白藤大師堂

白藤大師堂は現在、新池の近くにあるが、かつては現在地より約一キロメートルほど遡った所にあった。『四国遍礼名所図会』に「庵、山の中程にあり、行暮の節ハ宿をかす、甚だ美麗なり」とあって、遍路宿にも利用されており、そこが美麗といわせるほど整備されていたことが分かる。現在は遍路道沿いに武田徳衛門の標石が残され、墓石が僅かにみられるくらいで往時を偲ぶことは難しい。この庵（白藤大師堂）は明治三十四年に現在地に移転され、かつての賑わいを示す六十六部の廻国塔も同時に、ここに移されている。

出羽国最上郡村山郡
常摂待建立十方施主
寒河江村　願主覚心
天下泰平　　　　供
（種子）奉納大乗妙典六十六部日本廻国塔
国土安全　　　　養
明和四丁亥天十一月吉良日

出羽国寒河江村出身の六十六部覚心が明和四年（一七六七）に建立したもので、「常摂待」とあるように、遍路に対して摂（接）待が行われていたのである。また隣接して建立されている地蔵菩薩の台座をみると、「願主覚心法師」、「万人講供養」、「明和九年（一七七二）」などとあり、同じく覚心が講を組んで遍路に供養したことが考えられよう。この覚心は八四番屋島寺の近くの大楽寺にも宝暦十三年（一七六三）建立の廻国塔が確認される。この塔の正面には「南無阿弥陀仏」とあり、法師覚心は念仏を主とする廻国行者であったことが分かる。大楽寺は屋島寺から八栗寺に向かう遍路道に近い所に位置しており、覚心はその辺りで遍路に対しての何らかの活動をしていたのであろう。そして数年後に粟井村に移り、同様に遍路の人達に対応していたとみられる。

この白藤大師堂には、この他にも幕末の安政六年（一八五九）に摂州鳴尾村の行者清順の「奉納大乗妙典日本廻国供養塔」が建立されており、長きにわたり六十六部の活動の場として存在したらしい。その活動とは、主として四国遍路者に対応するものであったことは想像にかたくない。

土仏庵

現在の白藤大師堂から遍路道を北に約二〇〇メートルに岩鍋池がある。ここは先記した三叉路である。真念『四国辺路道指南』に六六番雲辺寺の項に「是より小松尾迄二里半。一里半はくだり坂、此間池ふたつ有、ふたつめにしるし石有」とあるように確かに真念が、ここに建立した標石が現在も残されている。標石が必要なほど、ここは道に迷う地点であったのだろう。さて、この三叉路に土仏庵がある。この庵に関連して興味深い縁起（『土仏縁起』(2)）が残されている。要点を記すと次のような興味深いものである。

「粟井村の合田利兵衛正照が享保六年（一七二一）に廻国行者となり、五年をかけて七百三十ケ所にも及ぶ納経霊地を巡り、同十一年無事に帰国した。その間に上野国で観音菩薩の頭部を入手し、江戸で勧進して仏像を修復し粟井村に持ち帰り、本尊として土仏観音を創建した」というものである。おそらく、この縁起は事実に近いものとみて間違いないであろう。ここには六十六部との文言はみられないが、その行動は六十六部廻国行者そのものである。正照は父母孝養二世安楽のために廻国行者（六十六部）となったが、その動機については庵の近くに建立されている地蔵菩薩の台座の刻銘が興味深い。

濃州土岐郡／妻木村／

（右面）　求清房／謹言
　　　　　　享保六辛丑歳／正月十六日
（正面）
　　　願以此功徳／普及於一切／
　　我等與衆生／皆共成仏

とあり、濃州の求清坊という廻国行者が享保六年（一七二一）に建立したものである。この求清房は雲辺寺から白藤大師堂に向かう遍路道沿いに地蔵菩薩の丁石も建立しており、四国遍路との関わりが深い。それはさておき、正照の実家に近い所に求清房の石碑が建立されていることや享保六年という時代背景などから正照と求清坊の間に何らかの接点が生じていたものと推察される。つまり正照が廻国修行に出る動機は、この廻国行者求清房の影響と見られるからである。そして正照は帰国後に、この地に土仏庵を建立して遍路の接待に努めていたのであろう。なお求清房の行く末については知ることができない。

白藤大師堂〜土仏庵

この間には、数多くの石碑が残されているが、興味深いのは白藤大師堂から少し下った所の地蔵菩薩の台座には「享保九年／（梵字）遍路／六部／札供養／十一月廿一日」とあり、享保九年（一七二四）に四国遍路や六十六部の札供養が行われたのである。具体的にその供養がいかなるものであったかは明確にできないが、あるいは納札をこの石塔の下にでも納めたのであろうか。ともかく四国遍路と六十六部の接点がここでも明確に窺うことができる。

大興寺

六七番大興寺は小松尾寺とも称され、奈良時代の創建として伝わる。古代・中世の遺品も数多いが、明確にその歴史を示すことは難しい。さて、江戸時代初期の澄禅『四国辺路日記』には小さな規模の寺院であるが、寂本『霊場記』には徐々に規模の拡大が図られている。その後、江戸時代中期の『四国遍礼名所図会』では伽藍が整えられていることが境内図から窺えるが、こうした復興には廻国行者の勧進活動が大きなウエイトを占めていることは次の資料から分かる。

大興寺所蔵の享保十一年（一七二六）の木札[3]に「奉一切衆生成仏建立、武州豊嶋郡麻布庄、本願順誉唯円（後略）」とあり、裏面には助力の面々として「伏見庄條具、和泉庄正西、越後庄一心、武州庄道入、大坂庄源心、越前浄入、奥州仙台覚念、江戸善入、江戸浄心、作州浄春、豊後智教、勢州善西、武州円竜、九州円智、讃州寂玄、江戸善入、江戸入西、豫州意法、武州観智、豫州可久、勢州宗玄、常州祐心、九州正悦、和州円心、江戸浄林、常州休心、江戸空善、武州行海、奥州仙台甚平、大坂理兵衛、江戸市兵、石州喜兵衛、江戸喜兵衛、江戸元右衛門、江戸次郎兵衛、江戸忠三郎、江戸伝兵衛」とある。これは仁王門あるいは仁王像に関わるものかと思われるが、本願を順誉唯円とし、三十七人もの人物が助力していることが判明する。助力者のうち「伏見庄條具」から「武州行海」までは、その名前からして廻国行者とみて間違いないが、それから以降の俗名の人物についても廻国行者の可能性が高い。ともかく享保頃に、これ程の多数の廻国行者が大興寺仁王門再興の勧進に参加していたことは、そのネットワークがいかなるものであったのか興味深いが殆ど不明である。なお『善通寺文書』[4]によれば、享保頃に唯円が大興寺の仁王像修覆の勧進を行い、その後、善通寺に移り五重塔再興の為に伽藍の西に小庵を建てて勧進活動を行っていたことが記されている。当時の廻国行者の勧進活動の一端を知ることができ興味深い。

次に仁王門の脇に建立されている自然石には次のように刻まれている。

播州池田回国

金子志　小兵衛

寛政元年　十方施主

奉再興仁王尊像　并門修覆為廻国中供養

己酉十月　本願主　長崎廻国大助

（後略）

とあり、寛政元年（一七八九）に長崎の廻国行者大助が勧進して大興寺の仁王門と仁王像を修覆している。さらに播州池田の小兵衛なども助力しているが、これらの人物も廻国行者である。彼等は廻国途中で大興寺に留まり、勧進活動を行っていたのであろう。つまり大興寺の仁王門の建立も修覆も共に廻国行者の勧進によって事業が遂行されたのである。札所寺院、換言すれば四国遍路と廻国行者との密接な関係を知ることができる。また大興寺には本堂横の石造地蔵菩薩の台座に享保六年（一七二一）に長州萩などの六十六部廻国行者が確認される。これらのことから大興寺には江戸時代中期頃、六十六部や廻国行者が数多く関わり、活発な勧進活動がなされていたことが分かる。さらに大興寺には、この他にも次のような二基の廻国供養塔がある。

宝暦七丁丑四月日

奉一字一石大乗妙典日本廻国供養

中田井邑

大西吉兵衛武啓

安永十辛丑

奉納大乗妙典六十六部日本廻国

三月良辰日

修行者行本　俗名河内村片桐朋右衛門

これは大興寺に近い中田井村の大西氏と河内村の片桐氏が六十六部となって日本廻国した石碑である。いずれも大興寺の近在の出身で、経済的に豊かな家柄で、おそらく西国三十三ケ所や伊勢の方面までの霊場に納経し帰国して、この廻国供養塔を建立したのであろう。それは本篇第四章で言及した岡田丹蔵と同様の事例とみて間違いなかろう。この二人が四国遍路とどのような関連があるのか判明しないが、特別に深く関わったことは記録にみられないものの、大興寺の境内に廻国塔を建立できたことは、何らかの寄進行為があったのではなかろうか。ともかく、この大興寺の復興には六十六部などの廻国行者の勧進活動によるところが大きいといえよう。四国遍路と廻国行者との関係は六九番観音寺、七〇番本山寺、七一番弥谷寺、七七番道隆寺などの札所寺院に六十六部の廻国供養塔が建立されていることから、これらの札所寺院においても密接な関係が見いだせる。

なお讃岐に関わる木食や六十六部などについて詳しく考察した田井静明氏[5]の論考によれば「四国廿一遍行者四国偏礼中祖」と名乗った恵信は一二番焼山寺の庵室通夜堂の右衛門三郎木像再建、八六番志度寺の仮堂大師堂再建の勧進が行われた。また廻国行者の範疇としてよい木食以空は七五番善通寺、七八番郷照寺、八一番白峯寺、八四番屋島寺、八五番八栗寺などで仏画などを寄進し、木食専心は八二番根香寺の五大明王像（不動明王除く）

に関わっている。また木食仏海は各地の霊場を巡る中で、七八番郷照寺にも留まり、六字名号を残し、土佐の遍路道沿いの室戸佐喜浜入木に庵を建立して遍路との関わりを大きく持っていた。以上のことから四国遍路の発展には廻国行者の大いなる貢献があったものと推察される。逆に廻国行者にとっては、勧進活動の拠点（宿泊所など）を一時期ではあろうが、寺から与えられ安住の場となっていたことは間違いなかろう。そこには相互に恩恵を生じる関係が生じていたとみられ興味深い。

注

（１）片桐孝浩「白藤大師堂と六十六部廻国行者について」（『三豊史談』一、三豊史談会、平成二二年六月）八～一〇頁。

（２）『土仏縁起』の全文については田井静明「香川県の木食・六十六部資料について―四国遍路に関連して―」（『調査研究報告』第六号、香川県立ミュージアム、平成二七年三月）に掲載。

（３）『大興寺調査報告書』第一分冊（香川県・香川県教育委員会、平成二六年三月）二八八頁。

（４）「善通寺文書翻刻」（『調査研究報告』二、香川県歴史博物館、平成一八年三月）七四頁。

（５）前掲注（２）田井静明「香川県の木食・六十六部資料について―四国遍路に関連して―」参照。

二　遍路が残した日記

承応二年（一六五三）に智積院の僧・澄禅が書き残した『四国辺路日記』は、江戸時代初期の四国辺路の実態が詳しく記され、極めて貴重な記録である。現在、澄禅の日記を最古として、それ以降の日記類がいくつか残されているが、それらは実際に四国遍路して見聞したことを誇張なく自然に表現したものが多い。これらの日記類は四国遍路の歴史を知る上で重要な資料であることはいうまでもない。現在のところ筆者の管見では、実見したものや間接的な資料・情報を含め以下のものを挙げることができる。

1、延享四年（一七四七）　佐伯藤兵衛　『四国辺路中万覚日記①』
2、寛政七年（一七九五）　玉井元之進　『四国中諸日記②』
3、寛政十二年（一八〇〇）　九皐主人　『四国遍礼名所図会③』
4、享和二年（一八〇二）　平野作左衛門　『四国辺路道中日記④』
5、文化二年（一八〇五）　兼太郎　『四国中道筋日記⑤』
6、文化六年（一八〇九）　升屋徳兵衛　『四国西国順拝記⑥』
7、文政二年（一八一九）　森在満　『四州行程記⑦』
8、文政二年（一八一九）　新井頼助重豊　『四国日記⑧』
9、天保四年（一八三三）　新延某　『四国順禮道中記録⑨』
10、天保七年（一八三六）　野中彦兵衛　『四国遍路中并摂待附萬覚帳⑩』
11、天保十二年（一八四一）　角南恵左衛門　『四国順拝日記⑪』
12、天保十三年（一八四二）　高田虎蔵広親　『四国道中日記⑫』
13、天保十四年（一八四三）　粟飯原権左衛門　『四国順拝諸控帳⑬』
14、弘化元年（一八四四）　松浦武四郎　『四国遍路道中雑誌⑭』（天保七年に四国遍路）
15、弘化二年（一八四五）　佐治某　『四国日記⑮』

以上の他にも、筆者の管見に入らなかったものが数多くあると思われるが、それについては後日を期すことにしたい。ここで上記したもののうち、数例について簡略にその内容を記すことにしたい。

延享四年・佐伯藤兵衛『四国辺路中万覚日記』

この日記は讃岐国豊田郡井関村の庄屋・佐伯藤兵衛が延享四年（一七四七）二月二十七日から四月十日までの四十日余の四国遍路の日記である。日記の最初に「泊り宿付覚」とあるように、宿泊先が明記されているのは貴重である。宿泊先の多くは民家であるが、その記載事項の一部をみると。

同十日大龍寺・平等寺御札納小野尾村忠左衛門殿ニ一宿。
同十一日薬王寺御札納、雨ふり麦浦所平ニ一宿、木賃壱人分七文宛。

とあり、前者は単に一宿と記すが、後者は木賃一人宛七文と記している。こうした例が数多くみられるが、前者は無料の善根宿で、後者は有料の木賃宿とみることができる。なお善根宿は宿賃（木賃）が無料であるが、食事代（米代）、蚊帳代などは支払いが必要であった[16]。また興味深いのは、木賃代が宿泊所によってかなり異なっている。

次に寺院・庵などには八泊しているが、その中に土佐・一（市）之瀬の真念庵には大雨のため二泊している。真念庵の存在がいかに大きいものであったかを改めて知ることができよう。なお伊予に近い土佐の深浦村の禅寺

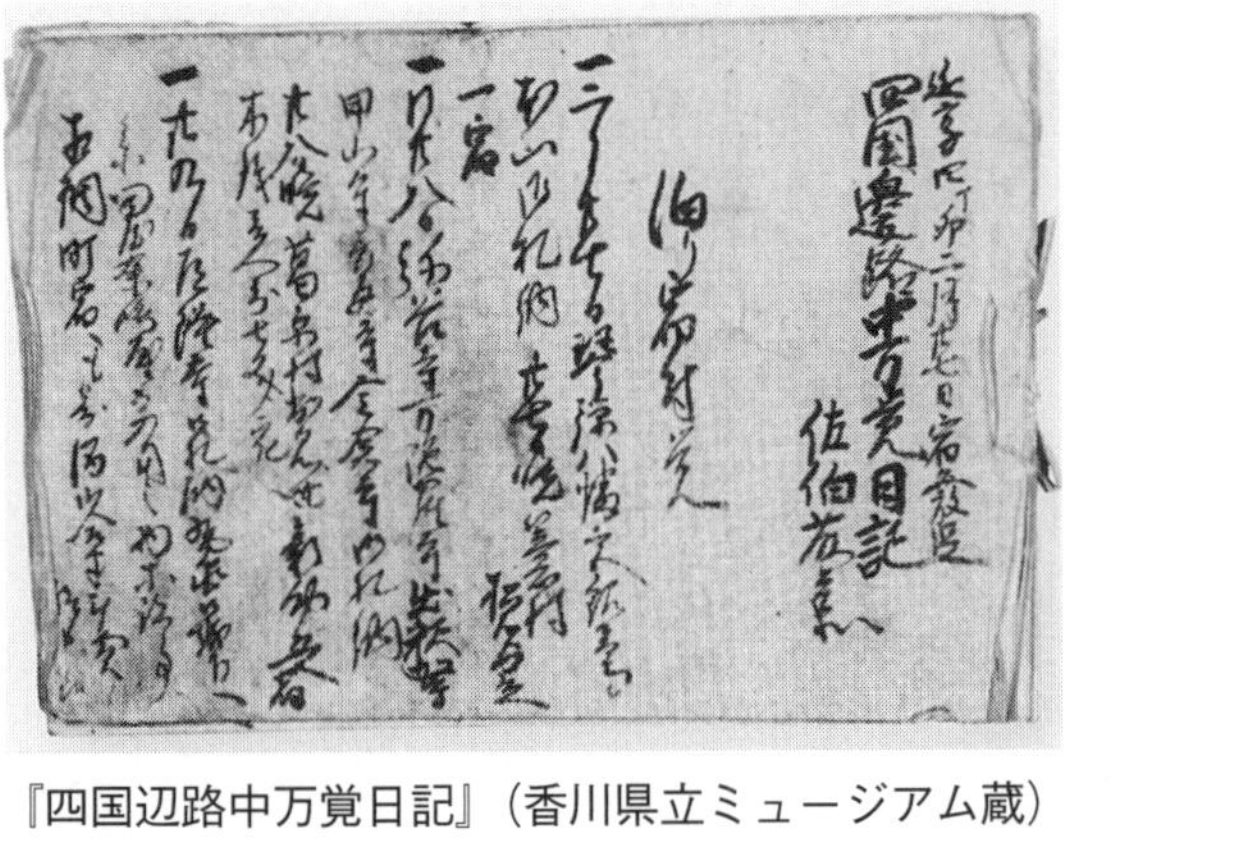

『四国辺路中万覚日記』（香川県立ミュージアム蔵）

で一宿するが、そこでも木賃四文を払っており、寺院でも有料であった。また同行の喜四郎が土佐の高知城下で足痛を起こし、難儀した出来事を詳しく記しており、江戸時代の遍路旅の厳しさがよく分かる。なお日々の出来事の後に「銀両かへ覚」とあり、道中の先々で買物して両替えしながら遍路したのである。また「銀払方」とあり、米代、木賃代、川渡し代、酒代、たばこ代などの支払が克明に記され、当時の物価が分かるのも有り難い。薬王寺では「やくの御守」、おそらく厄除けのお守りを買い、道中の安全を祈ったのであろう。また興味深いのは佐伯氏は庄屋の身分であることから経済的に余裕があったとみえ七一番弥谷寺、二一番太龍寺、二六番西寺、三一番五台山、三八番蹉跎山、六六番雲辺寺の各札所で特別に寄進している。なお「銀払方」の記載からみて、藤兵衛は喜四郎、久五郎、喜右衛門の四人で四国遍路に出たらしいが、喜四郎の足痛があったとはいえ、約四十日余りで四国八十八ケ所を無事に終えたようで、当時としては標準的な日数の遍路旅である。佐伯家は代々、四国遍路に出る家風があったのか、明和三年（一七六六）には佐伯宣由、安永七年（一七七八）には佐伯民治、天明六年（一七八六）には佐伯□年女の納経帳が残されており、近世の庄屋の四国遍路に対する一面を知ることができる。

寛政七年・玉井元之進『四国中諸日記』

この日記は伊予国上野村庄屋の玉井元之進が寛政七年（一七九五）二月十七日から四月二十日頃までの六十日余（末尾あたりが欠）の遍路旅の日記で、同行は元之進を含め五人である。

二月十七日松山城下から出立し五二番太山寺、五三番円明寺から札納めが始まる。順調に進み今治では龍慶寺（札所外）に宿泊する。この旅では寺院や庵の宿泊は、ここだけで佐伯藤兵衛とは、様子が異なるのは留意すべきであろう。同月二十九日には讃岐・六六番雲辺寺に参詣する。ここまで約十日余で通常よりは少し長い。讃岐も順調に進むが、金毘羅宮に参拝して高津屋林蔵方に宿泊する。三月五日には白峯寺の麓の遍照院に参拝している。この寺は札所外であるが、弘法大師四十二歳の像があり、大師信仰の寺として有名で遍路が時々立ち寄る寺院である。その後は仏生山に参拝し、高松城下を見物するなど、札所以外の寺院や名所に数多く参拝しており日数が多くなっている。

阿波には讃岐白鳥神宮から大坂越えで阿波に入り、三月十日に一番霊山寺に参拝し、同月二十日に二三番薬王寺を終える。ここからは難所であるが、二四番最御崎寺に同月二十四日に無事参拝する。土佐は四月五日に足摺の三八番金剛福寺に行き、その後に月山にも参拝し、伊予との境目には九日に到着する。

伊予は四〇番観自在寺を十日に始め十八日に四六番浄瑠璃寺に参拝するが、日記はこれ以降は欠落している。松山城下の実家まではあと一日の行程であろう。全体の日数は約六十日を要している。通常は、この当時四十〜五十日位であるので、比較的ゆっくりとした遍路旅である。その理由として札所外の観光地などに数多く参拝しているのが要因であろう。この遍路旅は、先の佐伯藤兵衛と比較して宿泊先が殆どが民家であることが異なる。なお「諸宿払座」との記載があり、米代、味噌代、とうふ代、酒代、木賃代など様々であるが、日々の食糧代が多くを占めている。中でも米三升とか米五升などが目立つ。また木賃・木銭というのが二十九日分ある。その額は二百文、百五十文、五百五十文、五十文、三十五文などばらつきがあるが、その理由は分からない。約二ケ月の間で木賃料が確認されない日が半数あるが、これが無料の善根宿なのであろうか。以上は五人分合わせての支払状況である。次に「元之進払座」とあり、元之進個人の支払状況が記されている。特に多いのが「王らんじ代」で鞋代のことであろう。また「参銭」とあるが、これは賽銭のことで一ケ所あたり五文くらいであろうか。また、「うんどん代」とあるが、これはうどん代のことで、三月一日から同九日まで讃岐を巡るが、うどん代というのが三回みられ、他の地域よりも数多いのが興味深い。

享和二年・平野作左衛門『四国辺路道中日記』

この日記は和歌山の平野作左衛門など七名の四国遍路で、享和二年（一八〇二）四月三日から六月八日まで、約二ケ月に及ぶ四国外からの遍路日記である。

四月三日に学文路浦から舟で若山（和歌山）に到着とあることから高野山の麓、学文路から紀の川を下ったとみられる。若山湊では天候不順で滞留し、次の日も出発したもののすぐに逆風で引き返すなど、当時の船旅の苦労が記されている。ようやく阿波の撫養に上陸し「此所に島田庄太郎と申浪人有り、此人を頼み、上り切手を書いてもらう」とある。つまり「舟揚り切手」を浪人に頼み書いてもらったというのである。この状況はよく分からないが、上陸した土地の人であればよかったのであろうか。一番霊山寺からはじめ、十里十ケ所を無事終え、その後は焼山寺へ行き、打ち戻り徳島周辺の札所を巡る。順に進み一九番立江寺から灌頂ケ滝、番外の慈眼寺に行くが、ここには大きな窟があり、穴禅定といわれ古くから山伏の修行場として知られていた。一行もこの窟に入り様々の奇石を見たことを記している。二〇番鶴林寺から二一番太龍寺へと巡り、そこから海を隔てた紀州を見て感激したあと、真念道という近道を行く。二三番薬王寺を過ぎ「宍喰町土佐屋与兵衛宿、舟揚の切手無き者ハ此所ニ而鳥目弐三十文出して人を頼ミ書いてもらふなり、切手なき者ハ土佐の国へ入かたし」とあり、撫養と同様に「舟揚り切手」の発行はそれほど厳格ではなかったのであろう。

阿波、土佐の番所を無事通過し、土佐に入るが飛石、はね石、ごろごろ石などの難所を越えて二四番最御崎寺では岩屋（御厨洞）の石の観音菩薩があり、ここが女人禁制のための「女人の札所」と記している。奈半利川などの大河の渡りに苦労しながら高知城下に着き、城下あたりの様子を「倹約きびしく見ゆ」とあり、土佐藩主山内侯の実像を知ることができる。さらに順調に東に進み、三四番種間寺や三七番岩本寺を過ぎて、四万十川から一ノ瀬の真念庵に至る。そこで中食したが雨のために滞留し、さらに「大法師真念」とある石塔のことを記している。そして「四国辺路往古ハ道法り四百何十里との事なり、然に高野山真念法師二十一度廻りて所々道を付け直し、道おしへの石を立、里数大ニ近く成り、是より辺路の者多しと、四国辺路の中興の僧なり、且又天明寛政の頃より紀州より四国辺路多し」とある。真念没後、約百年を経た江戸時代中期の真念の評価である。ここに「四国遍路中興の祖（僧）」とすることが、この日記で確認できたことはまことに意義深い。

その後は番外の月光寺（月山）を経て三九番延光寺から大深浦、松尾の番所を越えて伊予に入り、四〇番観自在寺から順調に進み、五二番太山寺に参り、近くの堀江浦から宮島の厳島神社、さらに岩国の錦帯橋などを観光し、大三島の大山祇神社にも参拝する。その後、船で今治に着き五四番延命寺から六五番三角寺で伊予を終えて、六六番雲辺寺に至る。雲辺寺では雨のため宿泊するが「夜分碁を打、将棋をさし、座敷ニ而ねさせてもらう」とあり、この頃の遍路行の一端を知ることができる。但し、それは経済的ゆとりのある人に限られたものであろう。その後、讃岐は無事に善通寺まで行き、金毘羅大権現を参詣したあと、丸亀から対岸の瑜伽山大権現まで足を伸ばす。再び四国に戻り七八番道場寺から八三番一宮寺、さらに仏生山法然寺を経て八四番屋島寺から八八番大窪寺で結願する。その後は讃岐平野に下り、白鳥大明神に参詣し、引田浦から鳴門に渡り、さらに淡路を経て和歌山に着船した。そして六月八日の晩方に目出度帰宅する。

平野氏の四国遍路は六十日余に及び、当時としてはかなり長いが、これは宮島、岩国、瑜伽山、金毘羅などの四国以外の観光地・霊場にも足を伸ばし、さらに番外札所にも参拝するなどが含まれたからである。経済的に豊かな遍路旅の一例として貴重な遍路日記と評価されよう。なお当時の真念に対する情報も有り難いが、摂待や善根宿のことが一切記されていないのも他の日記とはやや異なる。

文化二年・兼太郎『四国中道筋日記』

この日記は土佐国土佐郡朝倉村の兼太郎が文化二年（一八〇五）二月十二日から三月十三日に帰宅するまでの約一ケ月間の遍路日記である。

二月十二日に自宅を立ち、三一番五台山竹林寺から札納めが始まり、その日は三二番禅師峯寺、三三番高福寺まで進み、秋山村儀七宅に宿泊する。その後は七日間をかけて土佐を終え、四〇番伊予観自在寺に参拝し、そこから札所外の笹山権現に行く。四五番岩屋寺・四四番大宝寺などを巡り、松山平野に下り、四六番浄瑠璃寺などを参拝し、さらに道後温泉や松山城下の見物などもする。次いで今治周辺の札所も無事に済ませ、札所外の生木地蔵から六〇番横峰寺、そして六五番三角寺まで伊予国は二月二十八日に終える。

讃岐国は雲辺寺を二十九日に始め、その日のうちに七一番弥谷寺まで行く強行軍である。三月二日に八八番大窪寺を済ませ、次の日に白鳥神宮から引田を通り、大坂越えで阿波の三番金泉寺に入る。このコースは江戸時代中期以降に盛んになった遍路道であるが現在は殆ど使われない。三番金泉寺、二番極楽寺、一番霊山寺の順で巡り、その後は順に行く。三月八日に二三番薬王寺を終える。

土佐は三月十日に二四番最御崎寺から始めて十二日に二九番国分寺や三〇番一之宮の参拝まで確認できるが、その後は欠失している。自宅まではあとわずかである。

この遍路旅は三十日ほどの極めて短期間の日記としても興味深いが、その他にも接待に関する記録が多く、当時の四国遍路の様子を知る上でも貴重である。まず、宿泊について言えば、民家が圧倒的に多い。そして「木代」、「木賃」とあれば宿泊料と考えてよいが、「木ちんなし」というのが四ケ所ほどみられる。これはいわゆる善根宿としての接待とみなされよう。さらにこの日記では、「せったい」という文言が二十数ケ所確認される。中でも讃岐に入ると特に盛んであった。

同廿九日、朝出足、朝直ニ五十丁山坂登ル。雲辺寺奉納、五十丁下リ、但小松尾寺弐リ、小松尾寺奉納、新田村田中御堂ニてせったい合、夫より地中行、北向テ八幡宮迄二リ、奉納、二丁東浦下リ観音寺奉納、東へ壱り行、観音寺下川ヲ付テ上ル、本山寺奉御堂ニてせきはんせったい比地大村吉蔵殿、是いや谷へ三り、田中行北東へ行三り、いや谷寺奉納　いや谷寺ニて一宿、いろいろ砂有、ふもと茶やニて四国辺路見立のこり、ごまずせったい合う

とあり、一日の内に赤飯など四回もの接待に合ったと記している。七〇番本山寺には現在、比地大村の住人が延享年間に「永代常摂待の御堂」を建立した旨の石塔が残されているが、ここで接待が常に行われていたものであろう。先の玉井元之進の場合は数多くの善根宿がみられたが、接待の記録がみられなかった。各地で接待を受けていた筈だが、記録しなかったのであろうか。それとも善根宿は多かったが、食糧品や鞋などの接待は少なかったのであろうか。

天保四年・新延氏『四国順礼道中記録』

この日記は讃岐国三野郡吉津村の新延氏など九人が天保四年（一八三三）二月二十日から四月二日迄、四十二日間の遍路旅の記録である。

二月二十日に大見村の落合大師堂に同行九人が集合し、雨の中での出立である。三里ほど離れている荘内村大浜や名部戸の人達から焼米や香物の接待があったが、これは親戚の人達であろうか。まずは近くの七一番弥谷寺から札納めが始る。次の日には七五番善通寺などに札納めするが、常に参拝している筈の金毘羅宮にも行く。お

そらく四国遍路する際、金毘羅宮も合わせて参拝するという風習があったのかもしれない。七七番道隆寺では芸州因島の人達による餅・柿・香物の接待を受けている。二〜三月の遍路シーズンには、遠くからの接待講の存在があったことが分かる。同月二十五日には八八番大窪寺に札納めであるが、この間には各札所などで多くの接待があった。なお途中で駿河国の辺路修行人と逢い、弘法大師のおかげ話を聞かされ、さらに同道したと記している。この遍路修行人とは、四国遍路のプロ的な人物（先達）と見受けられたのであろう。こうした人物の案内を受けながらの旅は、大いに安心感があろう。どこまで同行したかは分からない。

八八番大窪寺からは白鳥宮に参拝して、大坂越えで阿波に入る。先記した例も考慮すれば、江戸後期には、このコースが最も一般的なものとみられよう。同月二十六日には三番金泉寺の門前の木賃宿に宿泊するが、そこで関東からの金毘羅参詣の人に「同行無事の手紙」を依頼する。さて、どのような経過で家族の元に伝わるのか興味深い。

三月三日に二三番薬王寺に到着、そこで和歌山の接待講から数多くの接待を受ける。ここから二四番最御崎寺までは長く困難な道が続く難所である。「夫より音に聞く飛び石へ掛り候。誠に御大師様の御後をしたいとは申しながら、同行皆々驚入、・・・」と記し苦労の様子が良く分かる。五日に二四番最御崎寺に始まり、十六日に三九番延光寺を終えるが、土佐は大河が多く船渡しに苦労している。ただ接待のことや二五番津寺、二八番大日寺、二九番国分寺、三〇番一宮、三二番禅師峰寺、三三番雪蹊寺、三四番種間寺についての記事が無い。

十七日には伊予に入り、四〇番観自在寺から札所外の笹山に参拝する。札所参拝とともに大洲城下見物や道後温泉に入るなども行い、二十九日には六五番三角寺を札納めする。この間に数多くの接待の記録がある。

四月一日に讃岐分の六六番雲辺寺から六七番小松尾寺に向かうが、途中の坂の下庵で豊田郡中姫村から接待を受ける。その後、六九番観音寺、六八番神恵院、七〇番本山寺に札納めして帰宅する。この日記では接待の数が極めて多いのが目立つ。その内の二三番薬王寺での紀州和歌山からの接待は一ケ月に及ぶ長期間で、弘法大師四十二歳の時に植えた茶や梅など紀州ならのものである。また七七番道隆寺では安芸の因島の摂待講など、遠方から四国に出向いていたことが分かる。宿泊については、善根宿が九ケ所、木賃宿が三十ケ所、宿屋など二ケ所で、寺院はまったくないことなどが先記の遍路旅とは異なっている。

以上、五例の四国遍路の旅日記をみてきた。いずれも庄屋クラスの経済的に豊かな人物の日記であり、当時の四国遍路のごく一部のことしか分からない。おそらく多くの四国遍路者は、この日記とはかなりかけ離れた厳しいものであったに違いないが、その実情は容易に明かし得ない。文字として残されたものは、もちろん貴重ではあるが、文字として残されないものを見いだすことが、いかに難しいかを痛感する。

注

（1）佐伯藤兵衛『四国辺路中万覚日記』は『香川県史・第九巻・近世史料1』（香川県、昭和六二年二月）参照。山本秀夫「近世期の「へんろ」と村社会―往来手形と日記を通して―」（「四国遍路と世界の巡礼」編集委員会編『「四国遍路と世界の巡礼」国内シンポジウム・プロシーディングズ』、平成一六年二月。）

（2）玉井元之進『四国中諸日記』は喜代吉榮徳『四国辺路研究』第一二号（海王舎、平成九年八月）参照。

（3）九皐主人『四国遍礼名所図会』は伊予史談会編『四国遍路記集』（伊予史談会、昭和五六年八月）二三三〜三一六頁。小松勝記『四國遍禮名所圖會并近代の御影・霊場写真』金剛頂寺、平成二六年三月）を参照。

（4）平野作左衛門『四国遍路道中日記』は小野祐平『調査研究報告』第六号（香川県立ミュージアム、平成二七年三月）参照。

(5)　兼太郎『四国中道筋日記』は喜代吉榮徳『四国辺路日記』第一一号（海王舎、平成九年五月）。岡村庄造、小松勝記『資料集・四國中道筋日記』（四国辺路研究会、平成一五年一二月）参照。

(6)　升屋徳兵衛『四国西国順拝記』は井上淳「四国西国順拝記」（愛媛県歴史文化博物館『研究紀要』第六号、平成一三年）を参照。井上淳「道中日記にみる四国遍路―「四国西国順拝記」を中心に―」（愛媛県歴史文化博物館『研究紀要』第一一号、愛媛県歴史文化博物館、平成一八年月三月）参照。

(7)　森在満『四州行程記』は『高瀬文化史　・近世高瀬の村々　森家文書』（高瀬町教育委員会、平成一五年二月）一三三～一四四頁参照。

(8)　新井頼助重豊『四国日記』は『四国遍路のあゆみ』（愛媛県生涯学習センター、平成一三年三月）七七～七八頁参照。

(9)　新延某『四国順禮道中記録』は喜代吉榮徳『四国辺路研究』第三号（海王舎、平成六年四月）参照。小野祐平『調査研究報告』第六号（香川県立ミュージアム、平成二七年三月）参照。

(10)　野中彦兵衛『四国遍路中并摂待萬覚帳』は喜代吉榮徳『四国辺路研究』第四号（海王舎、平成六年八月）参照。

(11)　角南恵左衛門『四国順拝記』は前掲注（1）山本秀夫「近世期の「へんろ」と村社会―往来手形と日記を通して―」参照。

(12)　高田虎蔵広親『四国道中記』は前掲注（1）山本秀夫「近世期の「へんろ」と村社会―往来手形と日記を通して―」参照。

(13)　粟飯原権左衛門『四国順拝諸控帳』は前掲（8）『四国遍路のあゆみ』七八頁。

(14)　松浦武四郎『四国遍路道中雑誌』は愛媛県歴史文化博物館『四国遍路と巡礼』展図録（平成二七年一〇月）参照。

(15)　佐治氏『四国日記』は胡光「巡礼と「道中日記」の諸相・九州からの四国遍路」（愛媛大学「四国遍路と世界の巡礼」研究会、平成二六年三月）。

(16)　胡光「四国遍路と伊予霊場（『四国遍路と巡礼』展図録（愛媛県歴史文化博物館、平成二七年一〇月）一四〇頁参照。

三　真念以後の道標の建立者

江戸時代、四国八十八ケ所を巡る他国の遍路は道に迷うことが多かったことは、現在の我々からしても容易に想像できよう。真念は、こうした道不案内の人々の為に、多くの人の助力を得て道標の建立に尽くした。その数は二百基余というが、千四百キロに及ぶ長い遍路道には、まだまだ不足であった。真念以後の江戸時代に遍路道に道標を建立した人物が幾人か現れた。伊予の武田徳右衛門、阿波の照蓮がその代表である。さらに歴史に名を留めない廻国行者の勧進したものが、遍路道の傍らにひっそりと建立されている。こうした道標にも道行く遍路の助けとなったことはいうまでもない。

武田徳右衛門

武田徳右衛門（以下、徳右衛門）の業績については徳右衛門の地元である愛媛県今治市で、古くから研究が続けられているが、ここでは主に喜代吉榮徳師[1]などの論文を参考とする。徳右衛門は伊予国越智郡朝倉村（現今治市朝倉町）に生まれ、生年は不明、没年は文化十一年（一八一四）十二月十九日である。朝倉村朝倉上水之上にある武田家の墓地に徳右衛門の墓石が建立され、墓碑銘[2]は次のとおり報告されている。（『四国遍路のあゆみ』（愛媛県生涯学習センター刊）参照。

（右面）　此信心ノ翁、自寛政六寅歳企四国丁石
　　　　于時高祖大師ノ得深情、唯自求幾千
　　　　ノ施主、正ニ文化四丁卯年　満諸願之
　　　　　観月道清居士

（正面）　弘法大師像
　　　　　　皓月妙清大姉
（左側面）文化十一戌十二月十九日
　　　　　文化四丁卯七月十五日
（裏面）
　　　　武田徳右衛門夫婦

この碑文から寛政六年（一七九四）、遍路道に丁石の建立を企画し、弘法大師の恩徳を得て、多くの施主の助力により、文化四年（一八〇七）に満願成就したことが分かる。ただ後記するが、丁石というのは元来一丁毎の道標であろうが、徳右衛門建立の道標は里程で表されていることが多い。また文化四年というが、実際には文化十一年（一八一四）のものも確認できるので、まさに没する直前まで道標建立を続けていたとみられている。また有り難いことに、丁石建立の勧進記録(3)が残っており、喜代吉榮徳師によって報告されている。

武田徳右衛門標石
（香川・観音寺境内）

町石勧進代舌

抑四国八十八ケ所の来由并高祖／弘法大師の御霊験は古き文に数／々説きはへ志かのミならず御利益／の広大なる事ハ世の人の志る所なれ／ハ拙き筆の彩とる所に阿らずさ／れハこそ星かわり物うつるといへども／参詣の人々日々月々にい屋満し／信心の輩そのかずを志らずこの／ゆへに所々道志る遍ハありといへども／只恨ハ道の里数の委しからざることをうれふる人多し是に／よって高祖の尊像を上にすへ／長ケ五尺の町石を造立し霊場に／立置んことを希といへども力ともし／介れハ只願ハ十方有心の御方一紙／半銭にかぎらず浄財を我願／海になげうって早々此願を／成就せハ禍を千里の外にはらひ／福ハ潮のみちくるごとくならん／と志可いふ

佐禮山

仙遊寺

天尊題

寛政六甲歳正月吉日

朝倉上村　願主　徳右衛門

これは五八番仙遊寺住職の天尊が書きしるしたものである。つまり「八十八ケ所の御利益が大きく、日々に参詣の人々が増しており、既に道標はあるが、里数については詳しくないので、弘法大師の尊像を上に置き、長さ五尺の丁石を造立して霊場に建立することを希望する。それについては十方の信心深き人々、さらに自からも浄財を投げ打ってこの願いを成就したい」というものである。

たしかに真念の道標は遍路道の分岐点にあり、左右の指示が有るのみで、距離については示されていない。いわば遍路道の方向のみであったが、ここでは札所までの距離に重点を置いている。そして真念の道標には「南無大師遍照金剛」の刻字があり、弘法大師信仰への傾倒が感じられるが、徳右衛門道標では弘法大師の像を石塔の上部に刻み付けることにより、真念と同様に大師への信仰の深さをより強く表しているといえよう。

さて、この勧進書とともに丁石仕様図があり、喜代吉氏によって報告されている[4]。これは正面の最上部に梵字の「ア」、その下に椅子に坐す真如親王式の弘法大師像、その下には「是より何寺迄何里」とある。向かって右側面には「施主　何国何郡何村何右衛門」、左側面には「願主豫州越智郡徳右衛門」とあり、さらに長さは「土より上五尺」、「土より下壱尺弐寸」正面幅「八寸」奥行きは「七寸」としている。ともかく、これにより寛政六年（一七九四）の発願時の様子がよく分かる。これを元にして、勧進活動が積極的に行われたのであろう。

さて、この徳右衛門の壮大な計画の動機は何であったのであろうか。これについては、既に多くの論考[5]があり、次のように考えられている。徳右衛門の先祖は代々大庄屋や庄屋を務める名家であったという。本家から分家して後に家督を継ぐべきであったが、弟に譲り、居を移したという。徳右衛門には六人の子供（一説に七人）がいたが幼くして次々と子供達が亡くなった。そのため大いに失望し、悲痛にくれていたが、菩提寺の無量寺の住職から四国遍路の旅に出るように進められ、四国遍路の旅に出たのである。徳右衛門は幼くして亡くなった子供の菩提を弔うため、さらに弘法大師のおかげをえて、残された長女の「おくら」の成長を願う旅であったと考えられている。その旅の途中でおそらく、道に迷う事が多く、さらに札所から札所までの距離が不明と感じたのであろう。何度となく四国遍路に出たらしいが、そうした中で、この道標建立の発起が、寛政六年である。そして趣意書に従い計画が遂行され、四国の札所や遍路道に数多くの道標が建立された。現在残されている徳右衛門道標については喜代吉榮徳師[6]や小松勝記氏[7]によって詳しく調査され、その全貌が明かとなった。特に小松氏は

『遍禮標石』(8)（平成二十七年刊）で写真を付し、所在地、刻字、法量など一基ごとに示し、現存確認されるすべてを明確にされた。国別の現存確認数は次のとおりである。（小松勝記氏調査による）

阿波―二十一基、土佐―二十八基、伊予六十五基、讃岐―十二基の合わせて百二十六基で、さすがに地元の伊予が抜きんでている。これらのうち二～三基をみてみよう。

前神寺参道

（右面）越智郡朝倉上村　施主　武左衛門

（正面）（ア）弘法大師像　是より三角寺迄十里

（左面）願主徳右衛門

（裏面）刻字無し

（高さ一四六センチメートル、正面幅二五センチメートル、奥行二二センチメートル）

七七番道隆寺境内建立

（右面）是より右宇多津　発願者与州徳右衛門

　道場寺迄一里半　勧誘者坂本伊右衛門

（正面）四国第七十七番　道隆寺

（左面）本尊薬師如来

（背面）寛政六甲寅歳季冬日

（高さ一一九センチメートル、正面幅三〇センチメートル、奥行二八・五センチメートル）

全体的にみると仕様書に沿うものがおおいが、札所番号や寺名を刻するもの、さらに戒名や先祖代々などもみられ、施主の要望に答えたものもみられる。ただ伊予の場合は仕様図通りのものが多い。なお興味深いのは五六番泰山寺駐車場の道標には、幼くして夭逝した子供の戒名が彫られており、徳右衛門の亡き子を思う気持ちの現れであろう。さらに五七番栄福寺入口の道標には、残された一人娘の「おくら」が施主となるなど、徳右衛門の個人的な関係もみられ興味深い。

さて先記したように徳右衛門道標の現存数は百二十六基であるが、実は徳右衛門が寄進の原簿を作っていたことが判明しており、現存数と原簿とを比較した喜代吉榮徳師は徳右衛門建立の道標はおよそ二百五十基以上であろうとのことである。

寛政六年に発願し、文化四年に一応の成就をみるが、さらにその後、文化十一年頃まで引き続いたらしい。それは逝去の年である。まさに人生の後半は道標の建立に一身を捧げたといえよう。真念が基礎を築いた道標建立を、さらに拡大した功績はまことに大きく、その数において中務茂兵衛に次いで多く、四国遍路発展に尽力した人物の一人として特筆されよう。なお越智郡府中地区には「二十一ヶ所参り」というのがある。徳右衛門が文化七年に創設したもので、約十里の行程に二十一ヶ所の霊場が設けられている。おそらく四国八十八ケ所に出られない土地の人々のため、気安く一日で巡拝できるようにとの配慮であろう。

照蓮などの建立者

徳右衛門の没後、あるいはその少し前に現れたのが照蓮[9]である。照蓮の道標が阿波に数多く確認されることから、おそらく阿波の人物であろうとされているが、その実像は明確ではない。照蓮の道標は現在、約七十基ほどが確認されているが、その形状は中央上部に弘法大師像を据え、その上に道順を示す指が作られ、さらに「四国中千躰大師」と刻まれているのが特徴である。観音寺市に建立されているものは高さ八〇センチメートル、正面

幅二十一センチメートル、奥行き十九センチメートルで次のように刻されている

（向・右側面）　真念再建　願主照蓮
　　　　　　　　世話人徳嶋講中
　　　　　　　　　　施主出来嶋
（正面）　四国中千躰大師
　　　　　　月掛講中

照蓮道標は文化六年（一八〇九）頃から文化十三年（一八一六）頃までの標石がみられることから、設置の時期もおよそ、その頃と考えられよう。「四国中千躰大師」から、おそらく四国中に千基の道標を発願したのであろうが、一六一番が最後頃と見られ、念願は叶わなかったのである。

この他にも川の屋政吉、静道などが標石を建立したことが知られ[10]、現在でも遍路道沿いに残されているが、これ以外にも詳しく知れぬ建立者の手による数多くの標石がある。その一例を記しておこう。

七〇番本山寺仁王門の西の遍路道に建立されている道標は半ば土に埋もれ全容は判明しないが、「右遍路道」、「文化二丑歳□（カ）等空　上野国吾妻郡赤□」と確認できる。遠く関東の等空という人物は、おそらく廻国行者で本山寺に寄寓し、勧進活動して建立したものであろう。このような道標が四国の遍路道の各所に存在しており、徒歩遍路者のために多いに役立っている。

注

（1）喜代吉榮徳『道しるべ―付・茂兵衛日記』（海王舍、昭和五九年一〇月）。

(2) 喜代吉榮徳「武田徳右衛門丁石の研究」(『善通寺教学振興会紀要』第一五号、善通寺教学振興会、平成二二年三月)五〜六二頁。『四国遍路のあゆみ』(愛媛県生涯学習センター、平成一三年三月)二四四〜二四六頁。

(3) 同前。

(4) 同前。

(5) 同前。竜田宥雄「府中二十一ヵ所霊場由来」(『今治史談』今治市教育委員会・今治史談会、昭和四五年四月)四〜一四頁。

(6) 前掲注(2)喜代吉榮徳「武田徳右衛門丁石の研究」。

(7) 小松勝記『遍禮標石』(安楽寺、平成二七年三月)。

(8) 同前。

(9) 浅井證善『へんろ功徳記と巡拝習俗』(朱鷺書房、平成一六年一月)一一九〜一二二頁。

(10) 喜代吉榮徳「辺路道標石史小稿」(『善通寺教学振興会紀要』第二号、善通寺教学振興会、平成七年一二月)一九〜四〇頁。

四　弘法大師四十二歳像・厄除け大師の成立

平成二十五年(二〇一四)は四国霊場開創千二百年の年と伝えられる。これは弘法大師が四十二歳の厄歳に四国を巡錫し、八十八ケ所の霊場を開創したという伝えに基づいている。さて現在、四国の中に「厄除大師」と称し、盛んに信仰を得ている寺院がいくつかある。それは弘法大師が四十二歳時に、何らかの関係を有する寺院であることを基本としている。まず、この弘法大師四十二歳像成立の歴史についてみる。寛文十二年(一六七二)に、一無軒道冶が高野山の各寺院や旧跡名所の由来などを記した『高野山通念集』[1]巻三の極楽堂の項に、興味深い記事がみられる。

極楽堂

御本尊、遍照金剛の尊像也、抑此寺大師四十二齢の御とし、大峯御修行のとき、みずからの御影を延壇して作らせ給ふぞ・・・

とあり、大峯修行の時に寿像四十二歳像を造ったというのである。管見では、これが弘法大師四十二歳像の初見かと思われる。つまり江戸時代初期前後頃に四十二歳像が高野山で造られたのが始まりであろう。極楽堂は高野山五之室に所在したらしいが、現在は廃寺となっている。詳しいことは分からないが、十阿弥陀仏という僧が再興したとの伝来から、時衆系高野聖が関与した寺院と推察されよう。それを裏付けるものとして、『高野春秋編年輯録』、長治元（一一〇四）甲申年三月十七日条に[2]

（前略）五室極楽堂是也。明叟極楽往生人也。後世遊行上人他阿派之道心者。相頼成蓮社建摠堂。而號極楽堂御聖。慶長年中有大故。改宗真言派之聖方者也。

とあって、平安時代に起源を持つ古い御堂であるが、時衆二祖他阿真教の道心者、つまり時衆系高野聖が再建したとし、その後真言宗となり、高野山の聖方となったという。なお高野山奥院護摩堂[3]には「弘法大師四十二歳厄除御自作像」として弘法大師像が安置されている。

伊予・遍照院

さて四国には、弘法大師四十二歳像を本尊とする寺院がいくつかある。まず愛媛県今治市菊間町の遍照院をみてみよう。遍照院は現在、厄除け大師の寺として大いに繁盛している。ここに絹本著色の瀧見観音三幅対[4]が所蔵されているが、これに付随する添状があり、寺の縁起が書かれている。要約すると「当寺の本尊は大師自刻の像で、弘法大師繁盛の寺である。大三島の遷宮にも数多くの伴僧を引き連れ参加するなど知行拝領の寺であったが、故あって寛文元年以前の十七～八年間は無住となった。然るに高野山検校法印西禅院覚運が菊間次兵衛方に来て、かの遍照院を再興すれば、国家の祈祷、郷中の繁栄とともに高祖弘法大師ご照覧多くあると述べた。そこで遍照院弟子の光順が寛文元年（一六六一）頃に再興に尽くした。」という。このことから高野山から来た西禅院の覚運が、四十二歳像弘法大師を伝来したものと思われ、厄除け大師として再興に関わったものであろう。

讃岐・遍照院

次に香川県坂出市高屋の遍照院をみてみよう。嘉永七年（一八五四）の『讃岐国名勝図会』に

本尊阿弥陀如来（行基大士作）弘法大師像（四十二歳の時自作）不動明王（同作）鎮守社（高野丹生明神）阿伽井（寺辺にあり）。当寺は弘仁年中、弘法大師四十二歳の時草創せり、・・・

とあり、四十二歳像を安置しており、江戸時代末期には厄除け大師として、知られていた。さて当寺の確かな歴史を寺所蔵文書から見ると、江戸時代初期、白峯寺圭典の時代に道心者の道休が白峯寺の土地の寄進をもって中興したらしい。その後のことは、宝暦八年（一七八五）『阿野郡高屋村遍照院由緒』（この由緒は貞享元年―一六八四）の公儀書き出しを元にしたという）に詳しい。要約すると「当寺は弘法大師開基の寺で大師が四十二歳の厄歳に当山を訪れた。その時、大地が震して大石が出現し、大師はこの石の上で求聞持の法を修して歳厄から遁れたことから、末世の人々の災難を除くため自影の像を彫刻して本尊とした。そのため、この石は求聞持石、本尊を厄除大師という。また当山は高野明神が鎮座したところであるので高野という。その後、弘法大師は紀州の高野山を開いた。弘法大師を遍照金剛というが、当寺を遍照院と云い、紀州高野山を金剛峯寺と号し、讃岐高野、紀州高野と同名対立とした。これにより遍照院は弘法大師格別の遺跡、厄除大師安置の霊場で讃岐高野と呼

ばれている。」とある。おそらく江戸時代前期、元禄頃には厄除大師は確立していたであろう。ここには、高野山に関わる四社明神など高野山との関係が明確に窺えることから、厄除大師の存在も高野山からの直接的な影響があるものとみて間違いない。

以上、二つの例をみたが、いずれも江戸時代前期頃に高野山の影響のもとに四十二歳像の厄除大師像が伝播したものとみてよいであろう。

讃岐・海岸寺

次に讃岐白方・海岸寺をみてみよう。海岸寺は澄禅『四国辺路日記』にみられるように、かつては四国辺路の札納め所であったが、真念『四国辺路道指南』が作られた元禄時代頃以降は、四国辺路のコースから外れた。ただ弥谷寺を含め白方屏風ケ浦の寺々は奇異な弘法大師伝である『弘法大師空海根本縁起』の舞台として戦国時代から江戸時代初期には、大いに栄えた寺院である。ここに元禄五年（一六九二）に高野山の学僧寂本が作ったと伝える『迦毘羅衛院海岸寺縁起』(5)が残されている。縁起の一部をみると

（前略）大師并察霊験、立伽藍、初託母胎時、見天竺僧来、故以迦毘羅衛院名、迦毘羅衛者、中天竺之国名、或云迦維衛国、即釈尊降誕之国也。寺傍海故、号海岸寺、大師四十二歳、礼刻自影、安于此、而謀貽厥、尤大師遺塵故、以大師之像為本尊（後略）

とある。ただ、この縁起の作者を高野山の寂本としているが、奇異な弘法大師伝を伝える海岸寺とは、相反する立場の寂本が関わることには、やや不自然で、作者については、なお検討の余地がある。それはともかく、海岸寺の本尊が大師四十二歳の時の自刻像としていることに大きな関心が寄せられる。

以上、三例をあげたが、いずれも八十八ケ所霊場ではない。次に札所寺院における四十二歳像あるいは厄除大

師の例を探索してみると、澄禅『四国辺路日記』には確認できないが、真念『四国辺路道指南』の二三番薬王寺の詠歌には「ミな人の、ヤミぬるとしの薬王じ、るりのくすりをあたえましませ。」とある。「病みぬる年」とは厄年を意味しているのであろう。また寂本『四国徧礼霊場記』の同寺の項に、次のように記されている。

大師御歳四十二に当て除厄の為に薬師如来の像を彫刻し、且は永世の与抜に擬し、一堂を立安置し玉ふ、蓋今の本堂、同本尊是也。

とあり、薬王寺の本尊薬師如来像は大師四十二歳の時に厄除のために造ったという。また宝永七年～正徳元年に四国八十八ケ所に奉納した六十六部の空性法師の納経帳に同じく見いだすことができる。

奉納普門品　一巻　阿州海部郡
日和佐村医王山無量寿院薬王寺
本尊薬師瑠璃光如来吾祖弘法大師
六七之歳為脱厄守護一刀三礼尊像也云々
現住
宝永八年二月廿六日　宥澄
空性法師

ここでも六、七の歳、つまり四十二歳の厄除のために本尊薬師如来を造立したとの意味であろう。自刻像ではないが四十二歳の時に、四国の霊場で修行をしていたと記すことの意味は大きい。

伊予・仙龍寺

さて、次に寛政十二年（一八〇〇）『四国遍礼名所図会』では六五番三角寺奥院の仙龍寺の項に本堂本尊弘法大師毎夜五ツ時に開帳有り、大師御修行の霊地なり、本尊自作の大師也。大師四十二才御時一刀三礼に御作り給ふ尊像也。一度参詣の輩ハ五逆十悪を除給ふとの御誓願也。終夜大師を拝し夜を明す。

ここでは弘法大師四十二歳時の自刻像とし、五逆十悪を除くとあり厄除とは云わないが、それに近い表現である。ただ澄禅『四国辺路日記』には「大師十八歳ノ時此山ヲ踏分サセ玉テ寿像を彫刻シ玉ヒテ安置シ玉フト也。」とあって、江戸時代初期、承応二年（一六五三）には、十八歳像としての寺伝である。その後の真念『四国辺路道指南』、寂本『四国徧礼霊場記』とも特に寿像のことには触れていない。つまり、ある時代に四十二歳時の寿像となり、やがて厄除大師へと変貌していく。その時期は明確にできないが寛政二年には、すでに十八歳像から四十二歳像に変化していることは興味深い。

以上、弘法大師四十二歳像について考察したが、これが根拠となり、やがて明治時代初期に「弘法大師四十二歳の厄歳」に四国を巡錫し、四国八十八ケ所霊場開創説に展開していくのである。(6)これについては第四篇第三章で述べる。

弘法大師像（愛媛・仙龍寺蔵）

注

（1）『高野山通念集』（『近世文芸叢書』第二、第一書房、昭和五一年六月）一一一〜一一二頁。
（2）日野西真定編集・校訂『新校　高野春秋編年輯録　増訂版』（名著出版、平成三年五月）八五頁。
（3）浅井證善『はじめての「四国遍路88ケ所」巡り』（セルパ出版、平成二一年八月）二八頁。
（4）『しまなみ水軍浪漫のみち文化財調査報告書―美術工芸品編』（愛媛県教育委員会、平成一四年三月）二〇〜二一頁。
（5）『迦毘羅衛院海岸寺縁起』は『香川叢書』一（名著出版、昭和四七年六月）四七五頁。
（6）武田和昭「弘法大師四十二歳自刻像について」（『文化財協会報・平成26年度特別号』（香川県文化財保護協会、平成二七年三月）二二三〜二三〇頁。

第四篇　明治時代から大正時代

第一章　神仏分離・廃仏毀釈と四国遍路

明治初年の神仏判然令は、長く続いた神仏混淆から神道と仏教を分離するもので、わが国では、かつてない大規模なできごとであった。社僧は還俗して社人として神道に仕え、仏像を神体としている神社から仏像が除かれ、また鰐口や梵鐘などの仏器も神社から取り外されることとなった。讃岐においても神仏分離を徹底させるため、明治二年に神社の御神体調査が行われるなど、神仏分離が急速に進み、さらに廃仏毀釈にまで波及し、特に神社に隣接して建立されていた神宮寺といわれる寺院は廃寺が徹底的に行われた。さて四国遍路の場合、神社が札所の場合は札所が別当寺に移され、神社は札所から除かれた。また札所寺院の中には廃寺に追い込まれる危機的な状況が生じたが、住職や檀家の尽力によって廃寺を免れた寺院もあった。一方、廃寺になったが困難を伴いながらも再興された例もみられるが、それは、奇跡に近いものがあった。ここでは現存する明治期の納経帳を元にして神仏分離・廃仏毀釈の実態を考察したい。なお土佐・宇和島領に関しては、安政の大地震によって、嘉永七年（一八五四）から明治四年（一八七一）まで、土佐・宇和島領への入国が基本的に行われていない。そのため明治元年から同四年までの納経帳が一部を除き、殆ど確認されず土佐・宇和島の実情は他国に比べ分かりづらい。なお考察に当って、江戸時代から明治時代までの四十三冊の納経帳を用いた。

一　阿波の札所

阿波国の札所寺院の神仏混淆は寂本『四国徧礼霊場記』をみると、大麻神社が一番霊山寺の奥院であること、一三番大日寺が隣接する一之宮の別当寺であったことから、神仏分離に関しては、この二ケ寺が関係する。ただ霊山寺についていては神仏混淆は殆ど見られないことから神仏分離の影響も殆どなかったと見られる。

一三番・大日寺（一之宮）

一之宮大明神と大日寺との関係について、澄禅『四国辺路日記』には「一之宮、松竹ノ茂タル中ニ東向ニ立玉ヘリ、前ニ五間斗ノソリ橋在リ、拝殿ハ左右三間宛也。殿閣結構也。本地十一面観音也。」とあって、一之宮が札所で、大日寺のことについては記されていない。次いで真念『四国辺路道指南』では「一宮寺」とあり、寂本『四国徧礼霊場記』では「一之宮、大栗山花蔵院大日寺」とある。江戸時代には札所名として「一之宮」、「一宮寺」、「大日寺」とされ、本地は十一面観音である。

『四国遍礼名所図会』の境内図をみると鳥居と大きな社殿がある。おそらく一之宮の本社であろう。その右手には寺院形式の建物が並び、まさに神仏混淆が顕著に窺える。納経帳を詳しくみてみよう。『宝永八年（一七一一）納経帳』には、一之宮大明神の神主である笠原丹後守が納経帳に記しているが、『宝暦十年（一七六〇）納経帳』では別当の大日寺と一宮の大宮司の両方が別紙に墨書されており興味深い。つまり一宮と大日寺の納経が行われている。なお『嘉永五年（一八五二）納経帳』では次のようになる。

奉納

一宮大明神

同二月八日　　　　神主笠原丹後
　　　　　　　　別當　大日寺

一紙に連名で墨書されており、いずれかで同一人により納経が行われていたものと推察されるが、朱印は「太栗山華蔵院」とある。おそらく別当大日寺での納経であろう。ここでは「神主」の存在もみられ、神仏混淆が顕著な札所であったことが分かる。神仏分離後をみると、『明治三年納経帳』まで「別当大日寺」がみられるが、『明治四年納経帳』には「太栗山大日寺」となって「別当」が除かれるので、ここで神仏分離が行われたものと思われる。ただ、その後も「一宮大日寺」、「阿州一宮大日寺」と一宮が強調され続けるのは興味深い。

二　土佐の札所

四国の中で神仏分離に伴う廃仏毀釈がもっとも激しかったのは土佐である。これについては中城直正・北川茂躬「土佐に於ける神仏分離」(1)に詳しい。『高知縣史要』には四百三十九ケ寺、『南路志翼』には真言宗百八十六ケ寺、曹洞宗九十八ケ寺、真宗八ケ寺、日蓮宗六ケ寺、禅宗三ケの合わせて三百一ケ寺とある。そのうち札所寺院は二五番津照寺、二七番神峯寺、二八番大日寺、三〇番善楽寺、三三番雪蹊寺、三四番種間寺、三五番清瀧寺、三七番岩本寺、三九番延光寺が廃寺となり、札所十六ケ寺中の九ケ寺が廃寺となった。

二五番津照寺

『高知縣史要』によれば明治四年に廃寺になり、明治十六年に復興したらしいが『明治五年納経帳』には「奉納　本尊地蔵大菩薩　土州津寺」、別の『明治五年納経帳』には「奉納経　本尊地蔵菩薩　宝珠山」、『明治九年納経帳』には「奉納　本尊地蔵大士　土州宝珠山」とあり、問題なく書かれており、大きくは影響を受けなかったと考えられる。

二七番・神峯寺

神峯寺という寺名からして神仏混淆の濃厚な寺院であることが分かる。江戸時代初期の澄禅『四国辺路日記』には

神峰　麓ノ浜ヨリ峰へ上ル事五十丁一里也。早天ニ起出テ峰へ上ル。札ヲ納ム。然モ今日ハ彼岸ノ終ナレバ心静に念誦読経ス。本堂三間四面、本尊十一面観音也。扨、峰ヨリ下ニ寺ハ麓ニ有。

とあり、寂本『四国偏礼霊場記』の境内図に山上の神峯神社と神峯寺がみられるが、麓に養心院という寺があり、そこで納経をしていたらしい。納経帳を詳しくみてみる。当初は養心院（『宝永七年（一七一〇）納経帳』）が関わり、その後、『天保十年（一八三九）納経帳』[2]には常行寺の納経がみられるが、経緯は詳しく判明しない。

明治四年廃寺になり、明治十七年に復興した。納経帳をみると『明治五年納経帳』に「奉納　本尊　十一面尊同寺」とあり、西寺（金剛寺頂寺）と筆跡が同じであることから西寺が代行していたことが分かる。それが明治十六年まで確認され、『明治二十五年納経帳』に「奉納本尊　十一面大士　神峯」となり、この間に復興されたことが分かる。ただ明治十年に「光明院」という納経（西寺と同筆）があり、復興までに様々の出来事があったとみられる。なお『高知縣史要』[3]には

地蔵院　安芸郡安田村唐浜海岸を距る里餘の山上に在り、もと神峯寺と称し、応仁乱前までは神峯神社と両部たり、本尊は十一面観音正観音の二躯にして、十一面観音は行基の作、神峯寺廃頽後、独り存したる。観音堂の本尊にて神峯観音は昔より、地蔵院の本尊たりしものなり、観音堂の創立は初め行基、神峯山を剏

め、延暦年中空海掛錫勤念の際、重修ありし以来、四国霊場として、世に顕る。明治四年神仏分離の時、十一面観音は金剛頂寺に下附す、二十年旧跡神峯山に還座し、金剛頂寺所轄の下に法儀を執行せり、これを観音堂の由緒とす。四十四年十二月、茨城県より地蔵院を観音堂に移転併合を出願し、大正元年十月許可される。

とあり、神仏分離時の変遷の一部が判明する。

二八番・大日寺

大日寺の歴史は古く、本尊は平安時代作の金剛界大日如来で、かつては二十五ケ寺を揃える大寺であったと伝える。『高知縣史要』によれば、大日寺も明治四年に廃寺となり、本堂を大日堂と称していたらしい。残されている納経帳をみると『明治五年納経帳』には「奉納　本尊大日如来　法界山」とあるが、これは二九番国分寺と同筆とみられることから、国分寺が代行していたとみられる。また『明治八年二月納経帳』には「トサ大日寺」、『明治九年納経帳』には「土佐大日寺」とあることから、この頃には旧態に復しつつあったみられる。正式には明治十七年五月に再興許可が得られたという。

三〇番・善楽寺（一之宮）

江戸時代初期の澄禅『四国辺路日記』には

一宮　南向、本地阿弥陀如来。宮殿・楼門・鳥居マデ高大広博ナル大社也。前太守長曽我部殿修造セラレタル儘也。当守護侍従殿時々修理ヲ加ラルルト云。（中略）山号ハ百々山、社僧神宮寺・観音院トテ両寺有り。・・・

とあり、札所は「一宮」で、社僧（別当寺）として神宮寺と観音院の二つの寺院が記されているが、記事の内容から境内の壮大な様子が判明する。

次に寂本『四国徧礼霊場記』の境内図には楼門を挟んで向かって右に長福寺があり、左に神宮寺がみられる。これにより観音院は長福寺ともいわれ、神宮寺とともに二つの別当寺の存在が確認される。また『四国遍礼名所図会』の境内図を見ると大きな本殿と楼門、さらに別当寺が見られ、神仏混淆の様子が見事に表現されている。納経帳をみてみよう。

『宝永八年（一七一一）納経帳』には「百々山観音院長福寺」とあるが、『宝暦三年（一七五三）納経帳』には「百々山観音院　善楽寺」となって異なっている。これについては『南路志』[4]（文化年間）や『皆山集』[5]の記事から、かつては善楽寺と称していたが、いつの頃か退転した。その後に再興され、万治元年（一六五八）に長福寺と改称したが、享保六年（一七二一）に再び、善楽寺と称したという。このことから宝永八年と宝暦三年の相違が理解できよう。

さて、この三〇番であるが、澄禅『四国辺路日記』、真念『四国辺路道指南』、寂本『四国徧礼霊場記』のいずれもが、札所名としては「一宮」である。ただ納経は長福寺観音院（善楽寺）または神宮寺の二つがみられ興味深い。なお『天保十一年（一八四〇）納経帳』には

三十番札所　本尊阿弥陀如来　一宮別当神宮寺　子四月二十六日
奉納正一位高賀茂大明神　土州一宮百々山善楽寺　月日（版木）

とあり、二つの納経がみられる。つまり善楽寺と神宮寺の二ケ所で納経していたとみられる。ところが明治四年の神仏分離から、さらに廃仏毀釈への展開のなかで、二つの寺院とも廃寺になったらしい。その経緯については、まず神宮寺を善楽寺に合併したが、やがて善楽寺も廃寺となり、本尊は二九番国分寺[6]に移された。確かに

『明治八年納経帳』は二九番と三〇番は同筆であることから二九番・国分寺で納経されていたことが分かる。その後、明治九年になり安楽寺（高知市洞ケ島町）が国分寺に移していた本尊を遷座して三〇番札所と定めたという。

確かに『明治十年納経帳』には安楽寺と墨書され、朱印も安楽寺である。この状態が長く続くが、昭和四年になって地元の信者が埼玉県北足立郡与野町の東明院の薬師如来を移して旧善楽寺跡に善楽寺を再興し、さらに国分寺から大師像も移された。このことから三〇番札所の争いが生じたが、その後になって三〇番札所として善楽寺は「弘法大師開創の霊場」、安楽寺は「本尊阿弥陀如来奉安の寺」として、一応の解決をみたという。そして神仏分離・廃仏毀釈から、およそ百年後の平成六年になり、三〇番札所は善楽寺、その奥院が安楽寺とされ[7]、ようやく決着したのである。

三三番・雪蹊寺

雪蹊寺は『高知縣史要』によれば、明治初年に廃寺となり、安置されていた長宗我部元親の木像は秦神社の御神体として祭られた。その後、明治十二年十月に再興が許可され、明治四十四年に寺地を拡張して本堂などを再建したという。納経帳をみてみよう。『明治五年納経帳』には「三十三番　奉納薬師如来　竹林寺」とあり、「竹林密寺」の朱印が押されている。つまり三一番竹林寺が納経を代行していたと考えられる。おそらく廃寺のため雪蹊寺が納経をできる状態でなかったのであろう。これがいつ頃まで続いたのかは不明だが、『明治十年三月納経帳』には「奉納　薬師如来　五台山高福寺」とあるが、「竹林密寺」の印が押されている。おそらく再興の体制は整えられていたのであろうが、未だ竹林寺の管轄下にあったとみられる。『明治十二年納経帳』も同様である。先記したように明治十二年十月に再興されたとされるので、明治十二年は、まさに混沌とした時期といえよう。その後、『明治十六年納経帳』には「奉　医王尊、雪蹊寺」とあり、確実に雪蹊寺で納経されている。

三四番・種間寺

『高知縣史要』によれば明治四年に廃寺になり、本尊薬師如来は秋山村池田観音堂に移され、その後、明治十三年に再興されたと記されている。『明治五年納経帳』には「独鈷山」とあり、三六番青龍寺の山号が墨書され、さらに同筆であることから、青龍寺が代行していたとみられる。さらに『明治八年納経帳』には「奉納本尊　旧種間寺」とある。なかには「前種間寺」と記されているものがあるが、『明治十二年納経帳』には「奉納　本尊薬師如来　種間寺」とあり、この頃には復興がなされていたのであろう。

三五番・清滝寺

『高知縣史要』によれば、明治四年に廃寺となるが、同十三年十一月に再興される。その後、同二十年頃に暴風雨による山崩れで堂宇が倒壊、衰退したと記されている。納経帳をみてみよう。『明治五年納経帳』に「奉納経　本尊薬師如来　前清瀧寺」の墨書で、朱印は三六番青龍寺の印が押されている。また別の『明治五年納経帳』では「奉納（梵字）薬師如来　青龍寺」となっており、さらに『明治八年納経帳』には「三十六番青龍寺」の版が押されていることから青龍寺が代行していたとみて間違いない。その後、『明治十年納経帳』には「旧清瀧寺」となり、『明治十一年納経帳』には「（版）奉納経　本尊瑠璃光如来青龍寺執行所」がみられ、未だ青龍寺の管理下にあった。そして『明治十二年納経帳』になって「奉納大乗妙典　薬師瑠璃光仏　真言開祖弘法大師　清瀧寺」となり、明治十三年に再興されたという。

三七番・岩本寺（仁井田五社）

仁井田五社は澄禅『四国辺路日記』に「新田ノ五社」、真念『四国辺路道指南』に「三十七番五社」、寂本『四

国遍礼霊場記』に「仁井田五社」とあるように、神社が札所であった。『四国遍礼名所図会』をみると

　三十七番仁井田五社　中宮本地阿弥陀仏、大宮不動明王、今大神宮観世音仏、今宮薬師如来、森ノ宮勝軍地蔵、都而五社ナリ。禰宜六軒、太夫十弐軒別当。納経所八十八丁をへて久保川町に有。

とあって、神社境内の様子が判明する。横並びに向かって右から大宮、今大神宮、中宮、今宮、森宮の五社が建立されるが、森宮が少し高い場所に位置する。禰宜や太夫が数多く奉仕しており、規模の大きな神社で遍路者は、ここに参拝したのであろう。そして約十丁ばかり離れた久保川（窪川）に別当の岩本寺があり、そこで納経が行われていたのである。納経帳をみてみよう。『宝永八年納経帳』には「五社大明神宝前　神主岩崎長門守」とあり、神主が納経したとみられる。なお『寛政四年（一七九三）納経帳』には「土州仁井田五社大明神　別当藤井山岩本寺」とあり、以後は岩本寺に統一される。『弘化四年納経帳』には「奉納　五社宮　別當　岩本寺」とあるが、『明治五年納経帳』には「奉納不動明王　岩本寺」とあり、神仏分離がみられる。当然ながら「仁井田五社大明神」はみられない。ところが『明治九年納経帳』には「縣社　土佐國高岡神社五社　神務局」とあり、高岡神社の納経がみられる。同様の例が六八番神恵院にもみられ、八十八ケ所霊場から分離した、この頃の神社の立場を察することができよう。

なお興味深い出来事として明治二十年頃、衰微していた岩本寺の札所の権利を愛媛県八幡浜の吉蔵寺[8]が買い取ったといわれる。『明治二十一年（一八八八）二月納経帳』には「四国第三十七番　奉納経　本尊無量寿如来　大黒山　豫州八幡浜吉蔵寺」の納経がみられる。また大正七年に四国遍路した高群逸枝は吉蔵寺に参拝したと『娘巡礼記』[9]に記しているが、いつ頃まで納経していたかなど詳しくは不明である。このように岩本寺は神仏分離・廃仏毀釈に際し、大きく影響を受けたのは確かだが、その実態を明確にすることは、なかなかに難しい。

三九番　延光寺

『南路志翼』などによれば、延光寺は明治四年に廃寺届が出され、明治二十二年に復興されたと記されている。『弘化四年（一八四七）納経帳』には「奉納　金堂医王尊、土州寺山」とあり、『明治五年納経帳』には「奉納本尊薬師如来　土州寺山院　延光寺」とあって、それほど大きな変化はない。廃寺の状況がどの程度であったか分からないが、納経については神仏分離以前と殆ど変わらない。なお延光寺は「寺山院」、「寺山」と記載される例が多いが、これはこの辺りの地名が寺山ということに基づく。

三　伊予の札所

『愛媛県史』(10)によれば伊予の神仏分離・廃仏棄釈は、他県に比べると比較的穏健であったというが、全体では廃寺になった寺院は三百五十六ケ寺にも及んでいる。札所の寺社では四一番稲荷社、五五番三島宮、五七番八幡宮、六〇番横峰寺、六二番一宮、六四番前神寺が神仏分離・廃寺になったが、中でも六〇番横峰寺や六四番前神寺など神仏混淆の顕著な寺院は様々の影響を受け、寺のあり方も大きく変化した。

四一番・龍光寺（稲荷社）

澄禅『四国辺路日記』には、「田中ニ在リ小キ社ナリ」とあり、江戸時代初期には、規模の小さな神社であったらしい。次いで寂本『四国偏礼霊場記』の境内図では、入口に鳥居が立てられ、小さな社の傍らに大師堂がみえ、神仏混淆が窺える。その後の『四国遍礼名所図会』では、社が大きく描かれており、その間に規模が拡大されたものとみられる。本地は地蔵菩薩、または十一面観音ともいわれるが、いずれの本にも寺名が見られず「稲荷の社」または「稲荷」とある。なお『海南四州紀行』には「茶堂三間ニ四間新ニ瓦葺納経所ヲ兼ヌ」とあることから文化元年（一八〇四）頃には、茶堂で納経が行われていたことが分かる。ここでは、まず稲荷宮（社）に参拝し、その後に別当の龍光寺（古くは立光寺）で納経していたとみられる。『嘉永五年（一八五二）納経帳』には「別当龍光寺」とあり、神仏分離以前の江戸時代には「別当」がみられる。そして『明治五年納経帳』には「奉納経　本尊十一面観音　龍光寺」とあり、「別当」が消えており、明治五年頃には神仏分離が明確になされたのであろう。そして本地仏の十一面観音が龍光寺の本尊とされ、以後は同様の納経が確認される。なお立光寺から龍光寺への変化は、寛政四年（一七九二）には立光寺であるが、翌五年には龍光寺となることが納経帳から判明する。今後の新たな資料を俟ちたい。

五五番・南光坊（三島宮）

澄禅『四国辺路日記』に記されるように、大三島に鎮座する三島宮の別宮として仮に御座し、三島ノ宮とよばれていた。古くは大三島にまで渡り、三島宮に札納めする四国辺路であった。また寂本『四国徧礼霊場記』によれば「大積山金剛院光明寺、別宮という。（中略）宮守を金剛院南光坊といふ。本尊大通智勝仏。すなわち当明神の御本地となり。」とあるように南光坊が別当であった。『四国遍礼名所図会』の境内図には、神社と寺院が併立しているが明確に区分されている。少し離れて大師堂があり、そこで納経されていたのであろう。『慶応四年（一八六八）納経帳』には「別当南光坊」とみられるので三島宮に参拝し、別当南光坊で納経していたとみられる。『明治二年納経帳』には、「奉納　本尊大日如来　南光坊」とあって、別当がみられないことから、この頃に大きな変化が起きたものと推察される。本尊が大日如来と記されているが、詳しい経過は判明しない。なお南光坊は無檀家であったため、廃寺の危機にあったが、四～五軒の家が檀家となり、廃寺を免れたと伝えられている[11]。

五七番・栄福寺（八幡宮）

澄禅『四国辺路日記』、真念『四国辺路道指南』には八幡宮、寂本『四国徧礼霊場記』では石清水八幡宮とあり、寺名がみられない。また『四国遍礼名所図会』には

本社八幡大菩薩、阿弥陀堂（本尊阿弥陀如来海中より出現）、金毘羅社（本社のまえにあり）。これより一町程下り別当栄福寺、大師堂・・・

とあり、山頂に八幡宮と本地仏の阿弥陀堂があり、その下に別当栄福寺の本堂や大師堂などが建立されていたとみられる。『嘉永五年納経帳』には「伊豫一國一社　八幡宮廣前　別當栄福寺」であったのが、『明治二年納経帳』には「本尊阿弥陀如来　豫州栄福寺」に変化し、「別当」が消えており、明確に神仏分離がなされている。その後も同様の納経形態を示しており、大きな影響は無かったと思われる。

六〇番・横峰寺

寂本『四国徧礼霊場記』には、仏光山福智院横峰寺として境内図が掲載されている。それをみると福智院、大日堂、蔵王堂がみられ、その上の山上に鳥居があり、石土拝所とある。また『四国遍礼名所図会』には、石鉄山には六月一日から三日までしか上れないので横峰寺の遥拝所で遥拝するというのである。江戸時代末期から明治初年頃の納経帳をみると、次のように寺名が何度も変遷している。

嘉永五年—横峰密寺、明治二年—別當横峯寺、明治三年—清楽寺、明治四年—清楽寺、、明治五年—豫州横峰山、明治十二年—大峯密寺、明治十五年—本横峰寺霊跡大峰密寺、明治十七年—清楽寺、明治十八年—清楽寺、明治二十五年—清楽寺（四國六十番マエ札の版）、明治二十七年—横峰山、明治三十二年—清楽寺（四國六十番前札の版）、明治三十五年—横峰山と記されており、神仏分離、廃仏毀釈で大きな影響を受けたことが分かる。

これについて清楽寺に関係文書[12]が残されており、その経緯を明らかにしてくれる。ここでは要約して記すことにしたい。

周布郡千足山村の横峰寺は明治四年頃に廃寺（横峰社となる）になり、社寺幹事の青山操殿から新屋敷村の清楽寺が本尊と六〇番札所を引き取るよう指示が出た。清楽寺住職の越智真照は、横峰寺の本尊を千足山村の草庵に移して安置し、札所番号は清楽寺へ、檀家は香園寺に移したのである。それ以来、埋葬などの儀は香園寺の二葉周鑁が行っていたが、村民は遠隔地であることを厭って明治十二年に横峰寺再興を出願し許可され、大峰寺と称し旧横峰寺の本尊や檀家も旧に復して再興[13]した。ところが大峰寺が、明治十三年頃から「元横峰寺六十番札所」という案内板を建て、遍路を誘引して納経したことから、同番の札所が二ケ所となり諸国人民が疑惑をもっているので、どちらを欠番にするかご指揮いただきたいと清楽寺から申請が出た。明治十三年、同十六年の二度、申請書が提出されていることから、清楽寺と大峰寺（旧横峰寺）との六十番札所の争いが顕著になったのであろう。この時期には、両寺の間で、かなり混乱が生じていたのであろう。そして、この争議に対し明治十八年一月付けで南光坊など七ケ寺の住職が仲裁して、「六十番札所」は大峰寺とし、清楽寺は「六十番前札所」とすることとなった[14]。この状況がしばらく続くが、明治四十二年に横峰社が廃止され、建物などが大峰寺に譲渡され、大峰寺から元の横峰寺に復することとなる。現存する納経帳を再確認してみよう。

嘉永五年――――別当横峰密寺
明治二年――石鉄山蔵王権現　別当横峰寺
明治三年――本尊阿弥陀如来　仏生山清楽寺
明治五年――本尊阿弥陀如来　仏生山清楽寺

明治五年――予州横峰山
明治九年――本尊阿弥陀如来　仏生山清楽寺
明治十二年――本尊大日如来　イヨ元横峰寺霊場大峯密寺
明治十五年――本尊大日如来　元横峰寺霊跡大峰密寺
明治二十四年―本尊大日如来　横峰山
明治二十五年―本尊無量光如来　仏生山清楽寺（四国六十番マエ札の版）
明治三十二年―本尊無量光如来　いよ清楽寺（四国六十番前札の版）
明治三十四年―本尊無量光如来　与州清楽寺（四国六十番前札の版）
明治四十二年―本尊大日如来　いよ横峯寺

とあり、何度も変遷しており混乱の様子が窺えるが、明治二年には「別當横峰寺」であることから神仏分離はなされていない。そして明治三年にはすでに「清楽寺」となり、なんらかの変化があったとみられ、明治十八年の仲裁以後は清楽寺は「六十番前札」の朱印が押され、そして大峰寺は「六十番横峰山」として納経をされており沈静化したものと推察される。納経帳からみれば、この当時はどちらか一方に参拝していたようで管見の限り、横峰山（大峰寺）と清楽寺の両方が押されたものはみられない。そして明治四十二年に大峰寺から元の横峰寺に復することによって、清楽寺は四国遍路から徐々に忘れられた存在になったのである。なお嘉永五年や明治二年の納経帳には「第六拾番前札石鈇山蔵王権現　豫州妙雲密寺」とあり、六〇番前札所については、さらに検討を要する。

六二番・宝寿寺（一ノ宮）

澄禅『四国辺路日記』には「一ノ宮」、『四国辺路道指南』も「一ノ宮」、『四国偏礼霊場記』には「天養山観音院宝寿寺、此寺本尊十一面観音なり。惣て聞所なし。推て一の宮と号す。」とあり、古くから一ノ宮と称されていた。『四国遍礼名所図会』では、大きな本社が建てられ、本堂・大師堂・茶堂も見られ、札所にふさわしく、また本社と本堂が同じ境内に建てられ、神仏混淆の景観を呈している。なお、この札所は古くは低地にあり、度々洪水の被害に会い場所が移動したようで、澄禅『四国辺路日記』と真念『四国辺路道指南』では、参拝順が異なっている。

『慶応四年（一八六八）納経帳』までは「伊予国一宮大明神　別当宝寿寺」、「(版）豫州天養山宝寿寺」であるが『明治四年納経帳』には「奉納　本尊観世音　宝寿寺」となり、その後の明治二十五年には「大悲殿　東予一宮寺」となるが、その後、再び「本尊観音菩薩　天養山宝寿寺」となっている。なお神仏分離の際、宝寿寺は廃寺となり、納経については近くの香園寺が引き受けたという。つまり香園寺において六一番と六二番の二ケ所の納経が行われたらしく『明治四年二月納経帳』、さらに『明治八年納経帳』でも、同一人の筆跡である。香園寺が納経を代務していた時期が、いつまで続いていたのかは明らかにできないが、明治十年に四国遍路の行者大石竜遍上人によって再興されたという。（『小松町誌』）

六四番・前神寺

澄禅『四国辺路日記』には石槌山の里坊、『四国辺路道指南』、『四国偏礼霊場記』、『四国遍礼名所図会』のいずれも「里前神寺」とあるが、これは石鎚山の前札所で、本札所は石鎚山奥前神寺であるという。『四国遍礼名所図会』には「六拾四番里前神寺　此寺ハ石鉄山へ人常に参る事を得ず、此所にて拝す。石鉄山を奥前神寺と云う。爰を里前神寺といふ。」とある。つまり石鎚山（奥前神寺）には常には参詣できないので、ここ（里前神寺）

で石鎚山の札を納めるというのである。境内図は上方に神社、下方に寺院の建物が並び、まさに神仏混淆の形態を顕著に表している。納経帳をみてみよう。

宝暦十年（別当前神寺）→慶応四年（別当前神密寺）→明治四年（前神密寺）→明治八年（東予前神寺）→明治十二年（医王院）→明治十六年（前上寺）→明治二十八年（東豫前上寺）→明治二十九年（東豫石鉄山前神寺）→明治三十四年（東豫石鉄山前神寺）となる。明治四年には「別当」が無くなるので、神仏分離がなされていたのであろう。その後は目まぐるしく変化している。このことは、とりも直さず、この寺の存在が大きく混乱していたのである。この間の詳しい経過[15]をみてみたい。本来の札所である石鎚山の別当職は前神寺と横峰寺との間で対立があったが、明和年間（一七六四〜一七七二）に幕府の命によって前神寺が別当であると決められた。しかし、その後も何かと問題を生じていたらしい。やがて明治の神仏分離を迎えるが、明治三年八月八日付で蔵王権現が仏体であるとの認識を提示したが、同三年閏十月二十五日付で神祇官から、つぎのような回答が示された。「元西条藩石鉄山蔵王権現改称之儀伺差出候ニ付御問合ニ候処、右ハ石鉄神社と相称シテ可然。在来権現之像ハ別ニ不及祭祀事ト存候（以下略）」つまり、前神寺は石鉄神社とし、在来の蔵王権現は祀らないでよいとの通達であるが、前神寺の住職阿刀大立は復飾を拒否し、寺の存続を強く主張した。そうしたなか、明治五年二月七日の夜に前神寺に火災が発生して本堂・庫裏などが焼失するという不幸があり、さらに明治八年七月九日付権令岩村高俊代理・愛媛県権参事赤川□助から遂に廃寺の命が下ったが、その後も住職の大律は廃寺処分の不当を訴えた。しかし残念ながら明治八年十月十九日、大阪で客死して、その望みはかなうことはなかった。その後、明治九年四月、前神寺の檀家が末寺の医王院の檀家に転じ、そして県の通達（同年七月九日付）により、前神寺は実質的に廃寺になった。しかし明治十二年九月十四日に檀家・法類が協議して「前神寺復旧出願」が提出された。

それは前上寺（まえがみじ）として再興したいとのことであったが、愛媛県からの返答は「ぜんじょうじ」と云う寺名で復興の許可が降りたという[16]。そして洲之内にある末寺の医王院の地に前上寺として再建されるが、前神寺の旧名に復するのは、さらに後年で、納経帳から見るかぎり明治二十八～九年頃かと思われる。

四　讃岐の札所

讃岐の神仏分離・廃仏毀釈については、明治政府の通達によって、明治二年二月に御神体が仏像であるか神像であるかの見分のことが決議された。それに従い神仏分離が進められ、数多くの神宮寺が廃寺になり、仏教に関わる仏像や経典などが関係する寺院に移され、また中には僧侶が還俗するものも現れた。特に金毘羅大権現の別当金光院松尾寺や白峯寺などで神仏分離・廃仏棄釈の影響が顕著にみられた。なお多度津藩庁では管内の寺院を一宗一ケ寺とすることに対して、僧侶が強行に反対運動を起こし、その命令を覆したことは特記されよう。

六八番・神恵院（琴弾八幡宮）

寂本『四国徧礼霊場記』の境内図をみると、琴弾山の麓に大きな鳥居があり、その左右に弁才天・鹿島社・本地堂・十王堂が並び、神仏混淆の観を呈している。道を登り右に向かうと六九番観音寺道がみえる。さらに登って鳥居をくぐると鐘楼があり、山上には武内・住吉の末社とともに大きな社殿が鎮座している。また江戸時代末期の『金毘羅参詣名所図会』[17]をみると、琴弾山の山上には本社の脇に大師堂がみられ、まさにこの山上が札所であったことが分かる。興味深いのは一ノ鳥居から少し登った所に「御札納所」の建物がみられ、ここに納経所があった可能性がある。納経帳をみてみよう。

『嘉永五年（一八五二）納経帳』には「琴弾八幡宮廣前　西讃州七宝山　別當神恵院」とあり、神仏混淆が顕著にみられ、明治二年も同様の納経であるが、明治三年には「本尊阿弥陀如来　西讃州七宝山神恵院」とあり、すでに「別當」がみられない。明らかに神仏分離がなされたことが分かる。なお『明治四年納経帳』は三度の遍路が行われているが、何度目のものか判然としないが、朱印の中に「讃岐國七宝山観音寺出張所」とあり、六九番・観音寺の出張所を意味しており、神仏分離期の混沌とした状況を示している。

さて六八番琴弾八幡宮は別当が神恵院で、六九番は観音寺であるが、この両者の納経帳をみると、古くから同筆と見受けられる。つまり六八番と六九番は同一場所で同一人により納経していたものとみられ、神仏分離以前からこの形態で行われていたらしい。神仏分離によって、琴弾八幡宮は寺と分離したが、さほど大きな混乱はなかったと伝えられている。現在、観音寺の所蔵となっている重要文化財指定の「琴弾宮絵縁起」は、かつては琴弾八幡宮の什宝として記録されている。なお琴弾八幡宮に建立されていた鐘楼は観音寺市流岡町の立専寺に、石造九重塔は観音寺に移転され現存している。

なお興味深いのは『明治五年納経帳』や『明治十年納経帳』には、次のような版がみられる。

奉　神　拝

讃岐国琴弾山神社

八　幡　大　神

御神寳者御琴也其往昔當山江為御□

給時大神自為御弾給御神琴也

社務

とあり、神仏分離後の明治五年で、この納経帳の持ち主は神恵院とともに山上の琴弾八幡宮にも参拝したのであるが、すでに琴弾八幡宮から琴弾山神社に変わっていたのである。同様のことが『明治十五年納経帳』に六八番神恵院の前に参拝し、次のような版が押されている。

讃岐国観音寺村
郷社
奉　拝　琴　弾　神　社
本宮社務所

神仏分離後十年余りが経っているが、遍路側にも神社側にもかつての札所に対する想いがあったのであろうか。

七九番・摩尼珠院・高照院（崇徳天皇）

澄禅『四国辺路日記』には、古くは金山薬師が札所であったが、摩尼珠院が大いに栄えたために子細由緒を知らない遍路が誤って　この寺に参拝するようになったのが始まりであるが、今は衰退して俗家のようだというのである。これは四国辺路の歴史を考察する上で、まことに重要な情報といえよう。つまり札所が時代とともに変遷していたのであるが、金山薬師が札所であった頃は相当古い時代であったことが想像されよう。

さて『四国遍礼名所図会』の境内図には、鳥居をくぐるとすぐ右に摩尼珠院の客殿などがあり、左には本堂が建立されている。正面には大きな崇徳天皇の社が鎮座しており、まさに神仏混淆の形態が顕著にみられる。納経帳をみてみよう。

『明治四年納経帳』までは「金花山摩尼珠院」で、江戸時代の形態を踏襲しているが、神仏分離・廃仏毀釈で摩尼珠院は廃寺となり、末寺の林田村にあった高照院を移転して寺統を継続したというが、その頃の詳しい資料が見当らない。ただ『明治五年納経帳』に「野沢井執事」となっており、何らかの変化があったとみられる。そして『明治八年納経帳』には「讃岐國高照院」となる。なお高照院については『讃岐国名勝図会』[18]に「当寺は、弘仁年中弘法大師草創なり。初め、仏光寺と云う。天正年中修理造営し、天和二年今の寺号にあらたむ。」とあり、古くは仏光寺と称していたことが分かる。札所の変遷の一例として興味深い。

八一番・白峯寺

寂本『四国偏礼霊場記』をみると、白峯寺洞林院の左手に崇徳天皇社が大きく描かれ、「十一面」と「相模」と記された社が併立しており、ここに崇徳天皇が祀られている。『四国遍礼名所図会』には現在の景観と変わらぬ境内図が掲載されているが、崇徳天皇社が大きく描かれているのが注目される。つまり白峯寺にとって崇徳天皇社の存在がまことに大きいことが分かる。『明治八年納経帳』までは江戸時代と同じ版木の「本尊千手院宝前　崇徳天皇御廟所　讃州白峯寺政所」の納経である。ところが『明治九年納経帳』には「サヌキ崇徳帝御陵所　白峰陵務所」となり、神仏分離・廃仏毀釈の影響は大きなものがあったと推察される。この時期の動向については『綾松山史』などに詳しく記されているので、それを全面的に参照しながら推移[19]をみたい。明治維新の翌年、明治二年の秋、勅使中院大納言西三条中納言の下向があり、崇徳天皇社の崇徳天皇御真影を京都へ遷還され、代りに崇徳院宸筆の六字名号の掛軸を祭神としたという。当時の白峯寺の住職は剛盛（俗名尾崎周造）であったが、勅使下向遷還に当っては剛盛自らが祈祷し、手つから真影を移して御櫃に納めるまで勅使といえども手を触れさせなかったと伝えられている。その後、剛盛の弟子である恵日が住職となり寺務を行っていたが、明治三年十二月の布告によって境内を除く社寺領が取り上げられた。廃仏毀釈の波が大きく寄せたため、寺院に対する保護などが欠かれたため、恵日が白峯寺の土地や什物などの財産を私物化し、さらに明治六年十月には自ら還俗して崇徳帝山陵々掌を拝命したために白峯寺は無住となった。この事情に講中檀家などが憂い、明治八年七月に住職選定の義を時の阿野郡大区長片山高義の副書を添え、名東県権令古賀定雄に願い出て住職を置くこととなり、明治十年五月に牟礼・洲崎寺の橘渓導が住職となった。この頃、かつての崇徳天皇社（頓證寺殿）は宸筆の名号を祭神とし、左に十一面観音、右に相模坊を安置していた。ところが明治十一年になり、事毘羅宮（明治四年〜明治二十二年までの社名）宮司より頓證寺を神社とし、事毘羅宮の摂社とする願い出があった。この時の願い出書（明治十年三月二十一日付）には「事毘羅宮の祭神が大物主大神と崇徳天皇であるため頓證寺殿を事毘羅宮の奥院というべもので摂社である」という理由であった。そして在来の勅封物をはじめ、その他の物品も残らず摂社の所轄として欲しいとの内容であったが、その願い出は許可となり、明治十一年四月二十三日に頓證寺は事毘羅宮の摂社「白峰神社」となり、建物や所属の物品もすべて移管された。長年護持してきた頓証寺や宝物が突然に失われた地元の人々や住職などがこれを憂い、復興・返還に乗り出し、「当白峯寺境内ニ有之元頓証寺以テ当寺エ御返附下サレ度ニ付願」（明治二十九年八月）、「頓証寺興復之儀ニ付請願」（明治三十年十一月）が香川県知事に提出された。その結果、明治三十一年九月二十七日付けで頓証寺地所、建物、宝物什器などが返還されることとなった。しかし移管された宝物の全てが返還されず、その多くが金刀比羅宮（明治二十二年に改称）に残されたのである。

その後も明治三十九年六月二十七日付けで「寺属什宝復旧返附願」が香川県知事に提出されたが、同年十一月六日付けで「本年六月二十七日付願寺属什宝復旧返附の件聞き届け難し」との返答があり、遂に返還は成らなかった。現在、金刀比羅宮所蔵の重要文化財指定「紙本著色なよ竹物語絵巻」は、かつては頓証寺所有のものであった。

以上のように白峯寺には神仏分離・廃仏毀釈の大きな混乱の歴史がみられる。改めて納経帳をみてみよう。神仏分離令が発せられてから、しばらくは住職が従前のように納経していたのであるが、明治六年十月から明治十年五月までは無住となっていたとみられる。神仏分離後の『明治四年納経帳』には「奉納経　本堂千手院宝前崇徳天皇御廟所　讃州白峯寺政所」、『明治八年納経帳』には「サヌキ崇徳帝御廟所　白峰陵務所」、そして明治十年洲崎寺の橘渓道が住職となり「奉納経　四国八十一番霊場　本尊千手観世音大悲殿　讃岐白峯寺執事」となる。

八三番・一宮寺

澄禅『四国辺路日記』には「一ノ宮　社殿モ鳥居モ南向、本地正観音也。」とあることから一之宮（田村神社）に参拝していたのであろう。その後、寂本『四国徧礼霊場記』には「蓮華山一宮寺大宝院（中略）宮は寺の前、別に屋敷を構へたり。（後略）」とあり、一宮寺となっており、境内図も一宮寺と田村神社は明確に垣根で区分されている。また『讃岐国名勝図会』には「当寺は行基菩薩開創なり。中古より田村神社別当職たりしが、延宝七年寺領をたまひて職を辞す。」とあるように延宝七年（一六七九）に高松藩主松平頼重により、田村神社と一宮寺を分離したため、両者の関係は比較的薄い。四国遍路の札所は一宮寺であるが、『文政十年納経帳』には一宮寺と田村神社の両方で納経されており、遍路の中には田村神社にも参詣していたことが分かる。

なお神仏分離に際して明治五年春、一宮寺の第十七世住職宥光は還俗して田村神社の神官となったため、堂宇は神社の所有となり、廃寺の危機にさらされたが檀家有志が香川県庁に嘆願して建物の内、庫裏を神社所有とし、本堂その他を寺有とすることになった。その後、大内郡西山村の別宮寺の前住職宝顕を住職に迎え、翌年田村神社の建物一宇を購入し、これを社務所に提供して、元の庫裏を寺有に帰したという[20]。いささかの混乱があったようだが、『慶応四年納経帳』には「讃州一宮寺大悲殿　綱維」とあり、その後の『明治八年納経帳』にも同様のものが見られることから、神仏分離の影響は大きく展開しなかったのであろう。

以上、四国の神仏分離、さらに廃仏毀釈による、四国八十八ケ所霊場の札所寺院の経過をみてきた。四国辺路が形成された室町時代後期頃は神仏混淆の盛んな時代である。札所の多くは仏教寺院であるが、中には神社がいくつか含まれ、そこに札納めすることに何の違和感もなく、神前でお経を唱えることは当然のことであった。しかし明治初年の神仏分離により、札所から神社が除かれることになった。ここに仏教寺院だけの四国遍路の札所が成立したのである。現在、残されている納経帳をみると、意外にも明治八年頃~四十年頃までのものが数多く確認されることから、この時期に数多くの遍路が四国を巡っていたのではないかと思う。明治維新に際し、神仏分離という宗教変革は、神社や寺院にとって大きなことではあったが、多くの庶民にはそれほどの影響はなかったのではなかろうか。おそらく、それまでの関所番所制度や往来手形など煩わしい制約から解放され、自由に往来ができるようになり、四国遍路に出る庶民も数を増したのではと推測した。残されている納経帳はそれを物語っているように思う。

注

（1）中城直正・北川茂躬「土佐における神仏分離」（辻善之助・村上専精・鷲尾順敬編『新編明治維新神仏分離史料・第九巻　中国四国編』（名著出版、平成一三年八月）五八五~六四二頁。

(2)『天保十年納経帳』は稲田氏紹介本参照。(稲田道彦『景観としての遍路道と遍路の行程の変化』平成一三年三月、香川大学)六七頁。

(3)前掲注(1)『新編明治維新　神仏分離史料・第九巻　中国四国編』六〇一～六〇二頁。

(4)『南路志』第二巻(高知県立図書館、平成三年二月)三九三頁。

(5)『皆山集』第二巻、(高知県立図書館、昭和五〇年三月)一八〇頁。

(6)高木啓夫「弘法大師御伝記―弘法大師とその呪術・その二―」(『土佐民俗』四八、土佐民俗学会、昭和六二年三月)。

(7)『四国遍路のあゆみ』(愛媛県生涯学習センター、平成一三年三月)一〇一～一〇二頁。

(8)吉蔵寺(曹洞宗永平寺派)は明治一八年三月に衆生済度・先祖供養のため、野本吉兵衛定固(一八三三～九八)の発願により、尾張国正眼寺の聴粋迅雷和尚を開山として創立された。野本家の屋号の「大黒屋」と野本家三代目「吉蔵」の名をとって、大黒山吉蔵寺と名付けたという。(『八幡浜市誌』昭和六二年三月、九四六頁)。

(9)毎日新聞社編『空海と遍路文化展』図録(毎日新聞社、平成一四年九月)一五六頁。

(10)愛媛県史編さん委員会『愛媛県史』学問・宗教(愛媛県、昭和六三年三月)七五五～七六二頁。

(11)前掲注(7)『四国遍路のあゆみ』一〇二頁。

(12)清楽寺は愛媛県西条市小松町に所在する。『大峰寺清楽寺札所差縺ニ付願伺届諸記録、同寺豊田寛道代』の記録が残されている。

(13)前掲注(7)『四国遍路のあゆみ』一〇二頁。

(14)小松町史編さん委員会『小松町誌』(平成四年)六九九頁、一四七八頁。武田和昭『四国辺路の形成過程』(岩田書院、平成二四年一月)三四八～三五八頁。

(15) 前掲注（1）『新編明治維新　神仏分離史料　第九巻　中国四国編』五六三～五七二頁。久門範政『西条市誌』（西条市、昭和四一年一一月）九三一～九四〇頁。前掲注（14）武田和昭『四国辺路の形成過程』三六〇頁。

(16) 前掲注（15）『西条市誌』九三九頁。

(17) 『金毘羅参詣名所図会』は松原秀明『日本名所風俗図会　一四　四国の巻』（角川書店、昭和五六年一二月）六四～六五頁。

(18) 同前三五〇頁。

(19) 前掲注（1）『新編明治維新　神仏分離史料　第九巻　中国四国編』四七八～五五二頁。福家惣衛『香川県近代史』（上田書店、昭和三四年一〇月）二二九～二四三頁。綾松山史編纂委員会編『綾松山史』（松山農業協同組合、昭和六一年六月）七二一～七四〇頁。前掲注（14）武田和昭『四国辺路の形成過程』三六六～三六八頁。

(20) 青井常太郎編『香川郡誌』（香川県教育委員会香川郡部会、昭和一九年一二月））四九二頁。武田和昭『四国辺路の形成過程』（岩田書院、平成二四年一月）三六八～三七〇頁。

第二章　遍路に関わる出版物

明治時代のはじめ、明治政府による神仏分離政策は全国の寺院にとって大きな影響を及ぼした。四国遍路にとっても札所が神社の場合は除外され、関係の寺院が札所を引き継ぐなど四国八十八ケ所の札所寺院にも様々な変化があった。また政治的な混乱や安政の大地震による土佐・宇和島への入国が難しいことなどから、明治維新当初は大きな混乱が生じたようにみえる。しかし数多く残されている明治十年頃の納経帳の存在からみて、四国遍路は意外にも早く旧態に復したのではないかと思われる。それは番所関所の廃止、往来手形など制約の多かった幕藩体制の崩壊により、自由な遍路旅が可能となったことも一因であろう。遍路の数が増すとともに需要にこたえるように、様々の四国遍路に関する出版物が明治十年頃から見え始める。ここでは明治期の四国遍路に関わる出版物を通して明治時代の四国遍路の一面をみてみたい。

一　前田喜兵衛『四国編路御詠歌　道中記　全』

本書は題簽は『四国編路御詠歌　道中記』、内題は「四国順拝道中案内記」で全二十三丁で、表紙裏には真念『四国辺路道指南』（以下、『道指南』）と同様の椅子に座した弘法大師像である。まず、はじめに「四国順拝道中案内記」とあり、続いて

夫四国辺路一度順拝乃輩は／病苦またハよろづの難を除き／未来成仏うたがひなし辺路に／道をおしへ一夜

をかし一粒一銭を／施すものは寿命長久にして／諸願成就すべ紀ものなり

とあるが、実はこの文言は文化十一年九月刊『四国編路御詠歌 道案内　全』（内題「四国偏礼道案内」）とまったく同じで、さらに続く「用意の事」、「諸真言」、「般若心経」、「十句観音経」、「懺悔文」までも全同である。続く各札所もほぼ同様であるが、本書では各国の初めに「国名」を表記し、札所毎に村名などの情報が添えられている。さらに善通寺の次に「国幣小社事比羅神社」とあり、八八番大窪寺の後に白鳥神社が入るなど異なる部分も多い。しかし基本的には本書は『四国編路御詠歌 道案内』を模したものといえよう。裏表紙の裏には「明治十二年十二月翻刻御届、同十三年一月出版発兌」とあり、元版主は大阪の前田喜兵衛である。なお「編輯人故真念法師」とあり、明治時代における真念の存在を改めて示しており興味深い。

『四国編路御詠歌 道中記　全』（個人蔵）

さて先記した文化十一年版『四国編路御詠歌 道案内　全』は新居正甫氏[1]の研究によれば、『道指南』を元にして阿波川端村の住人桑原利九郎が、四国地方用に簡易縮刷版として出版したが、その版木を大坂書林の佐々井治郎右エ門が買い取ったというのである。そして、この『四国編路御詠歌 道案内　全』には異本がいくつかあるが、香川大学稲田道彦氏研究室蔵本は弘化四年三月改正本『四国遍路御詠歌 道中記　全』と同様であることが判明するという。つまり江戸時代末期（弘化四年）に開版（版株元綿屋喜兵衛）されたものを元にして、明治十三年に『四国編路御詠歌 道中記　全』として発刊された可能性がある。但し、一丁表の内題を「四国順拝道中案内記」など各所に改めたことが分かる。中でも「事比羅神社（正しく事比羅宮）」の名称は明治四年から明治二十二年までの神社名であることなど、時に応じての変更を余儀なくされていたのである。

但し、一三番一之宮、三〇番一之宮、三七番仁井田五社、四一番稲荷など神仏分離以前の神社が、そのまま掲載されているのはどうしたことであろうか。

二　中務茂兵衛『四国霊場略縁起　道中記大成』

著者の中務茂兵衛は弘化二年（一八四五）、周防国大島郡の生まれである。生家は庄屋で恵まれた家柄であるが、父の死や様々のことがあり、二十二歳の時に家を出て四国遍路の旅に出た。以後、大正十一年に高松の知人宅で七十八歳の生涯を終えるまで二百八十度に及ぶ遍路修行を行い、四国遍路史の中でも特筆すべき人物といえよう。茂兵衛の業績の中では道標の建立もさることながら、明治十五年に『四国霊場略縁起　道中記大成』[2]（以下、『道中記大成』）の発刊も見逃せない。この本は「道中用意の事」、「道中心得の事」、「札打様の事」さらに各札所の解説など真念『道指南』や『四国偏礼道指南増補大成』（以下、『増補大成』）を多く引用したものである。ただ明治という時代に添う内容に変更していることも見逃せない。まず序文を書いたのは徳島の鉄崎実応であるが、おそらく中務茂兵衛の依頼によるものであろう。重要であるので全文を記すこととする。

序

夫四国八十八箇所拝礼の権輿は、往昔嵯峨天皇の御宇、弘仁年中、真言開祖弘法大師四十二歳の御時、末世衆生済度の願力を興し、阿讃伊土四州の山里を、荷俵足半杖傘に身をやつし、石の枕に苔莚、険しい山の奥までも、梵宇を建立ましまして、一度拝礼する人には、現当二世の福徳を増さしめ玉ふ大悲願を籠て開創玉ひたれば、千有余歳、今に至るまで霊験の掲焉なることは人皆信じて疑はざるところなり。このたび中務行者なるもの、九々にあまる霊場を拝礼すること六拾五度目にあたり、自己が実地経験せし道のくまぐまを書き綴り、いまだ行かざる人にも目に此の書を接へさせ、其の境に入るの念を発起さしめ、若し行く人には諸郷に至りて問ふ事労せずして霊蹟に登る事をえさしめ、兼ねて大師の鴻徳を闡揚し、恩海に報ひ奉らんと深き志のあるを、書肆黒崎氏賛助て一巻に纂め、梓に鏤て世に公にせんと予に校閲を請ふ。予其志を感じ侍りて聊嘉尚の言を叙す、言爾

明治十五年十一月廿一日

阿波真言宗学頭権大講義鉄崎実応誌

長くなったが、注目すべきは弘仁年中、四十二歳の時に八十八ケ所を開創したと明確に記している。弘仁年中とあるが弘仁六年のことで、ただ厄除けの表記はない。しかし、その根底に厄歳の弘法大師の存在を意識しているとみて間違いない。次に茂兵衛の人となりが記され、六十五度目の四国遍路に際し、黒崎氏の助力によって本書の出版となったという。これを誌したのは阿波の鉄崎実応であるが、鉄崎実応の詳しいことは判明しない。「阿波真言宗学頭権大講義」とあることから当時の徳島における真言宗の重要な人物であったことが想像されよう。なお、この序文は真念『道指南』では高野山奥院護摩堂の本樹軒主洪卓が記したものに相当するが、よく似た文脈であるのは興味深い。

次に「道中用意の事」では『増補大成』に沿うが、「負は、昔は荷俵なれど、今は小さき形のみにて、木にて拵へ持つなり。」とあり、明治期の遍路の様子の一端が分かる。また「道中心得の事」では七項目を上げて遍路

旅の心得が詳しく述べられているが、その二〜三をあげると。

一、夜分帯を解て臥すべからず、用心悪し。

一、此の外諸事に気を付用心すべし。

とあり、遍路旅の用心を細かく記している。このことは当時、遍路の途中で様々のできごとが多かったことの現れであろう。

次いで「札打ち様の事」では

一、其の札所へ至れば、手水鉢にて手を漱ぎ、心静かに堂前に至り、札を出して本尊に捧げ念仏すべし。

（中略）

次に、三帰三竟十三仏真言大師宝号光明真言回向文唱べし。

とあり、さらに「其の札所の御詠歌三辺唱ふべし」とある。当時の仏前での勤行作法を記しているが、詠歌を三遍唱えるというのは、真念『道指南』にも記されているが　現在ではほとんどみられない。また「念仏すべし」とは、「南無阿弥陀仏」の名号を唱えていたのであろうか。それとも本尊の真言を念じるということなのかよく分からない。茂兵衛自身は念仏行者とも称していたらしい。なお般若心経が記載されていないことは留意すべきであろう。

次に「札始めの事」についてをみる。

一、此霊場道中記は、阿州霊山寺より順に札はじめするなれども、或は九州より渡海する人は、予州三津浜より上がり太山寺を札始めとし、又広島辺より来る人は今治南光坊よりし、中国の事は讃州鴨の道隆寺より始め、上方の人も高松へ着くあり、丸亀へ着く人あり、所々の人便利を以てすべしとあって、九州からの場合は愛媛の三津浜に上陸し太山寺から始め、広島からは今治、中国からは多度津に上がり道隆寺から、上方（大坂）からは高松・丸亀に上陸して、適当な札所から始めるのがよいとされている。このことは九州や中国地方からの遍路も相当いたことを配慮しての記載であろう。

次いで一番霊山寺から札所寺院の説明に入る。

一番　霊山寺

阿州板野郡竺和山一乗院と号す。此寺、弘法大師、釈迦大日弥陀の三尊を作り、三堂別にたて給ひ、就中釈迦を本尊とし、天竺の霊山を和国に移せしにより竺和山霊山寺といふ。鳴門見物の人爰にてたずねらるべし、五里。三丁北に大麻彦神社とて国弊中社あり、かならず参詣すべし

とあるが、これは『増補大成』とほぼ同文であることが分かる。全体的にもこの『増補大成』を踏襲していることが判明するが、もちろん明治維新を経て、札所が神社から別当寺に移されたものもいくつかあり、関所番所制度も廃止となるなど当然ながら部分的に不都合が生じている。この点を検証すると、まず札所の明確な変更があった「三七番五社」、「四一番稲荷」、「五七番八幡」、「六八番琴弾八幡」であるが、『道中記大成』は前同としており神仏分離以前、つまり江戸時代のままである。明治十五年刊行であるので、当然ながら札所の変更は成されていたはずだが、先記の『四国徧路御詠歌　道中記　全』と同様に、その理由がよく分からない。次に関所番所などをみる。

『増補大成』

ししくい浦町有、円頓密寺ハ遍礼人のため守護よりたてらるる、次に川わたりて阿波さかひめ番所古目といふ所に有、往来の切手改む、行過坂あり阿波土佐両国境之峠あり。かんの浦是より土佐領入口に番所あり、

土州一国のかきかへ出る也。（中略）ふしごえ番所爰にてかんの浦切手うら書出る。

『道中記大成』

志しくい浦有、円頓密寺ハ遍礼人のため旧守護よりたてらる。行過坂あり、阿波土佐両国境の峠あり、かんの浦、是より土佐領。

両者を比較すると『増補大成』では円頓密寺を「守護」が建てたこと、番所での切手のことが記されるが、『道中記大成』では「旧守護」となり、番所や切手のことは除かれている。以下、同様に土佐と伊予境、伊予と讃岐境などの番所、切手のことが記されおらず、ここでは明確に修正・変更が成されている。ともかく、この『道中記大成』は神仏分離後の明治初年に出版された本格的な四国遍路案内記で、茂兵衛の切なる願いであったことに注目される。

中務茂兵衛の刊行以後も明治十七年五月十日出版の松浦要助『四国八十八ケ所道中独案内』[3]、明治十七年九月吉日出版の北野平太郎施主『四国八十八ケ所』[4]が次々と出版された。前者は『増補大成』などを参考にしながら作られている。後者は北野氏の二世安楽の施本として作られたようで、内容的には初めの部分は『増補大成』の一部を踏襲するが、十三仏真言や般若心経が加えられ、その後は各札所毎に本尊像、詠歌、次の札所までの距離が書かれ、元禄元年の『奉納四国中辺路之日記』のようにシンプルなものとなっている。

三　『弘法大師四国八十八ケ所山開』

明治十六年十一月二十五日に『弘法大師四国八十八ケ所山開』[5]という和讃のよう文体の短文の書物が出版され

た。この本については近藤喜博氏『四国遍路研究』(6)（昭和五十七年九月刊）にすでに翻刻され、さらに喜代吉榮徳師が『善通寺教学振興会紀要』六号(7)（平成十一年十二月刊）でも、その異本について、詳しく考察されている。また最近では白木利幸氏(8)も言及されている。近藤氏や喜代吉師が記されるように、明治～昭和時代にかけて各地で、これが語られていたらしい。ここでは明治十六年十一月に発刊された『弘法大師四国八十八ケ所山開』（略して『山開き』）について文脈ごとに分け、若干の考察を試みたい。

山開キ

勿躰無も。讃州たどの郡。志らかたびょうぶが浦に。御父佐伯善道様。御むつま満ちう。御くらし。其時阿こや御前の御腹をかり。十三月の間御もちなされ。宝亀五年六月十五日。寅年寅の月寅の刻におたんじょうなされ。

ここで重要なことは、弘法大師が多度郡白方屏風ケ浦で父を佐伯善道、母を阿こや御前としていることである。これは第二篇第四章で詳しく論じた『弘法大師空海根本縁起』や説経『苅萱』「高野巻」、さらに第三篇第二章の『奉弘法大師御伝記』に酷似しており、まことに興味深い。ただ大師の父については先記の三本は「とうしん太夫」であるが、ここでは佐伯善道となり相違している。三本のうち『弘法大師空海根本縁起』は高野山と善通寺周辺地域（弥谷寺、白方屏風ケ浦などを含む）を往来した念仏僧によって創作された四国在地の「語りもの」の台本で、四国八十八ケ所辺路の開創縁起とみられることを論じた。また説経『苅萱』「高野巻」については、在地の弘法大師伝（例えば『弘法大師空海根本縁起』）と弘法大師の母の物語りである『慈尊院縁起』などが混淆して成立し、高野聖が深く関わったことなどを示した。さらに『弘法大師御伝記』は『弘法大師空海根本縁起』を元にした版本の読み物であることを考察したが、前記二本は高野山に関係する時衆系高野聖が関与し、『奉弘法大師御伝記』については「元禄元年、土州一ノ宮」の刊記がある。ともかく、この『山開き』がこれら諸本の系譜に連なることを強く示唆しており、制作過程に関心がもたれる。次に

あこや御前はしかとだき、（中略）師生通りかかりこれふしぎなる。御山にあか子のなきこへと。おもへど法華経よむようにきこえ。御そばに立より。がんしよく。はいし奉れば。日月の如し。御身は仏の如く。相見え。これただならんと。衣の袖につつまれて。我家へつれかへり。そだてあげれば。一歳の御歳しんぶ経よみ開き。二歳の御としにぶん経よみ開き。三歳の御とし。三部経よみ開き。五歳の御年諸経よみ開き。七歳の御年世上の者をたすけんがため。我身をすてて讃州。いや谷山にこもり。学文なされ。

とあるが、捨てた場所は『弘法大師空海根本縁起』や『（ユ）奉弘法大師御伝記』では「仙遊ケ原」であるが、ここでは異なっている。それ以降の文言や弥谷寺のことなども『弘法大師空海根本縁起』や『（ユ）奉弘法大師御伝記』をアレンジしたものであろう。次に

一度四国をひろめんがため、廿一歳の御年に、春は三月、四国をめぐられたもう、其時あさの衣にあじろかさ、せなにをい俵、さんやをくびにかけたる札ばさみ丈けは六寸、横巾二寸、表の印は奉納四国八十八ケ所としるし、同行二人、裏に三界万霊と書しるし、御手に手をい尻附、足に脚伴甲掛、あしなかぞうり、左の御手に百八ぼんのうの数珠をもち、右の御手に、金剛杖をつきなされ、山々谷々島々上下所々、南無大師遍照金剛は、御まわりなされ、道はわずか四百八十八里のなんをこし、川の数が四百と八十八、なん阪（坂）難じやうが四百と八十八なんをこし。

ここでは弘法大師が二十一歳の春に四国遍路したと記しているが、その姿は江戸時代の遍路姿に他ならない。そして、それは四国遍路を開創したことを意味しているのである。なお道法（道のり）については真念『道指南』

や『増補大成』では道法は「三百四里半餘」であるが、ここでは四百八十八里としており、古い形態を示している。つまり、この作者は真念とは別の伝記を根拠に作成したことが分かる。それはあこや御前や屏風ケ浦で弘法大師が誕生したとすることとも合致する。

　これ以降については弘法大師が札所を遍路して衆生を救う功徳が説かれている。そして朝日の滝や一本杉、十夜が橋、菅生山や岩屋寺などの弘法大師修行地が列挙され、最後に「今日ハ人の野辺すがた、いとしかわいのつま子でも、すててめいどのたびだちも、つへを力に死出の山、三途の川を渡る時、菩提の為とを思いこそすれ、ただ一心に南無大師遍照金剛と唱えこそすれ。南無大師遍照金剛」と結んでいる。この『弘法大師四国八十八ケ所山開』に類する本が明治二十二年などにも出版されたが、和讃調の文体で、各札所でこれを唱えていたのであろう。

　以上、『四国編路御詠歌道中記　全』（明治十三年刊）、『道中記大成』（明治十六年刊）、『弘法大師四国八十八ケ所山開全』（明治十六年刊）の三本について概略を記したが、前記二本は江戸時代刊行の諸本を参考としながら編集され、山開は弘法大師の伝記と四国八十八ケ所を遍路する功徳が説かれている。明治維新後の混沌とした時代ではあるが、これらが出版された背景には、遍路の数が多くあり、その需要があったからであろう。つまり明治維新の影響は武士階級はともかく、一般庶民の生活にはそれ程の変化はなかったのかも知れない。否、むしろ封建社会の規制された制度から解放され、関所番所も無くなり国々の往来が自由となったことは、遍路旅にとっては都合がよかったのであろう。そしてまた、これら諸本も江戸時代に比べ容易に出版できるようになったとみられるのである。

注

（１）新居正甫『真念『四国遍路道志るべ』の変遷・書誌研究その四』（本上や、平成二七年三月）。
（２）中務茂兵衛『四国霊場略縁起道中記大成』（松山郷土史文学研究会、昭和五四年三月）中の鶴村松一「中務茂兵衛の生涯」を参照。
（３）松浦要助『四国八十八ケ所道中独案内』は縦一五、〇cm、横一〇、八cm。五三丁。架蔵。
（４）北野平太郎『四國八十八ケ所』（明治一七年九月）縦一六、五cm、横一一、八cm。一八丁。架蔵。
（５）『弘法大師四国八十八ケ所山開　全』は縦一八、二cm、横一一、八cm。架蔵。
（６）近藤喜博『四国遍路研究』（三弥井書店、昭和五七年一〇月）三〇九～三一〇頁。
（７）喜代吉榮徳「お山開　全」（『善通寺教学振興会』第六号、善通寺教学振興会、平成一一年一二月）五～二二頁。
（８）白木利幸（著）溝縁ひろし（写真）『四国遍路道弘法大師伝説を巡る』（淡交社　平成二六年五月）六六～七〇頁。

第三章　四国遍路開創千百年紀念

平成二十七年は四国遍路にとって極めて重要な年であった。それは弘仁六年、弘法大師が四十二歳の厄歳に四国を巡錫して八十八ケ所の霊場、つまり四国遍路を開創されて千二百年の節目の年と伝へられるからである。では百年前の大正三年の開創千百年はどうであったのか。この時も、かなりの規模で記念行事が行われたことが知られているが、まずこの開創に関わる、弘法大師四十二歳厄年説の根拠などについて考察したい。

一　鉄崎実応『弘法大師摂化行状記　全』の開創説

明治十四年に徳島・寺町の鉄崎実応によって『弘法大師摂化行状記　全』[1]（以下、『摂化行状記』）が上梓された。この書は例言（凡例）に示されているように、弘法大師に関わる事績を弘法大師空海作と伝えられる『御遺告』を元にして年代順に著述されているが、奇異なこと霊験的なことなどについても大師の応現であるとして、あえて記すとされている。上・中・下巻の三巻に分かれ、上巻には第一に詑（託）胎縁起から始まり誕生、成長、修行、入唐、帰朝までの三十二篇、中巻は帰朝上表から東寺勅給、稲荷勧請までの五十三篇、下巻は神泉祈雨から入定留身、遺詩歌まで二十五篇の合わせて百十篇である。四国遍路に関係するのは「第七十一四国巡見」と「第九十一四国霊場」である。

『弘法大師摂化行状記　全』第七十一、四国巡見

弘仁六年大師御年四十二歳厄災消除のためとて四国の島を巡見し八十八箇の霊場を開創たもふといへり。縁起彼の寺々にあり、くわしく記せり。

とあり、弘法大師が四十二歳の時、厄除けのために四国を巡り、八十八ケ所の霊場を開創したとする。大師四十二歳の厄除けについては、第三篇第七章で述べたが、本書では弘仁六年弘法大師四十二歳の時、厄除けのため八十八ケ所を開創したと展開している。この四十二歳厄除け開創説は、過去に遡っても、確認することができない新説であることに注目したい。これに関連して八八番大窪寺の江戸時代末期の制作といわれる『大窪寺記録』に

一、当寺義人皇四拾四代、元正天皇御宇養老元年、行基菩薩開基仕、其後、弘仁年中嵯峨天皇御宇、弘法大師四拾弐歳之此再興在之、四国八拾八ケ所霊場之内当寺者八十八番目之札所相定、七堂伽藍余相成居申候処、

（以下、略）

とあり、間接的な表現ではあるが四十二歳時に四国八十八ケ所を開創したと考えられている。[2]ただし厄除けの文言は見えない。

次に『弘法大師摂化行状記　全』第九十一、四国霊場では

四国八十八ケ所霊場順礼の事ハ。大師御年四十二歳。大同六年を始として。絶たる寺を興し。廢たる伽藍を建立せられたるとなん。委しき縁起ハ。彼の八十八箇所寺々に附て知るべし。

とあり、ここでも弘法大師が四十二歳の時に八十八ケ所が開創されたという。ただ弘仁六年ではなく、大同六年としているが、これは単なる誤植ではなく、鉄崎実応の事実誤認と思われる。つまり鉄崎実応が、この開創説に深く関与し創作したものではなく、おそらく他人からの情報として記載した結果、重要な年代に関わらず誤りが生じたのであろう。ともかく弘法大師四十二歳厄歳に四国八十八ケ所を開創したとする説は、この『弘法大師摂

化行状記　全』が筆者が確認しうる、もっとも古い資料で明治十四年のことである。では、この開創説の提唱者は誰であるのかは次節で述べることにしたい。

なお本書の表紙裏には「権大教正佐伯旭雅検閲、権大講義鉄崎実応編輯」とあり、善通寺、随心院、勧修寺などを務めた佐伯旭雅（一八二八～九一）が検閲として関与している。佐伯旭雅は当時の真言宗における重鎮であることを思えば、本書発刊の意義もまた重みを増すものであろう。

二　中務茂兵衛と開創説

本篇第二章で中務茂兵衛の『四国霊場略縁起道中記大成』[3]をみたが、鉄崎実応の序文に「夫四国八十八箇所拝礼の権輿は、往昔嵯峨天皇の御宇、弘仁年中、真言開祖弘法大師四十二歳の御時、末世衆生済度の願力を興し、阿讃伊土四州の山里を荷俵足半杖笠に身を俏し、石の枕に苔莚、嶮しき山の奥までも、梵宇を建立ましまして、」とあり、ここに四十二歳説がみられるが、厄年のことには触れていない。

ここで『道中記大成』を作った中務茂兵衛をみてみよう。先記したとおり、茂兵衛は弘化二年（一八四五）に周防国で生まれ、慶応四年（一八六八）郷里を出奔し、四国遍路の旅に出たという。そして明治十九年に茂兵衛四十二歳の厄年に順拝八十八度目を記念して、しるべ石の設置を始めたのである。これについては六五番三角寺の奥院仙龍寺が関係しているのではないかと思う。奥院仙龍寺は周知のように江戸時代中期以降、弘法大師四十二歳像を本尊として大いに隆盛となるが、茂兵衛はこの奥院仙龍寺とは特別に親しい関係にあったらしい。

例えば茂兵衛が建立した道標の中に、奥院仙龍寺に関するものが十基、確認される[4]という。其の中の明治三十

三年建立の道標には

奥の院　是より五十八丁

毎夜御自作厄除大師尊像乃御開帳阿り、霊場巡拝の輩ハ参詣して御縁越結び、現当二世の利を受く遍し

中務茂兵衛

とある。

また大正八〜九年の日記には、奥院仙龍寺に長く宿泊しており、さらに大正十一年には前年の十二月十五日から正月五日まで長期にわたり滞在するなど、奥院仙龍寺の住職（服部鏤海・服部覚禅）とは、かなり懇意な関係であったと推察される。

なお明治時代中期頃に作られたとみられる奥院仙龍寺の由緒文(5)には、次のように記されている。

由緒文

抑、金光山仙龍寺は世人常に称して奥の院と云う。其由来を尋るに延暦十三年弘法大師二十一歳の御時始めて此地に法道仙人と邂逅し、此山の附嘱を受け玉ひ、其後鎮護国家の秘教を伝えんが為に入唐遊ばされ、御帰朝の後人皇五十二代、嵯峨天皇の御宇、弘仁六年大師六七の厄運に当り、再び此山ニ躋りて岩窟に息災の護摩壇を築き三七日の間厄難消除の秘法を修し、遂に金胎両部の種子曼荼羅を自ら其窟の岩壁に彫刻し玉ひ、猶末代の衆生結縁の為にとて御自作の肖像を安置し、且瀧澤権現を勧請して擁護の鎮守となし、一宇の梵刹を御草創あり。（後略）

この由緒文は明治時代中期という制作時期からみて当然ながら茂兵衛が、その内容に深く関心を抱いたことは当然であろう。あるいは茂兵衛自身が関与しているかもしれない。つまり茂兵衛の弘法大師四十二歳厄歳観は仙

龍寺での体験が大きく影響しているのではなかろうかと思う。

さて現在、四国八十八ケ所は「四国八十八ケ所霊場会」という組織があり、八十八ケ所全体が組織化されている。その前身として明治四十年に「四国霊場聯合会」[6]に始まるというが、詳しいことは判明しない。その後、明治四十四年頃には阿波二十三ケ所協議会が結成[7]されたが、その後、各国毎に組織化が行われたのであろうか。そして興味深いのは大正三年の納経帳[8]である。ここには通常の朱印の他にカラーで記念スタンプが押されており、それが八十八ケ所全体、さらに番外の箸蔵寺、屏風浦八王山、海岸寺などにも押印されており、そのスタンプの型式が「四国霊場開創千百年紀念」として統一性が感じられる。このことは八十八ケ所全体の連係がみられ、ある程度の組織化がなされていたことが推測されるが、番外までも含めていることは、それを上回るなんらかの周知方法が考えられよう。それがいかなるものであったかは明確ではないが、通信手段や交通事情を考慮すると、かなり困難なことが多かったであろう。

こうした中で注目されるのが、茂兵衛の存在ではなかろうか。すでに大正三年には二百五十五度目の四国遍路がおこなわれており、さらに大正八〜九年の日記の宿泊記録には各地の札所寺院に数多く宿泊している。これは当然ながら札所寺院の住職とも相当昵懇な関係が構築されていたであろうことは容易に推察される。そして茂兵衛が宿泊する宿には「四国霊場聯合会指定・一〇中務茂兵衛定宿」[9]と書かれた板の看板があげられていたといわれ、四国霊場聯合会からの信任を得ていたものとみられる。

以上のように四国霊場聯合会との関係やさらに各札所寺院の住職との密接な間柄からみて、札所間の連絡なども行っていたのではなかろうか。確たる証拠はないが、奥院仙龍寺における四十二歳厄除け大師に対する信仰や札所寺院との良好な関係からみて開創千百紀念行事に茂兵衛が何らかの関与があったのではと推測したくなる。

これに関して云えば、茂兵衛は大正三年春四月八日に仙龍寺に新四国八十八ケ所を発起人となり、開創しているのである。記念碑[10]の一部を記してみよう。

惟みれば夫れ四国八十八ケ所の霊場ハ今を去る千百年の昔、嵯峨天皇乃弘仁六年即チ高祖大師四十二歳、厄運の御年親しく四国島中を巡歴遊され、摂化利生能大慈悲より四国。

（中略）

然して当奥之院仙龍寺は法道仙人開基修行の霊跡なり。今その由来を尋ぬるに、弘仁六年大師御巡歴の砌、態々当山に登られ岩窟内に息災の護摩壇を築き、三七日間鎮護国家厄災消除の秘法を修志、猶末代衆生結縁のためとて自ら肖像を刻みて此山に留め給ふ。今安置し奉る所。本尊ハ即其時に彫刻し給ふ所の尊像なり。

（中略）

大正三年春四月八日、発願主権少僧正服部覚禅　　発起人大先達中務義教

おそらく奥院仙龍寺との関係が極めて深く、さらに先住服部鑁海の念願であった新四国開創のために、茂兵衛は尽力したのであろう。そこには茂兵衛の奥院仙龍寺の本尊弘法大師四十二歳寿像に対する信仰の深さをみることができよう。以前から存在した弘仁六年弘法大師四十二厄歳の四国霊場開創説を茂兵衛が説き、そして開創千百年紀念を推進したのではなかろうか。

なお大正三年の四国遍路開創千百年には、各札所で様々の行事が行われたらしく、筆者が知り得た香川県内の関係のものをみると七四番甲山寺の手洗い鉢、七五番善通寺の石塔が確認できた。その後、昭和三十九年には開創千百五十年紀念にも各種の行事が行われた。

注

（1）鉄崎實應『弘法大師摂化行状記　全』（塩崎琢修、明治一四年八月）。武田和昭「弘法大師四十二歳自刻像について」（『文化財協会報』平成二六年特別号、香川県文化財保護協会、平成二七年三月）。

（2）『大窪寺記録』は『調査研究報告』第三号（香川県歴史博物館、平成一九年三月）一四八頁。胡光「四国霊場開創1200年の真実」（『四国へんろ展・香川篇』図録、香川県立ミュージアム、平成二六年一〇月）二四〜二五頁。

（3）中務茂兵衛『四国霊場略縁起　道中記大成』（松山郷土文学研究会、昭和五四年三月）。

（4）喜代吉榮徳『奥の院仙龍寺と遍路日記』（海王舍、昭和六一年一一月）。

（5）同前。

（6）『先達教典』（四国八十八ケ所霊場会、平成一八年一二月）一三頁。

（7）同前。

（8）小松勝記『四国遍禮名所圖會并近代の御影・霊場写真』（金剛頂寺、平成二六年三月）。

（9）前掲注（3）中務茂兵衛『四国霊場略縁起　道中記大成』、鶴村松一「中務茂兵衛の生涯」九九頁。

（10）前掲注（4）喜代吉榮徳『奥の院仙龍寺と遍路日記』（海王舍、昭和六一年一一月）。

あとがき

筆者は平成二十四年一月に『四国辺路の形成過程』（岩田書院）を出版した。これは弘法大師空海の時代から、明治時代初期の神仏分離までの四国辺路の歴史的な過程を論じたものである。ただ室町時代後期の四国辺路の形成期と江戸時代前期（元禄時代頃）の真念のことなどを記述することができなかった。その理由は前者については結論を出すには、まだ資料不足であったこと、後者はすでに近藤喜博氏など先学によって、その多くが明らかにされていたから筆者が新たに述べるものは殆どないと考えたからである。とはいえ四国辺路の形成過程としながら、この抜け落ちていた部分が出版以後、いつも気にかかっており、機会があれば全体像について考えてみたいと念願していたが、意外に早く実現することとなった。それは、まず前者については、平成二十三年に白峯寺で享禄五年（一五三二）銘の六十六部の経筒が見出されたが、これは八十八ケ所霊場では唯一のもので、まことに貴重な資料といえよう。つまり四国辺路の成立・展開の中で、六十六部が大きく関わったとする説の有力な資料と考えられた。

また後者については新居正甫氏によって真念『四国辺路道指南』の変遷が極めて明確に示され、この時代のことがより鮮明となり、今後それほど大きな進展はないであろうと思われた。この二点によって、今回の出版を決意したのである。

次に問題となったのが書名についてである。「四国へんろ」については、先学により多くの書籍が刊行されており、その殆どが現在一般化している「四国遍路」の文言が用いられている。しかし「四国へんろ」の歴史を知れば知るほど、これでよいのかという疑問につき当る。筆者は前著において「四国辺路」を用いたが、これも少し気にかかるところである。つまり江戸時代より前は「四国辺路」に表記されるが、江戸時代に入ると「四国遍路」が用いられ、さらに「偏礼」、「遍礼」なども散見されるようになる。そして大正・昭和時代になり、ようやく「四国遍路」に統一されるという、おおよその経過が知れる。結局のところ、今回は平仮名表記の「四国へんろ」となった訳である。したがって、本書では原則的に室町時代から江戸時代初期頃までは「四国辺路」、そして江戸時代前期の真念以降は「四国遍路」、全体を表す場合は「四国へんろ」と表記したが、混乱した部分も多々あるが、ご容赦を願う次第である。

「四国へんろ」の歴史的な研究書は新城常三氏の『社寺参詣の社会経済史的研究』（塙書房、昭和三十四年刊）に始まり、以後は近藤喜博氏の『四国遍路』（桜楓社、昭和四十六年刊）、同氏『四国遍路研究』（三弥井書店、昭和五十七年刊）、宮崎忍勝師の『遍路―その心と歴史』（小学館、昭和四十九年刊）、同師『四国遍路―歴史とこころ』（朱鷺書房、昭和六十年刊）があげられる。これらの御高著によって、四国へんろの歴史的研究の方向性が定められたように思われる。そして頼富本宏師・白木利幸氏の『四国遍路の研究』（国際日本文化研究センター、平成十三年刊）では、先の諸書の成果を元にし、さらに新たな知見を加え、弘法大師空海の時代から近・現代までを時代順に記述し、歴史的な流れを明確にされた。ただ、全てが明らかになった訳ではなく、多くの課題が残されているように思う。その一部を記したい。

「四国へんろ」の歴史的展開の第一ステージは平安時代初期から室町時代中期までである。それは弘法大師空海の『三教指帰』にはじまり、『今昔物語集』、『梁塵秘抄』の「辺地修行」に移り、補陀落信仰を交えながら展開され、そして熊野信仰との関係が述べられるのが一般的である。ここで問題となるのが熊野信仰で、殆どの研究者は札所寺院に熊野の鎮守社があることが強調され、そこに四国辺路の中に熊野信仰がみられるとされる。ただ何故、どのようにして、どのような人物が存在して四国辺路と熊野信仰が融合したのかなど、まったく説明がない。

そして第二ステージの室町時代後期から江戸時代初期では、札所寺院の本堂や本尊などの辺路者の落書が示されるが、一部を除いては殆どその存在の提示にのみに終わる。そして六十六部や高野聖の存在が四国辺路に関わったとするが、多くは具体性に欠けている。次いで承応二年（一六五三）の澄禅『四国辺路日記』に移るが、そこに記される奇異な弘法大師伝は四国へんろ史にとって極めて重要であるが、その内容分析に触れることは殆どないのである。なお小松勝記氏によって空性法親王『四国霊場御巡行記』が後世の作であることが明らかにされたことは重要な指摘であった。

次の第三ステージは江戸時代前期から江戸時代末期までである。近藤喜博氏の『四国霊場記集』（勉誠社、昭和四七年刊）、『四国霊場記集別冊』（勉誠社、昭和四八年刊）などを除けば、その多くはまず真念『四国辺路道指南』、寂本『四国徧礼霊場記』、真念『四国徧礼功徳記』の三部作のことが示され、続いて細田周英の「四国徧礼絵図」では、高野山の前寺務検校弘範の序文の説明をすることが多い。ただ先の真念『四国辺路道指南』は近時、新居正甫氏により、明解にその出版経緯が示され、大きな進展が見られた。また浅井證善師の『へんろ功徳記と巡拝習俗』（朱鷺書房、平成十六年刊）は『四国徧礼功徳記』を解説され、さらに江戸期の四国遍路を詳しく考察されている。そして幕末期から明治時代初期の土佐国と宇和島藩を除く三ケ国遍路については喜代吉榮徳師により、その原因が明らかにされ、謎が解かれた。

第四ステージは明治時代以降の近・現代である。「四国へんろ」の歴史的研究の中で近・現代はあまり取り上げられなかったが、『四国遍路のあゆみ』（愛媛県生涯学習センター、平成十三年）、及び森正人氏の『四国遍路の近現代』（創元社、平成十七年）と同氏『四国遍路』（中央公論新社、平成二十六年）に詳しく記されている。この時期になると確かな資料が数多く残り、問題点も殆どみられない。筆者が関心を抱いたのは神仏分離・廃仏毀釈に伴う札所の変遷、さらに大正三年の「四国霊場開基千百年紀念」までで、それ以降については、数多ある資料を調査・研究する勇気がない。本書は、先学の御高論を参考とし、かつてほとんど論じられなかった事項について、推論を交えながら持論を展開して綴ったものである。

次に本書の内容については、前著『四国辺路の形成過程』を元に要約し、書き直したもの（部分的にはそのまま記した。）、及びそれ以後に発表した論文、さらに今回新たに記述したもので構成されている。なお次に記す項目は前著や論文などを整理・要約したもので、関係箇所を参照して戴きたい。

第一篇　平安時代から室町時代

第一章～第四章―『四国辺路の形成過程』第一篇「四国辺路原形の諸相」を要約し、追記した。

『増吽僧正』（総本山善通寺、平成一七年一一月）。

第二篇　室町時代後期から江戸時代初期

第一章　辺路者の落書と六十六部奉納経筒

「四国辺路と白峯寺」（香川県文化振興課編『白峯寺調査報告書―第二分冊―』、平成二五年三月、香川県）。

「室町時代後期の四国辺路の展開」（『考古学ジャーナル』六二二号、ニューサイエンス社、平成二三年一二月）

第二章　四国辺路と念仏信仰
「弥生寺と四国辺路」（香川県文化振興課編『弥谷寺調査報告書』（香川県、平成二七年三月）。
「空海筆銘の六字名号について」（『善通寺教学振興会　紀要』第一八号、平成二五年三月）
『四国辺路の形成過程』第二篇第二章　四国辺路と阿弥陀・念仏信仰
第四章　『弘法大師根本縁起』と四国辺路
『弘法大師空海根本縁起』について—四国八十八カ所辺（遍）路の成立をめぐって」（『調査研究報告』第三号、香川県歴史博物館、平成一九年三月）。
『四国辺路の形成過程』第二篇第一章　『弘法大師空海根本縁起』の内容と成立背景
第五章　澄禅『四国辺路日記』からみた四国辺路
「澄禅『四国辺路日記』から分かること」（『善通寺教学振興会紀要』第一四号、善通寺教学振興会、平成二一年三月）。
『四国辺路の形成過程』第三篇第一章　澄禅『四国辺路日記』にみる近世初期の四国辺路
第三篇　江戸時代前期から江戸時代末期
第三章　四国遍路絵図の成立と展開
「新出の細田周英筆「四国徧禮絵図」について—版本「四国徧禮絵図」との関係—」（『文化財協会報　特別号』（香川県文化財保護協会、平成二一年三月）
『四国辺路の形成過程』第三篇第三章　細田周英筆「四国徧礼図」の検討
第四章　四国遍路納経帳の出現と変遷

「四国辺路納経帳について—六十六部納経帳との関係—」（善通寺教学振興会紀要』第一六号、善通寺教学振興会、平成二三年三月）

『四国辺路の形成過程』第三篇第二章　「四国辺路」納経帳の起源

第六章　安政の南海地震と三ケ国遍路

『四国辺路の形成過程』第四篇第三章　幕末～明治初期の納経帳にみる三ケ国参り

第七章・第一節　四国遍路と廻国行者

『四国辺路の形成過程』第五篇・三　四国辺路と六十六部

同　第四節　弘法大師四十二歳像・厄除け大師の成立

「弘法大師四十二歳自刻像について」（『文化財協会報』平成二十六年度特別号、香川県文化財保護協会、平成二七年三月）

第四篇　明治時代から大正時代

第一章　神仏分離・廃仏毀釈と四国遍路

『四国辺路の形成過程』第四篇第一章　神仏分離・廃仏毀釈期の四国八十八ケ所札所

第三章　四国遍路開創千百年紀念

「弘法大師四十二歳自刻像について」（『文化財保護協会報』平成二十六年特別号、香川県文化財保護協会、平成二七年三月）

以上の他は新稿である。

昭和四十四年、高野山大学の三回生となった私は夏休みの帰省を友人から借りた自転車で香川県仁尾町の自坊に帰る計画を立てた。前年に高野山から徒歩で帰ってみたが、残念にも徳島市あたりで体力に限界を覚え、ついにリタイアしてしまった。そこから詫間駅（自坊の最寄りの駅）まで汽車に乗り、最後の一〇キロメートルほどは歩いたものの、這々の体で自坊に帰り着いた苦い経験から、次は自転車で試みることにしたのである。八月二日頃であったように思うが、早朝に高野山を立ち、橋本まで一気に下り、紀の川にそって進み、和歌山港から徳島の小松島には昼過ぎに着いた。右に向かえば吉野川を渡り讃岐に向かうが、少し時間に余裕があったので、恩山寺に立ち寄ることにした。恩山寺は四国八十八ケ所霊場の十八番札所であるが、その頃は四国遍路を巡る人は数少なく、そして何よりも遍路をする季節では無かったので、参詣人などはまったくいなかった。本堂の縁に座り、蝉の賑やかな声を聞いていると、何故か急に四国遍路に向かう気持ちが込み上げてきたのである。納経帳を買い求め、自転車での遍路旅が始まった。夏の暑さを知らない標高一〇〇〇メートルの高野山とは比べようもなく暑かった。また当時は主要道から分かれた遍路道の多くは砂利道で、自転車にはまったく不向きで、さらに近道を教えてもらったが、とんでもない山道にでくわし自転車を担いでの遍路旅となり、体力には自信があったが、初日の遍路旅には閉口した。しかし二〜三日すると暑さにも慣れ、また多くの人達の接待などもあって順調に進み、多いときには一日に一五〇キロメートルも走ったが、疲れを感じることはなかった。十日程をかけ無事に仁尾の自坊に帰り、十日間ほど休息したあと、再び残りの讃岐と阿波を終え、高野山に戻ったのは秋の気配のする八月も終わり頃になっていた。四国内の実質の日数は十四泊十五日であったが、宿賃を払ったのは僅かに一ケ所で、多くは高野山大学の学生と云えば、快く無料で泊めてくれた。そして朝の出立ちには昼のおにぎりまで作ってくれたのは誠に有り難かったのを覚えている。いまも汗に汚れた納経帳と案内書は大切に保管している。

これが私の初めての四国遍路であったが、その後、住職となってからは、檀家の人達とともに六〜七回ほどバスでの四国遍路を経験した。四国遍路は云うまでもなく徒歩遍路に始まるが、数十年位前からバスでの遍路行が行われ、さらに最近では自家用車での遍路が盛んになっており、随分と楽になった。明治・大正時代頃に娘遍路と称して、結婚前の若い娘達十人余りが連れだって四国遍路が行われたという。もちろん徒歩遍路で五十日余りを要するわけだが、現在の我々には最早、夢物語であり想像の世界である。さて、今から数年程前になるが、善通寺に御参りした時のことである。仁王門の前で、年老いた遍路が座り込んでいた。髭を長くはやし、いかにも修行者らしい人物であったので、私は思わず「どこかで弘法大師に出会ったか」と尋ねると、「まだ出会わん、修行が足らん」と答えてくれた。もし、その日、私にとって変わった出来事や不思議なことがあったなら、おそらく江戸時代の人は、「あの老人の遍路が弘法大師であったのでは」と思ったであろう、などと考えてみた。四国遍路すれば、必ず弘法大師に出会えるという思想は真念の時代よりも、相当古くから存在したと思われる。現在も時々、大師に出会ったという話を聞くが、それは徒歩遍路の人に多い。私もいつか徒歩遍路をしたいと考えているが、もはや体力的に無理と感じるような歳になってしまった。

ここ十年余りであるが、四国へんろの成立・形成の歴史的なことを勉強してきた。多くの人と知り合う事が出来、それまで進めてきた仏教美術研究とはやや趣がことなるが、新鮮な気持ちで研究ができたことを関係者の方々に厚く御礼を申し上げる次第です。また本書出版に際しては、関係各寺院のご住職様や関係者には有り難いご協力を多数賜りましたことを深く感謝申し上げます。なお美巧社・田中一博氏には入稿から校正・出版まで面倒な作業を心あたたかく、進めて頂き厚く御礼申し上げます。

本書中の図版写真については左記の各寺院・各位からご協力いただきました。深く感謝申し上げます。

郷照寺　與田寺　覚城院　白峯寺　天福寺　弥谷寺　智積院　瀬戸内海歴史民俗資料館　満願寺　大興寺
洲崎寺　愛媛大学法文学部　善通寺　細田恒生　松浦俊孝　岡田和之　山地紘子　香川県立ミュージアム
観音寺（観音寺市）　仙龍寺（順は本書掲載順、敬称は略させていただきました。）

平成二十八年十月

武田和昭

著者紹介

武田 和昭（たけだ・かずあき）

昭和23年　香川県生まれ
昭和46年　高野山大学文学部卒業
現在　円明院住職
著書・論文
『星曼荼羅の研究』（法蔵館、平成７年）
『増吽僧正』（総本山善通寺、平成17年）
『四国辺路の形成過程』（岩田書院、平成24年）
「香川・常徳寺の涅槃変相図について」（『仏教芸術』196号、毎日新聞社、平成３年）
「和歌山・浄教寺蔵涅槃図について」（『MUSEUM』490号、東京国立博物館、平成４年）など

四国へんろの歴史　四国辺路から四国遍路へ

2016年11月25日　初版発行
2019年２月25日　第２版発行
著　者／武田　和昭
発行者／池上　晴英
発行所／株式会社　美巧社
〒760-0063　香川県高松市多賀町１丁目８-10
TEL：087-833-5811　FAX：087-835-7570

定価はカバーに表示してあります。　印刷・製本　㈱美巧社
落丁・乱丁の場合はお取り替えいたします。
ISBM978-4-86387-076-5 C3025 printed in japan